甜甜圈经济学

DOUGHNUT ECONOMICS

Seven Ways to Think Like a 21st-Century Economist

Kate Raworth

[英] 凯特·拉沃斯 —— 著　　闫佳 —— 译

图书在版编目（CIP）数据

甜甜圈经济学 /（英）凯特·拉沃斯（Kate Raworth）著；闫佳译．—北京：文化发展出版社有限公司，2019.5
ISBN 978-7-5142-2626-3

Ⅰ．①甜… Ⅱ．①凯… ②闫… Ⅲ．①经济学 Ⅳ．①F0

中国版本图书馆 CIP 数据核字（2019）第 080115 号

版权登记号　图字：01-2019-6208

甜甜圈经济学
著　　者：［英］凯特·拉沃斯
译　　者：闫　佳

责任编辑：侯　铮
特约监制：潘　良　宋美艳
选题策划：战　轶　林展秋
产品经理：林展秋
特约编辑：陈煦婧
装帧设计：郭旭峥　予　涵
版式设计：刘龄蔓
出版发行：文化发展出版社有限公司（北京市翠微路 2 号 邮编：100036）
网　　址：www.wenhuafazhan.com
经　　销：各地新华书店
印　　刷：嘉业印刷（天津）有限公司

开　　本：700mm × 980mm　1/16
字　　数：227 千字
印　　张：17.75
印　　次：2019 年 12 月第 1 版　2019 年 12 月第 1 次印刷
I S B N：978-7-5142-2626-3
定　　价：58.00 元

目录 / CONTENTS

第六章 创造再生 167

第七章 对增长持不可知态度 201

什么人想当个经济学家？

2008 年 10 月，杨媛（音译）来到牛津大学学习经济学。她出生在中国，却从小在约克郡长大，有着全球公民的世界观：对时事充满热情，关心未来，决意改变世界。她认为，成为一名经济学家是让自己具备创造奇迹能力的最佳途径。可以这么说，她渴望成为 21 世纪最迫切需要的那种经济学家。

但杨媛很快就遭受到了挫折。她发现经济学的理论——以及用来证明它的数学——建立在狭隘得荒唐的假设条件上。而且，她开始学业时正值全球金融体系开始崩溃。虽然，她的大学教学大纲对此仿佛视若无睹，但是她却没办法不注意到这一点。她回忆说："这次崩溃是个警钟。一方面，学校教我们，金融体系并非经济的重要组成部分。另一方面，金融市场明显是在对经济大搞破坏。于是，我们会想问：'这种脱节是怎么回事？'"杨媛意识到，这种脱节远远超出了金融领域，主流经济学理论与越来越严重的现实世界危机（比如全球不平衡、气候变化等）之间存在明显的鸿沟。

她向教授们提出了自己的困惑，教授们向她保证，真知灼见会出现在下一阶段的学习中。于是，她进入了下一阶段——到著名的伦敦经济学院攻读硕士学位，并期待真知灼见的到来。结果，抽象的理论强化了，数学方程式翻了几倍，杨媛却越发失望。但随着考试的临近，她面临一个选择。“到了一定时候，”她告诉我，“我意识到自己只需要掌握这些知识就好，没必要去怀疑一切。我想，这就是身为学生的悲伤时刻吧。”

许多逐渐意识到这一点的学生要么放弃了经济学，要么把理论硬吞下肚，凭借自己的学历资质找了一份赚钱的工作。但杨媛不是这样，她开始在世界各地的大学里寻找志同道合的“叛逆”学生。她很快发现，自2000年以来，越来越多的学生对自己所学的狭隘理论框架提出了疑问。2000年，巴黎的经济学学生向教授发表公开信，拒绝接受主流理论的教条主义教学。“我们希望从空想的世界里逃出去！”他们写道，“向老师们呼吁：趁现在还来得及，赶快醒醒吧！”10年后，哈佛大学的一群学生从格里高利·曼昆（Gregory Mankiw）教授（他是全世界最通行的经济学教科书的作者）的讲座上集体退席，抗议他的课程所主张的带有偏见的狭隘意识形态观。他们说，“非常担心这种偏见会影响学生、大学和我们本可以变得更伟大的社会”。

金融危机来袭时，激起了世界各地年轻学子的不满。出于义愤，杨媛和她的同伴们在30多个国家（从印度到美国，从德国到秘鲁）联络了80多支学生团体，呼吁经济学理解当前一代人、理解我们所处的时代、理解发展路上的危机。2014年，他们在一封公开信里说：

> 不光世界经济处在危机当中，经济学的教学也处在危机当中，而且，后一场危机的后果远远超出了大学象牙塔的围墙。学校传授的知识，塑造着下一代决策者的思想，从而也塑造了我们所生活的社会……我们对过去几十年课程内容的急剧收窄感到不满……它限制了我们应对21世纪多维挑战的能力——从金融稳定，到粮食安全和气候变化。这些学生抗议群体里更为激进的一

批人，把反文化批评对准了曲高和寡的经济学界大会。2015 年 1 月，美国经济学会的年度会议在波士顿喜来登酒店举办，“踢翻”（Kick It Over）运动的学生将控诉的海报张贴在酒店的走廊、电梯和厕所，朝着会议中心所在大街的墙面上投影显示巨大的颠覆性消息，占领了会议的小组讨论席位，“劫持”了提问时间，吓得与会者们目瞪口呆，难以相信眼前所发生的一切。“经济学革命已经开始了！”学生们的宣言这样说，“在一座又一座的校园里，我们要把你们这些老山羊赶下台。在接下来的几个月和几年里，我们会着手对末日机器重新编程。”

2015 年 1 月，反叛的经济学生们霸占了波士顿喜来登酒店所在的街道，用反文化批评迎接美国经济学会年度会议。

这种局面委实罕见。再没有其他的学科能激发自己的学生（那些主动选择投身研究经济学理论的人）投身到世界范围的反叛中。他们的反抗表明了一点：经济学革命的确已经拉开了序幕。它的成功不仅在于推翻旧的理念，更重要的是，它将迎来新的理念。20 世纪天才发明家巴克敏斯特·福乐（Buckminster Fuller）说过：“你永远无法通过对抗既定现实来改变事物。要有所改变，你得构建新的模式，淘汰现有模式。”

这本书接受了他的挑战，提出了7种思维转变的方式，让我们都可以学着像21世纪的经济学家那样思考。通过揭示让我们陷入困境的旧观念，并代之以能激励我们的新观念，本书图文并茂地讲述了一个新的经济学故事。

21世纪的挑战

“经济学”（Economics）这个词是古希腊哲学家色诺芬创造的。他把“oikos”（意为家务）、“nomos”（意为规则或规范）相连，发明了“家务管理”的艺术，这对今天来说可谓再切题不过了。在21世纪，我们需要一些具有真知灼见的管理者来指引地球的家务，我们还需要有人愿意关注所有地球居民的各种需求。

过去60年，人类的福祉取得了巨大的进步。1950年出生在地球上的孩子，人均预期寿命只有48岁；今天，这样的孩子有望活到71岁。仅自1990年以来，生活在极端贫困地区（每天生活费低于1.90美元）的人口就下降了一半以上。超过20亿人第一次获得了安全饮用水和公厕。与此同时，地球人口增长了近40%。

这些都是好消息。不过，故事其他部分的进展就没这么顺利了。数百万人仍然过着极度贫困的生活。就世界范围而言，1/9的人缺乏足够的食物。2015年，600万5岁以下的儿童死亡，其中一半以上是腹泻和疟疾等容易治疗的疾病导致的。20亿人每天的生活费不足3美元，超过7000万的年轻男女找不到工作。日益增长的不安全和不平等现象加剧了上述状况。2008年金融危机冲击了全球经济，夺走了数百万人的工作、住房、储蓄和社会保障。与此同时，世界变得极其不平等：截至 2015 年，世界上 1% 最富有的人，拥有的财富超过了其他 99% 的人的总和。

除了这些极端的人类状况，我们的地球家园也在加剧走向恶化。人类活动正给地球的生命系统带来空前压力。全球平均气温已经上升了 0.8℃，到 2100 年，有可能会提高近 4℃，届时，洪水、干旱、风暴等自然灾害和海平面上升所涉及的范围及强度，都将是人类前所未见的。世界上大约 40% 的农业用地如今严重退化，到 2025 年，全球将有 2/3 的人生活在缺水地区。与此同时，世界上 80% 以上的渔场已经完全开采或过度开采，每分钟都有相当于一辆垃圾车的塑料废品倾倒至海洋中，按照这个速度，到 2050 年，海里的塑料就比鱼还多了。

这些都是不容辩驳的事实，发展预测也增加了未来的挑战。今天，全球人口是 73 亿，预计 2100 年将达到 110 亿左右。到 2050 年，全球经济产出（如果你相信常规预测的话）预计将达到每年 3% 的增长率，2037 年就会翻倍，到 2050 年则近乎翻了两倍。全球中产阶级（每天开销在 10 美元到 100 美元的人）将迅速扩张，从今天的 20 亿增至 2030 年的 50 亿，从而极大地提升对建筑材料和消费产品的需求。这些，就是 21 世纪初塑造人类前景的发展趋势。那么，我们需要带着什么样的思路投入未来的旅程呢？

经济学的权威

不管我们怎样解决这些互相交缠的挑战，有一点很清楚：经济学理论将发挥决定性作用。经济学是公共政策的母语，是公共生活的表达方式，是塑造社会的思维态度。F.S. 迈克尔斯（F. S. Michaels）在《单一文化的陷阱》(*Monoculture: How One Story is Changing Everything*)中写道:“在21世纪最初的这一二十年里,主要的故事是经济学:经济学的信仰、价值观和假设塑造着我们的思考、感受和行为方式。”

或许,这就是为什么经济学家带着一种权威的态度。他们以专家的身份,把持着国际政策舞台(从世界银行到世界贸易组织)的前排席位,还时常朝着权势者吹耳边风。例如,迄今为止,在美国,总统经济顾问委员会是白宫所有顾问委员会中影响力最大、知名度最高、运行时间最长的机构,而环境质量和科学技术方面等兄弟委员会却鲜为人知。1968年,原本仅仅为物理学、化学和医学等方面科学进步颁奖的诺贝尔奖,引发了一场颇大的争议:瑞典中央银行做了成功的游说,设立每年颁发诺贝尔“经济学”奖(当然,奖金也由瑞典中央银行资助)。自此以后,诺贝尔经济学奖的获奖者便跻身学术界名人之列。

倒也不是所有经济学家都对这样显而易见的权威感安之若素。早在20世纪30年代,英国经济学家约翰·梅纳德·凯恩斯(John Maynard Keynes,他的思想日后改变了战后经济)就开始对自己的职业所扮演的角色表示担忧。他曾写下一句名言:“经济学家和政治哲学家的观点,无论对错,其影响力都大得超乎一般人的想象。政治家,自以为完全不受任何知识分子影响,其实往往是那些久已过世的经济学家的奴隶。”奥地利经济学家弗里德里希·哈耶克(Friedrich von Hayek),20世纪40年代的新自由主义之父,在几乎所有的理论和政策问题上都与凯恩斯存在巨大的分歧,但在这件事上,他们态度一致。1974年,哈耶克获诺贝尔经济学奖,他接受了奖项,却评论道,如果最初设立这个奖征求过他的意见,他会表示反对。为什么?他对聚会上的人们说,因为“诺贝尔奖把经济学界任何人都不应拥有的权威,授予了获奖者”。更因为,“经济学家的影响力,最关键的就在于他们对门外汉的影响力:对政治家、对记者、对公务员和普通公众”。

尽管20世纪两位最具影响力的经济学家存在这样的疑虑，但经济学家们对世界的主导性看法，却逐渐蔓延开来，甚至融入了公共生活的语言。在世界各地的医院和诊所，患者和医生的关系，被重塑成了顾客与服务的提供商。在每一片大陆的田野和森林中，经济学家都忙着计算“自然资本”和“生态系统服务”的货币价值，从全世界湿地有多少经济价值（据说每年约为34亿美元）到昆虫授粉服务的全球价值（相当于每年1600亿美元）。与此同时，媒体报道的增加不断强化着金融领域的重要性，每一天，广播和报刊的头条都在公布最新的公司季度业绩，电视新闻也跑马灯般地滚动播放着股票价格。

考虑到经济学在公共生活中占据了主导地位，为数众多的大学生碰到合适的机会，愿意选择学上一些经济学，作为接受教育的一部分也就不足为奇了。每年，仅在美国就有大约500万大学生毕业之前至少修读过一门经济学课程。标准的入门课程起源于美国［也就是众所周知的《基础经济学》（*Econ 101*）］，如今全世界都在传授，从中国到智利，学生所用的教科书，跟芝加哥和哈佛大学的是同一本，只不过是翻译版的。对于所有这些学生来说，不管日后他们会成为企业家还是医生，新闻工作者还是政治活动家，《基础经济学》已经成为全面教育的重要组成部分。就算对从没学过经济学的人来说，《基础经济学》的语言和思考方式也贯穿于公众的辩论当中，塑造了我们所有人对经济的看法：经济是什么？它怎样运作？它的目的是什么？

麻烦也恰好出在这里。21世纪的人类之旅，必然要由今天接受教育的这些决策者、企业家、教师、记者、社区组织者、活动家和选民所引领。但这些面向2050年的公民，所学到的经济学思想，却根植于1950年写出来的教科书，反过来说，这些教科书的思想，又根植于1850年建立的经济学理论。考虑到 21 世纪必然是个瞬息万变的时代，故此，这即将演变成一场灾难。没错，20 世纪也产生了开创性的经济学新思想，其中最具影响力的就是凯恩斯和哈耶克的理念之战。可尽管这两位标志性的思想家持有针锋相对的观点，但他们都从根源上不加检验地继承了经济学先天就存在缺陷的假设和常见的盲点。21 世纪的大背景要求我们阐明这些假设和盲点，以便我们能够再一次地对经济学重做思考。

从经济学出走，又回头

回到 20 世纪 80 年代，我正值青春期，想着通过收看晚间新闻拼凑出一套对世界的认识。家里起居室每天闪烁的电视画面，把我远远地带离了伦敦女中学生的生活，并在我脑海里凝固下来。埃塞俄比亚饥荒中出生的孩子，骨瘦如柴却顶着圆鼓鼓的肚子[1]，眼神空洞地凝视远方，一言不发。博帕尔天然气事故的遇难者像火柴一样不堪一击地倒下[2]。臭氧层上有一个紫色大洞。原油打着旋儿，从埃克森公司的油轮“瓦迪兹号”喷涌而出，漂浮在阿拉斯加的原始水域上[3]。等 80 年代快结束的时候，我知道自己想为乐施会、绿色和平等组织工作，投身到消除贫穷、保护环境的活动当中。我以为，最好的办法是学习经济学，将相关的工具运用到上述事业中。

[1] 译注：这是营养不良的体征。

[2] 译注：博帕尔事件发生于 1984 年 12 月 3 日凌晨，印度中央邦的博帕尔市美国联合碳化物下属的联合碳化物有限公司，设于博帕尔贫民区附近的一所农药厂发生氰化物泄漏事件，事故遇害者达数千人。

[3] 译注：1989 年 3 月 24 日午夜，欲前往加州长滩的“瓦迪兹号”油轮在阿拉斯加州威廉王子湾触礁，泄漏了近 1100 万加仑原油，是当时最严重的环境污染事件之一。

于是，我去了牛津大学，想掌握一些自认为有助于做好准备的技能。但学校传授的经济学理论让我倍感沮丧，因为它对世界怎样运作提出的假设令人尴尬，还对我最关心的问题敷衍以对。我很幸运，碰到了一些鼓舞人心、思想开明的导师，但他们也受到教学大纲的束缚，教的都是大纲规定他们必须教、我们必须掌握的内容。所以，学了四年理论经济学之后，我害羞得没法说自己算个“经济学人”，便转而投身到现实世界的经济学挑战当中。

我到桑给巴尔的乡村中花了三年时间跟赤脚企业家们共事，对那些在没有供水、供电、视野所及里没有学校的条件下一边经营微型企业、一边抚养孩子的妇女充满敬畏。接着，我跳到了全然不同的曼哈顿岛，在联合国用了四年跟他人联合撰写一年一度的重头戏《人类发展报告》(*Human Development Report*)，同时亲眼看见赤裸裸的权力游戏是如何妨碍国际谈判的进展的。为了实现长期的抱负，我离开联合国，跟乐施会合作了 10 多年。在那里，我见证了在全球供应链最下游卖命的女性（不管是在孟加拉，还是在伯明翰）风雨飘摇的经济地位。我们游说改变主宰国际贸易规则的幕后规矩和双重标准。我还见过印度和赞比亚的农民，因为降雨稀少，他们的农田变成了荒地，这就是气候变化对人类生存权利的影响。再之后，我成了一对双胞胎的妈妈，休了一年的产假，沉浸在养儿育女的纸尿裤经济里。等我重返职场，我理解了家长们为了保持工作和家庭生活平衡所面临的前所未有的压力。

经历了这一切，我逐渐认识到一点：我没法摆脱经济学，因为它塑造了我们栖居的世界，它的思维方式也毋庸置疑地塑造了我——哪怕我对它满心拒绝。于是，我决定回到这一行，把它翻个面。如果我们不从长远的理论来入手经济学，而是带着人类的长期目标，努力寻找经济思路来实现这些目标呢？我试图把这些目标绘制成一幅图片，说来荒唐，但它看起来真的像是一个甜甜圈——没错，就是那种中间带个孔的美式油炸圈。完整的图表会在下一章介绍，但从本质上来说，那就是一对同心圆环。内环下面是社会的基础，那里存在严重的匮乏。外环的外面，是生态天花板，它包含了气候变化和生物多样性丧失等关键的地球退化。在这两个环之间是甜甜圈本身，也即我们尽地球之物力、满足人类之需求的空间。

用焦糖油炸甜甜圈来比喻人类的雄心壮志似乎有点不恰当，但这幅图里的有些东西引起了我和其他人的共鸣，所以它扎下了根。而且，它提出了一个很有意思的深刻问题：

如果人类的 21 世纪目标是投入这块甜甜圈，那么，什么样的经济学心态最有可能让我们抵达那里呢？

甜甜圈的本质：（内圈是）没有人应当落后的社会福祉基础，
以及我们不应该突破的地球承受力生态天花板（作为外圈）
两个圈层之间，是所有人可享受的安全和公平空间。

有了甜甜圈思路，我把老旧的教科书推到一边，尽量寻找最佳的新兴理念，跟思想开放的大学生、进步的商业领袖、创新学者和前沿从业人员一同探索新的经济思想。本书汇集了我一路上发现的重要见解——在我最初迈上经济学教育之路时，我真希望碰到过这些思考方式，我相信，它们应当成为当今每一位经济学家工具箱里的一部分。它借鉴了复杂多样的思想流派，如复杂理论、生态、女性主义、制度和行为经济学。它们各有所长，只是过于分散，每一种学派都蜷缩在各自的期刊、会议、博客、教科书和教学岗位里，对来自 20 世纪的思想提出特定的批评。然而，真正的突破在于，把它们各自提出的观点结合起来，看看要是它们能在同一页面上跳舞，会产生怎样的化学反应。而这，正是本书打算做的事情。

人类面临一些艰巨的挑战，在很大程度上，它们正是过时经济学思想中所存在的盲点和错误比喻带来的。但是对于那些准备好反抗的人来说，多朝左右看，提出怀疑，再次思考，激动人心的时刻总会浮现。“学生们必须学习怎样抛弃旧观念，怎样取代它们，在什么时候取代它们……怎样学习，忘却，再重新学习。”未来学家阿尔文·托夫勒（Alvin Toffler）这样写道。对于致力于追求经济学素养的人来说，这再真切不过了：现在正是忘却再重新学习经济学基础的大好机会。

图示的力量

每个人都在说：我们需要一个全新的经济学故事，一个适合 21 世纪人类共同经济前景的故事。我赞同。但有一件事我们切莫忘记：贯穿历史，最有力量的故事都是用图片来讲述的。若想重写经济学，我们也需要重新绘制它的图示，因为，如果我们坚持原先那一套插图，讲出新故事的机会很是渺茫。而要是你觉得绘制新图听起来太过儿戏（就像小孩子过家家），请相信我，并非如此。更棒的是，我还能证明它。

从史前石窟绘画到伦敦地铁地图，图画和表格一直是人类故事的核心。原因很简单：我们的大脑是为视觉画面接线的。“眼见为实。孩子在能说话之前，就会看，会识别了。”1972 年，媒体理论家约翰·伯格（John Berger）在其经典作品《观看的方式》（*Ways of Seeing*）一开篇就这样写道。自那以后的神经科学也证实，视觉在人类认知中占主导地位。我们大脑中有一半神经纤维与视觉有关，人一睁开眼睛，视觉就占脑电活动的 2/3。大脑只需要 150 毫秒就可以识别一幅图像，只需要 100 毫秒就能为它赋予意义。尽管我们双眼都存在盲点（也就是视神经接入视网膜的地方），大脑却能灵巧地创造出完整的无缝视觉。

出于这个原因，我们天生就擅长识别模式，从云中看出面孔，从星星中看到神话传说的野兽。有图可看，我们能学得更好。视觉知识专家莱内尔·伯马克（Lynell Burmark）解释：“除非我们的语言、概念和想法跟图片挂钩，否则它们就会一个耳朵进，一个耳朵出，穿过大脑，不留痕迹。词汇是由人的短期记忆来处理的，我们只能保留 7 个字节的信息。另一方面，图像直接进入长期记忆，留下不可磨灭的印迹。”图画靠着更少的笔触，没有专业语言的沉重感，极具直接性。如果文字和图像传递的信息互相抵触，胜出的往往是视觉画面。因此，老话说得一点也不错：一图胜千言。

在人类学习理解这个世界的过程中，图像扮演了如此重要的角色。在公元前 6 世纪的波斯，一根削尖的木棍把世界上现存最古老的地图（名叫“世界图像”，Imago Mundi）刻到了黏土里，把地球表现为一面平坦的圆盘，巴比伦牢牢地把持中央位置。古希腊几何学之父欧几里得掌握了二维空间中圆形、三角形、曲线和矩形的分析，创造出一套图示传统，日后，艾萨克·牛顿用它来展示自己突破性的运动定律，直至今天，全世界的数学课堂上也少不了它。罗马建筑师马尔库斯·维特鲁威·波利奥（Marcus

Vitruvius Pollio）的名字很少有人听说过，但达·芬奇对他比例理论的视觉描述，全世界的人都能立刻认出来：“维特鲁威人”双臂张开，裸体站在一个圆形和正方形的中间。1837 年，查尔斯·达尔文在自己的田野笔记本上第一次绘制了一棵树分叉的不规则小图，并在上方写了三个字，“我在想”——此时，他领悟了一个概念的关键，这个概念，日后发展成了《物种起源》（*The Origin of Species*）。

很明显，跨越不同的文化和时代，人们早已理解图像的力量，以及它颠覆深刻信念的强大力量。图片凝固在意识之眼，无言地重塑着我们对世界的看法。难怪尼古拉斯·哥白尼研究了一辈子星球的运动，等到临终前才敢把他的故事公之于众：

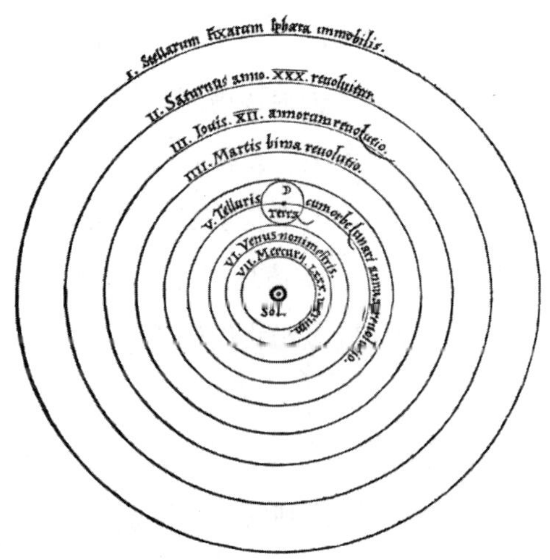

哥白尼 1543 年描绘的宇宙示意图，地球围绕太阳旋转。

哥白尼在图中把太阳而非地球绘制成太阳系的中心，这引发了一场意识形态的革命，它将颠覆教会教义，威胁教皇的权力，改变人类对宇宙及人类地位的认识。几个同心圆竟然有着如此非凡的破坏力。

接下来，让我们想一想构成经济学核心图表里的那些圆圈、抛物线、直线和曲线吧——这些看似无足轻重的图片，描述了经济是什么，它怎样运行，目的是什么。永远不要低估它们的力量：我们所画的东西，决定了我们能够看到些什么，不能看到些什么，注意到些什么，忽视掉些什么，还塑造了随之而来的一切。我们绘制的描述经济的图画，是简单的几何示意图，让人联想到欧几里得数学和牛顿物理学的永恒真理。可这么一来，它们迅速滑入了我们的脑海，无言地诉说着经济理论最深层的假设，不需要再用文字来表达，因为它们已经铭刻到了意识之眼里。它们展现了一种非常狭隘的经济途径，抹掉了经济学理论里特有的盲点，诱使我们在它们的线段里去寻找定律，把我们派去追逐虚假的目标。更重要的是，哪怕文字早已褪色，这些图示也挥之不去，就像是意识里的涂鸦：它们偷偷躲进了我们的知识行囊，驻扎到了你的视觉皮层，你甚至根本意识不到它躲在哪儿。而且，和涂鸦一样，它很难清理干净。所以，如果说一图胜千言，那么，至少在经济学上，我们应该对我们所传授、绘制和学习的图画给予更多的关注。

有人或许对这样的建议嗤之以鼻，认为经济理论不是用图示来教的，而是用连篇累牍的方程式教的。说到底，经济系总想着招聘数学家而不是画家加入自己的队伍。但实际上，经济学一直都是既用图也用方程式来传授的。而且，多亏了这个领域的几位传奇人物，外加几场鲜为人知但又精彩纷呈的意外转折，使图表扮演起一个尤为强大的角色。

经济学里的图画：一部隐藏的历史

经济学科的奠基之父们，有不少常常用图像来表达自己的开创性概念。1758 年，法国经济学家弗朗索瓦·魁奈（François Quesnay）发表“经济表格”（Tableau Economic），用曲折的线段描绘货币在地主、劳工和商人之间的流动——他所绘制的，其实就是第一套量化经济模型。19 世纪 80 年代，英国政治经济学家威廉·普莱费尔（William Playfair）使用了如今所有小学生都知道的图表、条形图和饼状图，发明出全新的数据呈现方式。依靠这些工具，他生动有力地以视觉形式再现了当时的政治问题，比如小麦价格相对于计日短工薪酬的急剧上涨，以及英格兰对世界其余地区贸易平衡的变化。一个世纪之后，英国经济学家威廉·斯坦利·杰文斯（William Stanley Jevons）绘制了一幅图，描绘他所谓的“需求定律”，顺着一条曲线标注了价格和数量的渐进式变化，用以表明：随着一样东西的价格跌落，人们会想要购买更多。因为希望把这套理论表现得尽量科学（就像物理学那样），他故意采用了跟牛顿描述运动规律类似的风格。这一需求曲线，至今仍然是初学者刚接触经济学会看到的第一幅图。

20 世纪上半叶的经济学，主要由阿尔弗雷德·马歇尔（Alfred Marshall）1890 年出版的《经济学原理》把持，这本书是大多数学生所用的教科书。在序言中，马歇尔比较了用方程与图表说明文字的相对优缺点。他认为，数学方程式最为有效地“帮助人迅速、简短并准确地写下自己所采用的部分想法……但要是使用了大量符号的话，除了作者本人，其他任何读者阅读时都会非常费力”。他相信，图表的价值要大得多。“文字中的论点并不依赖于它们（图表），可以直接忽视，”他写道，“但经验似乎表明，它们能让学生更牢靠地掌握许多重要原理，没有它们的帮助，这是做不到的。而且，许多纯理论问题，一旦（学生）学会使用图表来学习，就不愿意再用其他方式来处理了。”

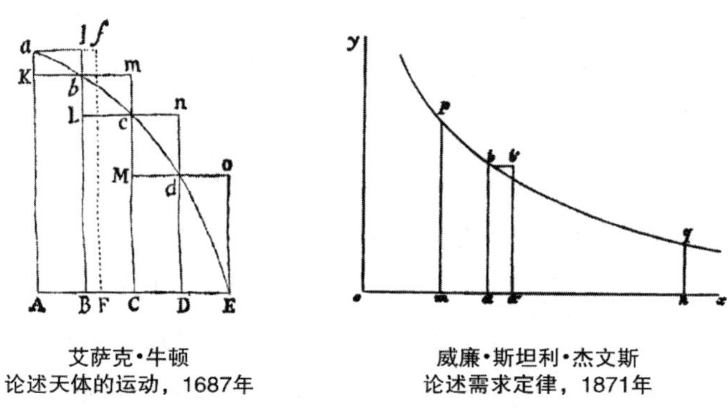

杰文斯希望把这套理论表现得尽量科学（就像物理学那样），
故意采用了跟牛顿描述运动规律类似的风格。

然而，是保罗·萨缪尔森（Paul Samuelson）在20世纪下半叶决定性地把图像放到了经济学思想的核心位置。萨缪尔森是公认的现代经济学之父，在麻省理工学院度过了70年的职业生涯，2009年去世时被誉为“一位巨人，每一位当代经济学家，都站在他的肩膀上”。他着迷于方程式和图表，并对这两者在经济学理论和教学中的运用产生了深刻的影响。但关键的一点还在于，他认为它们分别适用于不同的受众，简单地说，也就是方程式适合专家，图片适合大众。

萨缪尔森的第一项重要工作是他的博士论文《经济分析基础》（*Foundations of Economic Analysis*）。此书出版于1947年，针对的是核心理论家，数学公式连篇累牍。他认为，方程式理应是专业经济学家的母语，可削减混乱的刑罚，取而代之以精确的科学。接着，在一场命运的转折中，他针对截然不同的受众写了第二本书。

保罗·萨缪尔森：为经济学作画的人。

第二次世界大战结束时，随着成千上万的退伍军人返回家乡，寻找当初错过的教育和自己迫切需要的工作，美国大学招生人数激增。许多人选择学习工程（这对战后重建必不可少），于是就必须顺便学一点经济学。萨缪尔森当时是麻省理工学院的青年教授（年仅30岁），还开玩笑地说，"自认为在深奥理论界擅长卖瓜"。但是他在系里的上司拉尔夫·弗里曼（Ralph Freeman）恰好碰到一个问题：麻省理工学院的800名工程学学生正开始要上一学年的经济学必修课，可进展不利。萨缪尔森回忆说，有一天，弗里曼来到自己的办公室，关上身后的门，两人来了这么一番对话。"他们讨厌它，"弗里曼承认，"我们什么法子都试过了。他们还是讨厌它……保罗，你能抽一半时间去上一两学期的课吗？写一本学生喜欢的教科书。如果他们喜欢，你的教科书就火啦。删减什么内容，随你便。尽量简短。无论你拿出什么来，都能极大地改善我们的现状。"

萨缪尔森说，这是个他没法拒绝的提议，在接下来的3年，他完成了教科书（名字就叫《经济学》）的编写工作。这本书成为1948年的经典教材，给他带来了一辈子的名望。有趣的是，他选择的写作策略，效法了中世纪的罗马天主教会。印刷机出现之前，教会曾用两种截然不同的方法来传播教义。少数有学识的人（僧侣、教士和学者）要用拉丁文来阅读《圣经》，逐行写出经文。学识有限的群众则从教堂墙上的壁画、彩绘玻璃的拼贴画里了解《圣经》故事。事实证明，这是一种非常成功的大众传播策略。萨缪尔森同样聪明：他抛开了专家的方程式，完全采用图示和图表，为大众创作一站式经济学课程。再加上他的主要受众是一群工程师，他采用了一种这些人很熟悉的视觉风格，按照机械工程和流体力学的传统绘制图例。比方说，下一页的图片，就选自他教材的第一版，揭示收入怎样在经济中流动，以及新的投资怎样注入经济。它演变成了他最著名的图表——名叫“循环流向图”（Circular Flow），明显基于“水在水管里流动”的比喻绘制。

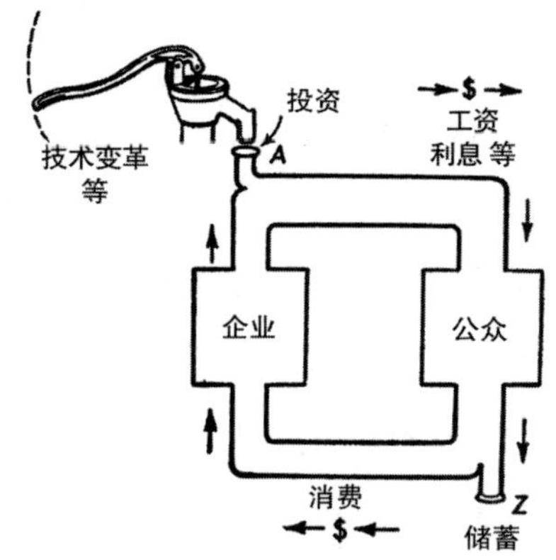

萨缪尔森 1948 年的“循环流向图”，表现收入在经济中流动，
就像水在水管里流动一样。

他的教科书里包含大量的图片，很对工程师们的胃口，也很对其余学生的胃口。全国各地的大学教授们很快采用了《经济学》，随后又扩散到世界各地。《经济学》成为美国近 30 年里最畅销的教科书（横跨各个学

科）。它被翻译成了40多种语言，60年里在全球售出400万册，为数代学生提供了需要了解的入门经济学知识。每一次出新版，它都会增加更多图片：第一版有70幅图表，到1980年的第11版，这个数字翻了好几倍，差不多有250幅了。萨缪尔森把大学新生的思想看成是一块白板，他深知这种影响力意味着什么，甚为享受。“只要是我撰写这个国家的经济学教科书，我才不在乎谁撰写国家的法律，或者起草高深论文呢。”多年之后他这么说，“在初学者的白板上写下第一笔是最宝贵的，能给他们留下最深的印象。”

逃离的抗争之路

决定我们怎样入门经济学的人手里掌握着何等非凡的影响力，不光保罗·萨缪尔森一个人这么认为。他的导师约瑟夫·熊彼特（Joseph Schumpeter）同样意识到，人很难摆脱一开始传授给他们的观念，但为了给自己的见解开辟道路，他还是下定决心要这么做。1954年，熊彼特在《经济分析史》里这样写道：

> 在实践中，我们都是从前辈的工作开始自己研究的，也就是说，我们很少是从零开始的。但假设我们从零开始，应该采取哪些步骤呢？显然，为了能向自己提出问题，我们必须首先形象化地把一组不同的连贯现象假设为值得进行分析的对象。换句话说，为分析努力提供原始素材的分析前认知行为，必须先于分析活动出现。本书将这种分析前认知行为称为“愿景”（vision）。

然而，他清楚地认识到，创建新的分析愿景绝不可能是一个不偏不倚的过程，便又补充道：

> 首要的任务是用一种多多少少有序的模式或图片来表达愿景，或将它概念化……很明显，在这个过程中，可供意识形态闯入的大门是敞开得很宽的。事实上，意识形态进入的是最底层，也就是我们所说的分析前认知行为。分析工作始于我们愿景所提供的素材，而这一愿景，从定义上来说就几乎充满了意识形态。

其他思想家用不同的词汇提出了类似的观点。熊彼特的分析前愿景概念，受社会学家卡尔·曼海姆（Karl Mannheim）的观点所启发，后者在20世纪20年代末观察到，“每一种观点都是一种社会局面所独有的”。这让他推广了一个概念：我们每个人都有一套“世界观”，替自己充当着阐释世界的透镜。20世纪60年代，托马斯·库恩（Thomas Kuhn）颠覆了科学研究，他指出：“科学家是按照从教育所得的模式来工作的……他们往往不知道，也没必要知道是什么特点赋予了这些模式社群范式的地位。”20世纪70年代，社会学家欧文·戈夫曼（Erving Goffmann）引入了“框定”（framing）的概念（也就是说，每个人都从一种精神画框里去看待世界），通过这种方式，我们从混乱的经验里提炼出自己能够理解的东西。

分析前愿景、世界观、范式、框架，这些都是同一系列的概念。比起你选择使用哪一个更重要的是，要意识到你最初已经有的那一个，因为只有这样，你才获得了质疑它、改变它的力量。在经济学中，这是一道公开的邀请，对我们用来描述、理解经济学的心理模型重做审视。但凯恩斯发现，这不是一件容易做的事情。他承认，在20世纪30年代，他提出突破性理论的过程，是一场“逃离习惯性思维和表达方式的斗争……难处不在于新的理念，而在于固有的旧理念遍布我们思想的每一个角落，因为大多数人都是在后者的培养下长大的”。

摆脱旧有精神模式的前景固然诱人，但追求新模式时也请牢记着前人的告诫。首先，永远要记住，“地图不等于疆域”，哲学家阿尔弗雷德·柯日布斯基（Alfred Korzybski）说：每一种模式永远只是一种模式，是对世界的必要简化，不应把它误认为是真实的东西。其次，并没有躺在远处等待发现的正确分析前愿景、真正范式或完美框架。统计学家乔治·伯克斯（George Box）说过一句抖机灵的话：“所有的模型都是错的，但有些自有用处。”反思经济学不是要找到正确的经济学（因为并不存在这样的东西），而是要选择或创造一种最适合我们目的的经济学——能反映出我们面临的大背景，我们秉持的价值观，以及我们的目标。随着人类的宏观背景、价值观和目标不断演变，我们构思经济学的方式也应该随之演变。

认知语言学家乔治·莱考夫（George Lakoff）认为，虽说并没有完美的框架等着人们去发现，但如果原有的框架即将遭到拆毁，建立可信的替代框架就绝对大有必要。讽刺的是，单纯地反驳主流框架，只会让它变得更为巩固。如果没有给出其他选择，连打响观念之战的可能性都很小，更别说要打赢这场仗了。

对语言框架塑造政治及经济辩论的力量，莱考夫给予了多年的关注。他以美国保守派普遍使用“税收减免”（tax relief）一词为例：它只用了两个词，就把“税收”框定成了一种痛苦，一种有待英勇援助者抬起的负担。进步人士应该怎样回应？当然不能说“反对税收减免”，因为重复这一措辞，只起到了巩固前述框架的作用（再说了，什么人会反抗“减免”呢）。但莱考夫说，正是因为没有建立起简明扼要的替代框架，进步派常常会用冗长的解释来阐释自己对税收的看法。他们迫切地需要一种替代的措辞（而且只要两个字）来包装自己的观点，反对另一方。事实上，随着避税天堂和企业避税全球丑闻登上媒体头条，“税收正义”（tax justice，它能立刻唤起社群、公正和问责意识）这个框架迅速在各地获得了牵引力。获得强有力的框定方式，无疑有助于引导公众的愤怒，大范围动员变革的呼声。

正如莱考夫的作品揭示了政治和经济辩论中言语框定的力量，本书旨在揭示视觉框定的力量，并用它来改造21世纪的经济思考。2011年，我第一次画出甜甜圈，它引发的国际反响让我大吃一惊，我这才意识到视觉框定的力量是多么强大。在可持续发展的舞台上，它很快成为活动家、政府、企业和学者用来改变辩论条件的标志性形象。2015年，参与“可持续发展目标”（各国认同的17个标志着人类进步的目标）谈判进程的联合国内部人士告诉我，在敲定最终文本的深夜会议上，桌上摆着甜甜圈的图片，提醒他们要瞄准的大局目标。许多人告诉我，甜甜圈让他们真正看到了自己一直以来在思考的可持续发展的方式，他们以前从没见过这样的图示。让我印象最深刻的是，这一形象有着激发全新思考方式的作用：它重新点燃了旧日的论战，引发了新论战，还为值得我们争取的经济未来提供了积极的愿景。

我逐渐意识到，视觉框架跟语言框架同样重要。这种认识令我回想了一番在经济学教育里占主流的图像。我第一次察觉，它们何其有力地总结、强化了我的思考心态。主流经济思想的核心，就是若干无言的图表，有力地框定了我们学着去理解经济世界的方式。然而，它们又全都是过时的、狭隘的甚至完全错误的。它们藏在人们的视线之外，但深刻地框定了我们在教室里、在政府里、在会议室里、在媒体和街道上思考经济学的方式。如果我们要撰写一个全新的经济故事，就必须绘出新图，把旧有的图片留在20世纪的教科书里。

如果说，你从来没有学过经济学，从来没把眼睛放到过那些最具力量的图片上，那又会是什么样的情况呢？首先，请不要自欺欺人，以为自己不受它们的影响：没人逃得过。这些图表强烈地框定了经济学家、政治家和新闻记者探讨经济的方式，就算我们从来没见过它们，也不可避免地会用文字来唤起它们。但与此同时，身为经济学的入门新手，你也不妨认为自己很幸运，你的思想白板，从来没让保罗·萨缪尔森的笔触沾染过。你从来没参加过经济学讲座，反倒有可能成为一种独特的优势：你要扔掉的包袱更少，要弄干净的涂鸦痕迹也更少。有些时候，“没接受过正规指导”有可能成为一种知识财产——一如此刻。

21 世纪经济学家的 7 种思考方式

无论你认为自己是经济学的老兵还是新手，现在，都要把长久以来在我们意识里徘徊的经济学涂鸦揭露出来，如果你不喜欢自己找到的东西，把它擦个干净，最好再用更适合我们时代、能更好满足我们需求的新图像把它覆盖掉。本书的其余部分提出了 21 世纪经济学家的 7 种思考方式，并逐一揭示了虚假图像占据我们头脑的 7 种形式，它们何以如此强大，有着什么样的破坏性后果。但光提出批评的时代已经过去了，我们这里的焦点是要创造新的图像，把握此刻指引我们的基本原则。本书中的图表旨在总结新旧经济思维之间的飞跃。合在一起，它们为 21 世纪的经济学家奠定了一幅新的宏图远景。故此，这是一场甜甜圈经济学核心理念与图像的旋风之旅。

第一，改变目标。70 多年来，经济学一直以国内生产总值（GDP）或国民收入作为衡量进步的主要标准。这种思维定式，成了为收入和财富的极端不平等、对生物世界空前破坏开脱的借口。21 世纪需要更为远大的目标：在地球可以维持的限度内，满足所有个体的人权。这个目标，稳妥地包裹在了甜甜圈的概念里。现在的挑战在于创造新型区域及全球经济，把所有人都纳入甜甜圈的安全和公平空间。我们不再需要追求不断增长的 GDP，而要寻求怎样实现平衡发展。

第二，着眼于大局。主流经济学只用一幅局限性很大的图像（循环流向图）来描绘整个经济。此外，它的局限性还被用来强化新自由主义叙事：市场效率、国家无能、家庭生活、公地悲剧。如今是时候把经济嵌入社会和自然（以太阳为动力），重新绘制它了。这种新的描绘带来了新的叙事：市场的力量、国家的伙伴关系、家庭的核心角色、公共的创造力。

第三，珍视人性。20 世纪经济学的核心站着理性经济人的画像："他"告诉我们，人是自私的、孤立的、算计的，人的偏好固定，可以主宰自然。"他"的画像塑造了我们如今的样子。但是人性远比这更加丰富，如我们新自画像的草稿所揭示的那样：人是社会的、相互依存的，人会算计但算个大概就行，人的价值观是流动的，人依赖于生物世界。更重要的是，珍视人性，有望极大地提高我们进入甜甜圈安全和公平空间的机会。

第四，精通系统。市场供求曲线的标志性交叉是每个经济学学生碰到的第一幅图，但它根植于 19 世纪机械式均衡的错位比喻。要理解经济的波动，更明智的起点是由一对反馈循环所概括的系统思维。把这样的波动放到经济学的核心，开启了许多新的见解，比如金融市场的繁荣与萧条、经济不平等自我强化的性质、气候变化的临界点等。别再寻找经济学捉摸不定的控制杠杆了，请把它看成一套不断演化的复杂系统来管理吧。

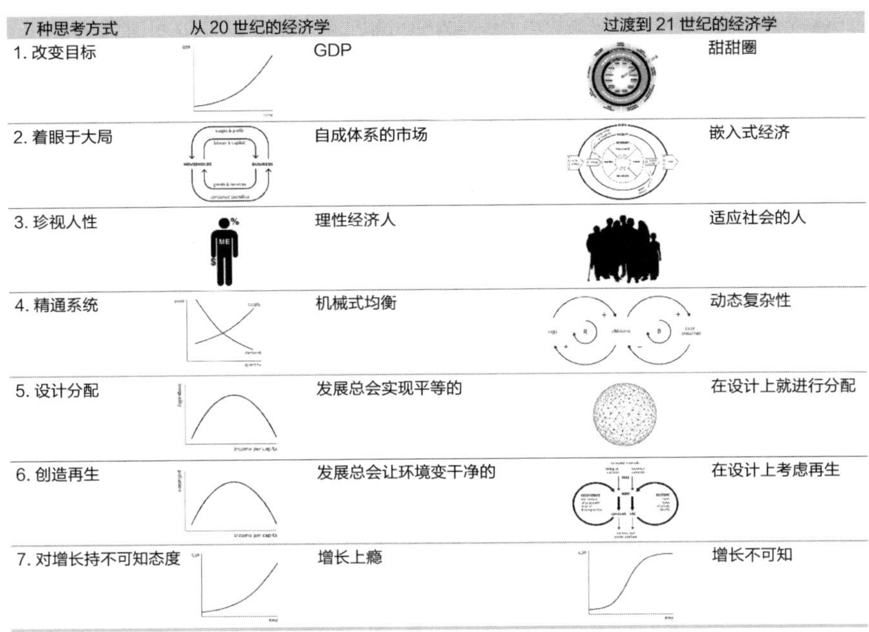

7 种思考方式	从 20 世纪的经济学	过渡到 21 世纪的经济学
1. 改变目标	GDP	甜甜圈
2. 着眼于大局	自成体系的市场	嵌入式经济
3. 珍视人性	理性经济人	适应社会的人
4. 精通系统	机械式均衡	动态复杂性
5. 设计分配	发展总会实现平等的	在设计上就进行分配
6. 创造再生	发展总会让环境变干净的	在设计上考虑再生
7. 对增长持不可知态度	增长上瘾	增长不可知

21 世纪经济学家的 7 种思考方式。

第五，设计分配。20 世纪，一条简单的曲线（库兹涅茨曲线，也叫“倒 U 曲线”）低声传达着一条有关不平等的有力信息：要变好必先变糟，发展（总有一天）会带来平等的。但不平等其实并非经济的必要条件：它是蓄意设计出来的失败。21 世纪的经济学家将意识到，经过设计，让经济产出的价值变得更分散，这样的方法很多——“网络流”很好地体现了这一概念。它不只对收入进行再分配，也是要探索再分配财富的方式，尤其是来自掌握土地、企业、技术、知识和创造金钱之权力的财富。

第六，创造再生。长久以来，经济学理论都把“清洁”的环境描述为奢侈品，只有到了小康社会才负担得起。环境“库兹涅茨曲线”又一次低声地强调了这一观点，认为污染要变好，必须先变糟，发展（总有一天）会把它清理干净的。但规律并非如此：生态退化是退化性工业设计带来的结果。21 世纪需要的经济学思想，必须发起再生设计、创造出循环而非线性的经济，把人类重新放回充分参与地球生命周期循环过程的地位上。

第七，对发展持无所谓态度。经济理论中有一幅图表非常危险，危险到从来没人绘制过它，这就是 GDP 发展的长期道路。主流经济学认为，经济发展是一种必然，但自然界里没有什么东西会长期发展，任何对抗这一趋势的尝试，都会在高收入、低增长国家遇到棘手的问题。虽然放弃以 GDP 增长作为经济目标或许会让一些人不满，但克服我们的发展上瘾却难得多。今天，不管经济增长能否让我们兴旺蓬勃，我们都在增长经济。然而，我们真正需要的是能让我们兴旺蓬勃的经济，不管它是否增长。这种根本性的态度翻转，要求我们对增长秉持无所谓的态度。当今的经济，在财务、政治和社会层面都已对增长上瘾，我们则希望探索经济怎样才能不靠增长维持下去。

21 世纪经济学家的这 7 种思考方式，并没有开出具体的政策处方或制度上的补救措施。它们并不承诺立刻给出接下来要做什么的答案，它们本身也并非完整的答案。但我深信，21 世纪需要全然不同的经济思考方式，它们是其根本。新一代的经济学思想家（以及我们所有人内心的经济学家）将借助它们的原则和模式，动手创造能让所有人欣欣向荣的经济。考虑到不久的将来我们所面临变化的速度、规模和不确定程度，现在就想要开出适合未来的所有政治及制度处方，未免失之鲁莽：随着整个大背景的不断变化，新一代思想家和实干家将站在好得多的位置上尝试、发现合适的做法。我们现在能做的，也必须做好的是，把最优秀的新兴观点整合起来，创造出能因时而变的全新经济学心态。

未来数十年经济思想家的任务是，把这 7 种思考方式在实践中整合起来，随时增补修正。这场重新思考经济学的冒险，我们还尚未动身。快加入我们吧！

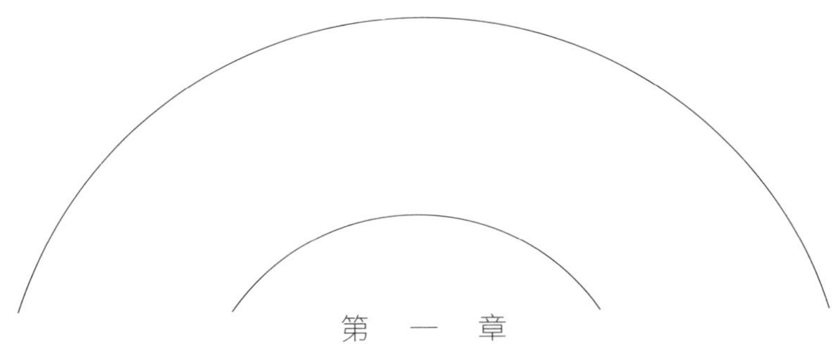

第 一 章

Doughnut Economics

改变目标

从 GDP 到甜甜圈

每隔一年，全世界各大国的领导人便会齐聚一堂，讨论全球经济问题。例如，2014 年，他们在澳大利亚布里斯班会面，讨论全球贸易、基础建设、就业和金融改革，抚摩考拉让记者们拍照，接着一致做出了雄心壮志的表态。“G20 领导人承诺各国经济增长率达到 2.1%”登上了全球新闻媒体的头条——还补充说，这比他们当初打算瞄准的目标 2.0% 更具野心。

事情怎么会变成这样呢？ G20 的承诺宣布前几天，政府间气候变化专门委员会才发布了警告，认为世界正面临“温室气体排放造成的日益严重、普遍且不可逆转”的损害。但峰会的东道主，时任澳大利亚总理的托尼·阿博特（Tony Abbott）却下定决心，要阻止气候变化和其他有可能妨碍经济发展（也就是 GDP 增长）首要任务的问题“扰乱”会议的议程。长久以来，衡量一个国家经济健康的主要指标，就是 GDP（国内生产总值），它指的是该国境内生产的商品及服务的市场价值。但在当今社会和生态危机的大背景下，这一狭隘的指标怎么仍然吸引着如此强烈的国际关注呢？

在任何一位鸟类学家看来，答案都是显而易见的：国内生产总值就是经济这个鸟巢里的布谷鸟。而布谷鸟有些什么特点是你必须知道的呢？它们是狡猾的鸟。它们并不自己养育后代，而是趁其不备，偷偷地把蛋放到其他鸟类的鸟巢里。不知情的养父母们尽忠职守地把闯入者的蛋和自己下的蛋一起孵化出来。但布谷鸟的幼鸟会早早孵化出来，把其他的鸟蛋和刚出壳的幼鸟踢出鸟巢，接着发出连续的呼唤，模仿满是饥饿小鸟的鸟巢。这种“鸠占鹊巢”策略很管用：随着外来的“房客”越长越大，从自己霸占的小小鸟巢里膨胀出来，养父母们反而会忙着喂养它。这对其他鸟儿是个强有力的警告：要是你空着自己的鸟巢不做防备，它就有可能遭到霸占。

这也是对经济学的一个警告：忽视目标，就会有些别的东西霸占它们的位置。实际发生的情况也正是如此。20 世纪，经济学失去了阐明目标的欲望：一旦真正的目标缺席，经济鸟巢就被“GDP 增长”这只布谷鸟给霸占了。如今，该是时候把布谷鸟赶走，好让经济跟它应当服务的目标重建联系了。那么，就让我们赶跑布谷鸟，用清晰的 21 世纪经济目标取而代之，确保地球上的所有人实现繁荣吧。换句话说，让我们进入甜甜圈，进入人类的甜区吧。

经济学是怎么弄丢目标的

古希腊时代色诺芬首次提出“经济学”这个词的时候，用它来形容“家务管理”的艺术。顺着他的思路，亚里士多德将经济学与“理财学”（chrematistics，获取财富的艺术）做了区分，但这点区别，如今却已经彻底丢失了。将经济学，甚至理财学视为艺术的观点，或许适合色诺芬、亚里士多德和他们所在的时代，但自 2000 年艾萨克·牛顿发现运动定律之后，科学地位产生了更强大的吸引力。或许，这就是为什么，1767 年（牛顿去世后40年）苏格兰律师詹姆斯·斯图亚特（James Steuart）首次提出“政治经济学”的概念时，不再将其定义为艺术，而是当成“自由国家的国内政策科学”。但他虽然把经济学称为科学，却仍表明其目的是：

> 这项科学的主要目的是，为所有居民确保一定的生计资金，以避免一切有可能使之变得岌岌可危的情况；提供一切必需品，满足社会需要；以能创建人民之间互惠和依赖关系的自然方式雇用国家之居民（倘使其均为自由民），使其不同利益通过互惠方式得到满足。

在一个共同繁荣的社会里，人人都有安全的生活和工作：在定义经济学的目标上，这算是不错的首次尝试（尽管它未能跳出时代的局限性，对女性和奴隶视若无睹）。10年后，亚当·斯密（Adam Smith）尝试对经济学重下定义，但他接受了斯图亚特的思路，仍将政治经济学视为以目标为导向的科学。斯密写道：“它有两种不同的目标：第一，为人民提供优厚的收入或生计，或者，更恰当地说，让人民能够为自己提供优厚的收入或生计；第二，为国家或联邦提供足以维持公共服务的收入。”当今时代认为斯密是自由市场的支持者，可这一定义却明显与之不符：它清晰地阐述了经济思想的目标，牢牢地盯着它带来的奖品。但这种方法并未延续下来。

斯密的定义提出后70年，约翰·斯图亚特·穆勒（John Stuart Mill）对政治经济学所做定义开始转移焦点，认为它是“一门跟踪人类为生产财富所出现的联合行为的社会现象规律的科学”。通过这样的定律，穆勒启动了一种日后他人还将继续推进的趋势：将关注点从指出经济学的目标，转向了观察经济活动的明显规律。穆勒的定义得到广泛采纳，但经济学定义并非只此一家。事实上，近一个世纪以来，经济学这一新兴科学的定义相当不精确，到 20 世纪 30 年代，早期芝加哥学派经济学家雅各布·维纳（Jacob Viner）甚至这样打趣道："经济学就是经济学家做的事情。"

不是所有人都认为这是个满意的答案。1932 年，伦敦经济学院的莱昂纳尔·罗宾斯（Lionel Robbins）意图澄清此事，有些生气地说："我们都说着相同的事情，但说的到底是什么，大家还没达成一致意见。"他声称自己有了明确的答案。他断言，"经济学"是"研究人类行为的科学，考察人们如何处理目的与具有多种用途的稀缺性手段之间的关系"。尽管这一定义有扭曲之处，还是终结了辩论，延续下来。当今的许多主流教科书仍然以十分类似的阐述开篇。但是，虽然他把经济学看成是人类行为的科学，却几乎没有怎么花时间来探究这些目的，更不曾探究相关稀缺手段的性质。在当代普遍采用的格里高利·曼昆（Gregory Mankiw）所著《经济学原理》教材里，定义变得更加简洁了。它宣称，"经济学就是研究社会怎样管理稀缺资源"，从而一笔勾销了所谓目的或目标的问题。

我们在第三章里会看到，20 世纪的经济学决定将自己定义为研究人类行为的科学，接着又在数十年里采纳了一种贬低一切真正人类研究的行为理论（这一理论可概括为"理性经济人"），实在颇为讽刺。但更重要的是，在这个过程中，对经济学目标的讨论从人们的视线里消失了。一些极具影响力的经济学家，以米尔顿·弗里德曼（Milton Friedman）和芝加哥学派（Chicago School）为首，声称这是一项重大进步，表明经济学终于成为一个无关价值立场的领域，摆脱了"什么应该是怎样"的惯常陈述，变成了着重于描述"什么是什么"的"积极"科学。但这造就了目标和价值观的真空地带，在经济学的核心留下了一个无人看守的鸟巢。一如所有的布谷鸟都知道，空荡荡的鸟巢必须去霸占。

空巢里的布谷鸟

传统经济学理论虽然标榜不带价值观立场，但它无法摆脱价值观根植于其核心的事实：效用概念（也就是人的满足或幸福来自消费特定的商品）包裹着它。衡量效用的最佳方法是什么？我们姑且不说数十亿人缺乏必需的金钱，无法到市场上表达自己想要什么，也不说我们最为重视的许多东西并不出售。经济学理论过分着急做出论断，主张人愿意为一种产品或服务所支付的价格，可充当足够良好的市场代理，用于计算人所获得的效用。再加上“消费者总是喜欢更多而不是更少”这一看似合理的假设，它就又朝前迈了一小步，认为收入的持续增长（产出增长）是人类福祉不断改善的恰当代理。于是乎，布谷鸟孵化了出来。

一如受了蒙蔽的母鸟，我们这些经济系的学生忠实地培养起了 GDP 增长的目标，仔细研究各种新鲜出炉且彼此冲突的经济产出提高理论：是国家采用了新技术？是机器和工厂的库存不断增加？还是人力资本的存量提高了？工厂库存，还是它的人力资本存量？没错，这些都是很有意思的问题，但我们从来不曾严肃认真地停下来问一问：GDP 的增长是否始终都是必需的？它是否始终可取？甚至于，它是否始终都具备可行性。当时，我选择研究了一个十分艰涩的主题：也就是发展中国家的经济。只有这一回，目标的问题冒了出来。在我想要写的这篇论文里，我迎头碰上的第一个问题便是：评估发展成功的最佳途径是什么？我猛地一颤，惊讶不已。我投身经济学研究整整两年，目标的问题还是头一次出现。更糟的是，我甚至没有意识到它的缺席。

25 年之后，我想知道经济学的教学工作是否已经有所进步，是否意识到需要从讨论它为了什么目的着手。于是，2015 年年初，在好奇心的驱使下，我聆听了牛津大学的宏观经济学（从整体上研究经济）公开讲座，它针对刚入校的经济学新生，他们中有不少人无疑将成为2050年塑造世界的最高决策者和商业领袖。主讲的资深教授一开场就在屏幕上提出了所谓的“宏观经济学的重大问题”。最靠前的4个问题是什么呢？

1. 什么导致了经济产出的增长和波动？
2. 什么导致了失业？
3. 什么导致了通货膨胀？
4. 怎样确定利率？

他的清单越列越长，但始终没有瞄得更高，鼓励学生考虑经济学的目的。GDP增长这只布谷鸟怎么就这么成功地霸占了经济学的鸟巢呢？答案可以追溯到20世纪30年代中期，那时候，经济学家正沉迷于对这一学科下无目的的定义。美国国会首次委托经济学家西蒙·库兹涅茨（Simon Kuznets）设计一项指标，衡量美国国民收入。他根据全国居民的全球总收入，计算出了所谓的国民生产总值（GNP）。多亏了库兹涅茨，美国的年产量和收入（以及它较之前一年的状况）头一次计算出了美元价值。事实证明，这个指标非常有用，人们热情地接纳了它。大萧条期间，罗斯福总统依靠它监督美国经济状况的变化，评估新政政策的影响和效力。几年后，随着美国有意插手第二次世界大战，国民生产总值的核算数据成了无价之宝，它把美国从高度竞争的工业经济转变成了战时计划经济，同时还维持了足够的国内消费，以推动更高的产量。

追求国民生产总值增长的其他原因很快也提了出来，国际上也创建了类似的国家数据，所以，到20世纪50年代末，产出增长已经成为工业国家压倒一切的政策目标。面对苏联的崛起，美国通过军事力量谋求提升国家安全，双方陷入激烈的意识形态竞争，试图证明哪一方的经济理想（“自由市场”对集中规划）最终能生产出更多的东西。约翰逊总统经济顾问委员会主席亚瑟·奥肯（Arthur Okun）认为，经济增长似乎还可结束失业。他的分析发现，美国国民生产总值每年增长 2%，就相当于失业率下降 1%，这种相关性看上去很有把握，故此被称为“奥肯定律”。很快，经济增长就成了治疗各种社会、经济和政治疾病的灵丹妙药：它可以治疗公共债务和贸易失衡，是国家安全的关键，是消除阶级斗争的途径，能解决贫困，而又无须面对再分配带来的纷乱政治议题。

1960 年，时任参议员的约翰·肯尼迪（John Kennedy）在竞选美国总统时承诺要达到 5% 的增长率。一等他获胜，就向首席经济顾问提出了第一个问题：“5% 的增长率承诺，你认为我们能做好吗？”同年，美国和其他主要工业国家一起成立了经济合作与发展组织（OECD），其首要任务是实现“可持续的最高经济增长”——不光维持环境，也确保生产的增长。国际 GNP 联盟很快对这一雄心壮志表示支持，它将经济增长率列在了最靠前的位置。20 世纪的最后几十年，焦点从衡量国民生产总值（GNP）转到了如今人们更熟悉的国内生产总值之上，也就是一个国家境内产生的所有收入。但是对产出增长的执念屹立不倒。事实上，政府、企业和金融市场等反倒越发心存期待，把需求和指望都放到了 GDP 的持续增长上（我们在第七章将会探讨，这种上瘾延续至今）。

GDP 这只布谷鸟巧妙地霸占了经济学的鸟巢，说起来似乎也没什么好奇怪的。为什么呢？因为产出不断增长的概念，跟“进步就是向前向上的运动”这一广为人知的比喻浑然天成。如果你看过小孩子学走路，想必知道这趟旅程是多么令人兴奋。孩子先从笨拙的爬行开始，通常是先朝着后翻，接着再满意地前翻，再渐渐让自己站起来，迈出胜利的第一步。这种向前向上的运动，描绘了单个孩子的发育，同时也呼应了人类这一物种的进步故事。我们从佝偻着身子、四脚着地的祖先慢慢直起了腰，演化成了直立人，最终又出现了智人。在图片里，智人永远是昂首阔步地往前走。

1980 年，乔治·莱考夫和马克·约翰逊（Mark Johnson）在其经典作品《我们赖以生存的隐喻》(*Metaphors We Live By*）里生动地阐述说，“好事就在前头”（good is forward）或者“好事就在上头”（good is up）等方向性比喻深深地根植于西方文化，塑造了我们思考和表达的方式。“她怎么这么低落？因为她正面对一轮挫折，迎来了空前的低谷，”我们或许会这么说，要不就是，“事情好起来了：她的生活再次迈步向前。”“经济成功必然来自不断增长的国民收入”，这样的概念我们很乐于接受。一如保罗·萨缪尔森在教科书里所说，它符合人们的深刻信念，“哪怕更多的物质商品本身并非最为重要，但进步显然会让社会更加幸福”。

这幅成功的镜像，如果画到纸上，会是什么样子呢？有趣的是，经济学家很少真正把自己采用的经济增长目标画出来（在第七章，我们会回过头来解释这是为什么）。但如果他们确实画过，那么这幅图会是一条 GDP 不断上升的曲线：一条不断向前、向上延伸的指数增长曲线，完美地呼应着我们最喜爱的人类及个人进步的比喻。

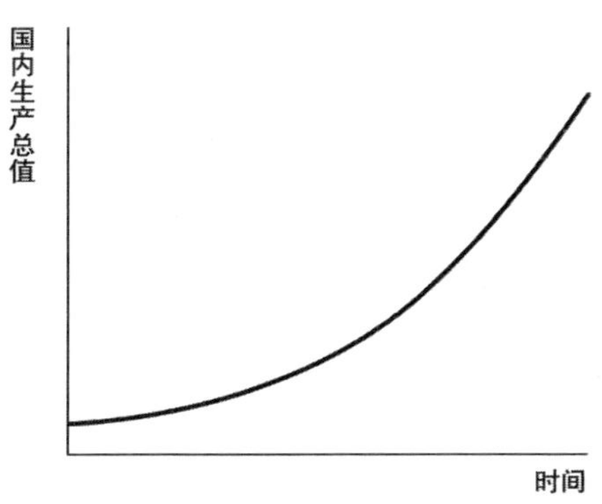

GDP 增长：向前，向上。

然而，库兹涅茨本人倒不见得会选择这样的图形来表现经济进步，因为他从一开始就清楚地意识到自己的巧妙计算存在的局限之处。他强调，国民收入只能根据经济体内生产出的商品和服务之市场价值来表现，故此，这就把家庭内部生产，以及为了家庭和社会所生产，并且有着庞大价值的产品及服务排除在外。此外，他还认识到，自己采用的计算方法，并未说明收入和消费怎样在家庭之间实际分配。由于国民收入是一种流动度量（仅记录每年产生的收入数额），库兹涅茨认为，为计算国民收入产生的财富，以及它的分配情况，还需要用股票指标作为补充。事实上，20 世纪 60 年代初，国民生产总值（GNP）达到影响力顶峰的时候，库兹涅茨对它提出了最坦率的批评，从一开始就警告说："国家的福祉，是很难从国民收入这样一个指标中推断出来的。"

尽管指标的创造者本人已经提出了警告，经济学家和政治家却把它悄悄地藏了起来，用一个指标就能衡量每年的经济进步，这么做的吸引力实在太强烈了。所以，50 多年来，GDP 增长率从政策选择变成了政治必要性，以及事实上的政策目标。进一步的增长是否始终可取，必不可少，甚至是否可行，这样的质疑变得无关紧要起来，简直等于在政治上自寻死路。

拥有远见卓识的系统思想家唐纳拉·麦道斯（Donella Meadows），就是这样一个愿意承担政治自杀风险的人。她是 1972 年《增长的极限》（*Limits to Growth*）报告的主要执笔人之一，说话一点儿也不拐弯抹角。20 世纪 90 年代末，她断言："任何文化若是一味以增长为目标，都愚蠢至极。我们必须适可而止。"面对不断要求更多增长的呼声，她回应说，我们应该随时都记着问一问："增长的是什么？为什么要增长？人为了什么增长？谁来承担代价？它能持续多久？地球将付出怎样的代价？增长多少才足够？"数十年来，主流经济学家都认为她的观点过于激进，但它们其实跟国民收入这一指标的神圣创造者库兹涅茨的意见没什么不同。20 世纪 60 年代，库兹涅茨曾提议："一定要记住增长的质量和数量的区别，增长的代价和回报的区别，长期增长与短期增长的区别……目的应当始终明确：'更多'增长的目标，一定要具体地说明到底是要实现什么东西的更多增长，以及为什么需要这样的增长。"

赶走布谷鸟

在 2008 年金融危机的冲击之下，又受 2011 年占领华尔街运动引发全球共鸣所震动，再加上气候变化带来的压力越来越大，今天的政治家开始寻找合适的措辞，表达更加激励人心的社会及经济进步愿景。但他们似乎总是回到同样的答案上：增长——这个无处不在的词语，装点着一连串华丽璀璨、昂扬向上的形容词。金融危机之后（与此同时，还处在贫困危机、气候变化危机、不平等现象加剧的危机当中），政治领导人提出的愿景，让我感觉自己如同是走进了曼哈顿的熟食店，我只想简简单单地吃个三明治，他们却非要我选择无穷无尽的夹心馅。您今天想要什么样的增长？德国总理安格拉·默克尔（Angela Merkel）建议"可持续的增长"。英国首相戴维·卡梅伦（David Cameron）提出"均衡的增长"。美国总统巴拉克·奥巴马支持"长期持久的增长"。欧盟的若泽·曼努埃尔·杜朗·巴罗佐（Jose Manuel Durao Barroso）支持"明智、可持续、包容、有弹性的增长"。世界银行承诺"包容性的绿色增长"。还有其他的口味吗？或许你希望它是公平的、良好的、绿色的、低碳的、负责任的或者强大的。没问题，任你选——只要你选择增长就行。

我们该笑还是该哭？首先是哭，为了身在人类历史如此关键的时刻却缺乏远见。接着是笑，因为当政治家们觉得有必要用这么多限定条件来维持 GDP 增长的合理性时，很明显，这只布谷鸟目标已经准备好要从鸟巢里跳出去了。我们想要的显然不仅仅是增长，可惜我们的政客们找不到合适的词汇，经济学家们又早就拒绝给出结论。好吧，该哭也该笑的时候到了，但首先，我们该重新来谈谈到底什么才重要。

如我们所见，政治经济学的奠基之父们毫不掩饰地说出了他们视为重要的东西，并就经济学的目的阐述了自己的观点。然而，到 19 世纪末，政治经济学分裂成了政治哲学和经济科学，这就开启了哲学家迈克尔·桑德尔（Michael Sandel）所谓的位于公共决策核心的“道德真空”。今天，经济学家和政治家们轻松而自信地在经济效率、生产力和增长的名义下展开辩论（就好像这些价值观不言而喻，无须解释），可说到正义、公平和权利，就欲言又止、迟疑不决。讨论价值观结合目标，成了一项有待复兴的失落艺术。就像少男少女初学表达自我感受，经济学家和政治家们（还有我们所有其他人）笨拙尴尬地寻找着文字（和图片）来表达远超增长的更宏大的经济目的。我们该怎样学习再一次畅谈价值观和目标，并将它放到与 21 世纪相适应的经济学思维的核心位置呢?

寻找历朝历代那些默默无闻、励志要将人性放到经济学思想核心的经济学家，应该是一个很有潜力的入手之处。早在 1819 年，瑞士经济学家让·西斯蒙第（Jean Sismondi）就想要将人类的福祉而非财富的累积作为政治经济学的目标，希望能界定一套新的方法。19 世纪 60 年代，英国社会思想家约翰·拉斯金（John Ruskin）追寻他的脚步，反对当时的经济学思想，宣称“没有财富，只有生命……那个国家就是最富裕的国家，它培养了最多高贵而幸福的人类”。20 世纪初，甘地发现了拉斯金的书，他以创造提升人类道德水准的经济之名义，着手在印度的一座集体农庄将这一理念付诸实现。20 世纪后期，英国经济学家 E.F. 舒马赫（E. F.

Schumacher)(以主张“小即是美”出名)试图将道德和人类尺度放到经济思想的核心。智利经济学家曼弗雷德·马克斯－涅夫(Manfred Max-Neef)提出，发展应该把重点放在适应各个社会的背景和文化，实现一整套的人类基本需求(如生计、参与、创造和归属感等)上。数百年来，这些目光远大的思想家为经济学提供了不同的奋斗愿景，但他们的理念，长久以来都被放在经济学子看不到也听不到的地方，还被贬斥为婆婆妈妈的“人本经济学派”(这引发了一个问题：除了以人为本之外，经济学还应该考察些什么)。

他们的人文工程终于得到了更广泛的关注和信任。可以说，这始于经济学家兼哲学家阿马蒂亚·森(Amartya Sen)的工作跻身主流，赢得了诺贝尔奖。森认为，发展的重点应该是“提升人类生活的丰富性，而不是人类赖以生活的经济的丰富性”。不应该优先着眼于GDP这样的指标，而应该扩大人的能力(如健康、赋权和创造力)，好让人能够有所选择，做他们重视的事情。实现这些能力，取决于人能够获得基本的生活保障(根据每个社会的情况有所不同)，从营养食品、医疗保健、教育，到个人安全及政治发言。

2008年，法国总统萨科齐邀请以森和同获诺贝尔奖的约瑟夫·斯蒂格利茨(Joseph Stiglitz)为首的25名国际经济学思想家，评估当前用来指导政策制定的经济及社会进步指标。他们考察了指标的使用情况，得出了一个坦率大胆的结论：“试图指引我们经济和社会的那些人，就像是没有可靠指南针却想开辟出一条航道的飞行员。”没有人想搭乘这架弄不清方向的飞机。我们迫切地需要一种方法，帮助决策者、活动家、商业领袖和各国公民找出一条明智的道路，完成21世纪之旅。所以，这里就有适合未来旅程的指南针。

21 世纪的指南针

首先，为确定方向，我们先把 GDP 增长放在一边，从一个根本性的问题开始：什么才能让人类过得兴旺蓬勃？它应该是这样一个世界：人人都能过上有尊严的生活，能获得机遇，享有归属感的社群，并且，在这么做的同时，对赋予我们生命的地球量入为出。换句话说，我们需要进入甜甜圈。这是我在 2011 年与非营利组织乐施会共事时首次绘制出的视觉概念，其灵感来自最前沿的地球系统科学。过去 5 年里，我跟科学家、活动家、学者和决策者展开对话，对它做了更新和升级，以反映最新的地球发展目标和科学认识。那么，就请让我向各位读者介绍一下这个兴许对我们所有人都大有益处的甜甜圈。

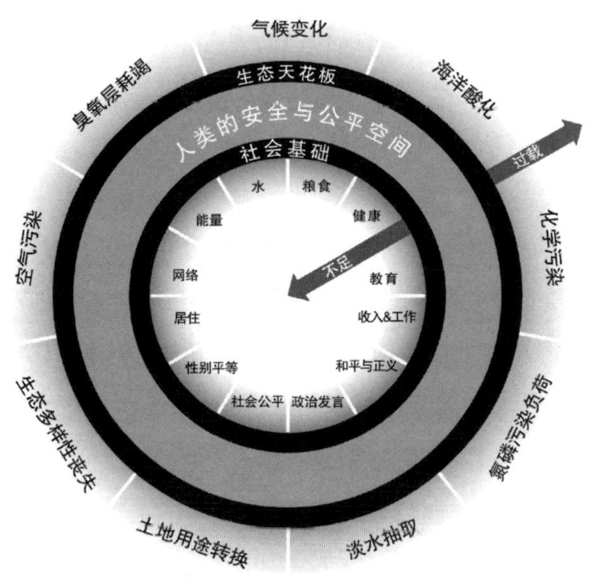

甜甜圈：21 世纪的指南针。在人类福祉的社会基础与行星压力的生态天花板之间，是人类安全和公平的空间。

甜甜圈的内环——它的社会基础——奠定了生活的基本资料，没有人应该在这些方面有所短缺。这 12 项生活基本资料包括：足够的食物；清洁的水和得体的环卫设施；获取能源，有清洁的烹饪设施；获取教育和医疗保健；体面的住房；最低收入和正当的工作；并获得信息网络和社会支持网络。此外，它还要求在性别平等、社会公平、政治发言，以及和平与正义等条件下来实现这些目标。自 1948 年以来，国际人权准则和法律都力求确立人人有权享有绝大多数这些生活基本资料的权利——不管人拥有金钱或权力是多还是少。设定目标日期，争取让每一个活着的人都能享受到这些基本生活资料，这看上去似乎是个无比宏大的雄心，但如今已列入正式议程。这些目标都包含在联合国可持续发展目标（2015 年，193 个成员国对此达成一致意见）当中，而且，到 2030 年，要实现绝大多数目标。

自 20 世纪中期以来，全球经济发展已经帮助世界范围内数千万人口摆脱贫困。这些脱贫人口，成为整个家族里第一代过上了长寿生活的人，他们健康、受过教育，有足够的食物、清洁的饮用水、家里有电、口袋里有钱——而且，对许多人来说，这种转变伴随着男女两性的更加平等，以及更大的政治发言权。但全球经济的发展，同时也大幅提升了人类对地球资源的需求，这种需求，最初受当今高收入国家资源密集型生活方式的驱动，最近，又因为全球中产阶级的快速增长猛翻了一倍。由于人类活动的急剧增加，这成就了一个逐渐得名为“大加速”的经济时代。从 1950 年到 2010 年，全球人口几乎增长了 3 倍，世界实际 GDP 增长了 7 倍。全球范围内，淡水使用量翻了 3 倍，能源使用量增加了 4 倍，化肥使用量增长了 10 倍以上。

一系列监测地球生命系统的指标清楚地显示了人类活动急剧激化造成的影响。自 1950 年以来，随着大气中温室气体的积聚、海洋酸化和生物多样性的丧失，生态环境受到的冲击也随之大幅度增加。“变化的规模和速度，再怎么往高了估算都不为过”，主持记录这些趋势的科学家威尔·斯特芬（Will Steffen）说，“几十年间，人类就有了对整个地球地质造成影响的力量……这是一个新的现象，表明人类需要在全球范围内对地球承担新的责任。”

很明显，人类活动的“大加速”让整个地球受到了很大的压力。但在维持我们生命的系统走向崩溃之前，它到底能承受多大的压力呢？换句话说，是什么决定了甜甜圈的生态天花板呢？为了回答这个问题，我们必须回顾地球过去10万年的情况。贯穿这一时期（早至人类刚从非洲出走，留下了横穿大陆的踪迹），地球的平均气温忽涨忽落。但过去12000年左右，气温回暖，并逐渐稳定。地球的这一最近历史时期被称为“全新世”（Holocene）。这是一个很值得了解的词语，因为它带给了我们最美好的地球家园。

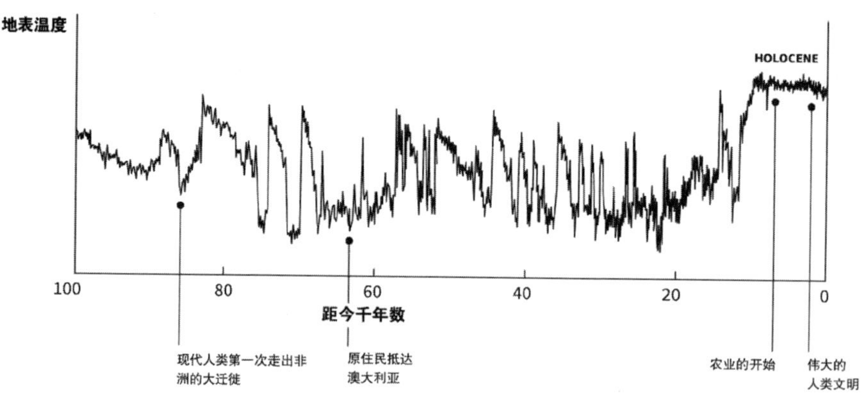

全新世的甜蜜家园。该图显示的是，过去10万年地球的变化（基于格陵兰冰芯的数据）。过去12000年异常稳定。

在全新世时期，多个大陆同时发明了农业，科学家们相信，这并非巧合。地球气候新达到的稳定状态，使狩猎采集者的后代得以不分季节过定居生活：预计什么时候下雨，挑选种子并播种，最后收获庄稼。同样道理，所有伟大的人类文明（从印度河谷、古代埃及、中国的商代到玛雅、希腊和罗马）都在这个地质时期出现并繁荣发展，这也并非巧合。地球历史上唯有这一时期，承载了数十亿人类的蓬勃发展。

更异乎寻常的是，科学家们认为，如无干扰，由于地球当前绕太阳转动的罕见圆形轨道（这种现象极为罕见，上一次出现是在40万年前），全新世的良好生态条件，大概还可再持续50000年。这当然是一件值得坐下来好好思考一番的事情。在这个已知的唯一存在生命的星球上，多亏它时刻围绕太阳转动的少见方式，我们出生在了它最热情好客的时代，注定要向前不断奔跑。把自己踢出全新世的甜区，绝对是发疯的决定，可我们竟然真的在这么做。我们对地球施加了越来越大的压力，这使人类成为地球变化的唯一最大驱动力。由于我们影响的规模太大，人类现在已经脱离了全新世，进入了未知的版图，也叫作“人类世”（Anthropocene），也就是第一个由人类活动塑造的地质时期。既然来到了人类世，那么，为维持像全新世那样的良好生态条件（气候稳定、淡水充足、生物多样性丰富、海洋健康），我们该怎么做呢？

2009年，在约翰·罗克斯特伦（Johan Rockstrom）和威尔·斯特芬的领导下，一支国际地球系统科学家小组接受了这一提问，确定出了9种关键过程，如气候系统和淡水循环等，共同调节着地球维持全新世生态条件的能力（附录中对这9种过程做了更详尽的介绍）。科学家们针对这9种过程里的每一种分别做了考察，看多大的压力就能危及维持了人类数万年繁荣发展的生态稳定性，使地球陷入未知的状态，继而出现各种意想不到的全新变化。当然，考虑到许多变化不可逆转，用最吃苦头的方式去找答案显然不够明智，我们不可能准确地指出危险到底来自哪里。故此，科学家们提出了 9 条界限，界限（类似围栏）之外就是危险区域——就像在一条河中却看不见凶险的瀑布上游插着警告标志。

这些警告标志是怎么说的呢？为了避免危险的气候变化，要把二氧化碳的浓度保持在 350ppm 以下。在限制土地用途转换方面，要保证 75%从前是森林的地方仍然是森林。而在使用化肥方面，每年地球的土壤里最多新增 6200 万吨氮和 600 万吨磷。当然，这些上限数字背后包括了大量的不确定因素（包括这些全球性限制有什么样的地区影响等问题），而相应的科学也还在继续发展。但实质上，这 9 条地球界限绘制出了迄今为止全新世美妙家园留给我们的最美好景色，而在人类主导的人类世，我们要采取什么样的做法才能让这一切延续下去呢？这 9 条地球界限划定了甜甜圈的生态天花板：如果我们想维护家园的稳定，就不能对地球施加进一步的压力。

人类权利的社会基础和地球界限的生态天花板，一起划定了甜甜圈的内外界限。它们当然是相互关联的。如果你忍不住想拿起一支笔在甜甜圈上画画箭头，探索这些界限彼此之间将怎样影响，你很快就能明白这是什么意思：我们的甜甜圈马上就会变得像一碗意大利面条。

举个例子，要是山坡上的植被遭到砍伐，会发生什么样的情况呢？这种土地用途转换很可能会加速生态多样性的丧失，削弱淡水循环，加剧气候变化——而这些影响反过来又加大了对剩余森林的压力。此外，森林流失和水资源供应稀缺，兴许会让地方社群更容易暴发传染病，降低粮食产量，导致儿童辍学。一旦孩子们辍学，各种各样的贫困与匮乏就会在数代人身上产生连锁反应。

当然，连锁效应也可以是正向的强化。退耕还林有助于丰富生物多样性，提高土壤肥力和保水能力，并有助于隔离二氧化碳。对地方社群的好处也很多：可收获更多样化的森林食物和纤维；供水安全更有保障；营养和健康得到改善；生计的适应性更强。针对每一条地球和社会界限分别制定政策，看起来简单，实际上根本行不通：各条界限相互联系，使我们必须从复杂社会生态系统的整体角度去理解，从更宏观的层面上去解决。

关注“甜甜圈”之间多种多样的相互关系，很明显能看出，人类的繁荣有赖于地球的繁荣。想要为所有人提供足够的营养食物，就需要健康、营养丰富的土壤，充足的淡水，生物多样性的作物，以及稳定的气候。确保干净安全的饮用水，有赖于从地方到全球的水文循环生成丰沛的降雨，持续为地球的河流和含水层提供补充。有清洁的空气可供呼吸，意味着停止排放有毒微粒（有毒的微粒会形成足以造成肺部窒息的雾霾）。我们喜欢太阳暖烘烘地照在背上，但只有当臭氧层保护我们免受紫外线辐射、大气中的温室气体不会将太阳的温暖变成灾难性全球变暖的时候，我们才能享受到这份惬意。

如果说，进入“甜甜圈”内外界限之间的安全公平空间是人类在21世纪要迎接的挑战，这就带来了一个显而易见的问题：我们现在做得怎么样？由于人类权利和地球科学方面的数据进步，我们拥有了一幅清晰度远超从前的全景图。尽管过去70年来，人类福祉取得了前所未有的进展，但我们也已远远超出了“甜甜圈”的内外界限。

数千万人仍生活在低于社会基础各个维度之下的环境里。从全球来看，每9个人里就有1个人没有足够的食物。1/4的人每天的生活费低于3美元。1/8的年轻人找不到工作。1/3的人没有厕所可上。1/11的人没有安全的饮用水源。1/6年龄在12岁到15岁的孩子没有上学，其中绝大多数是女孩。将近40%的人生活在收入高度不平等的国家。世界上一半以上的人口生活在人民政治发言权严重不足的国家。生活必需品的匮乏，限制了21世纪大量民众的生活水平，这种状况令人惊诧。

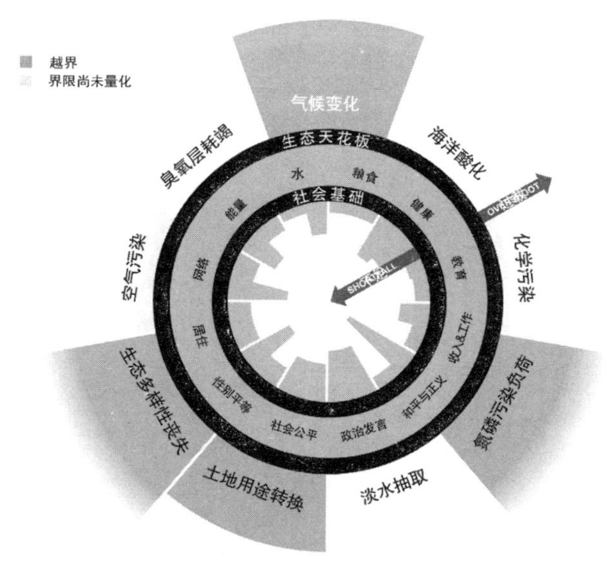

甜甜圈的内外界限都遭到突破。社会基础下边的灰色楔形表明全世界有多大比例的人缺乏生活基本资料。超出生态天花板的灰色楔形，表明突破了地球的界限（完整的数据参见附录）。

与此同时，人类也向地球的生命系统施加着前所未有的压力。事实上，我们已经突破了至少 4 道地球界限：气候变化、土地用途转换，氮磷负荷，以及生物多样性丧失。大气中的二氧化碳浓度早就远远超过了 350ppm 的界限，这一数值现在是 400ppm，并且仍在增长，它推着我们走向更热、更干燥、更变幻莫测的气候，海平面的升高，这对全球的岛屿及沿海城市造成了威胁。含有氮和磷的合成肥料正以超过其安全水平两倍的数量加入地球土壤。有毒的流失物导致许多湖泊、河流和海洋里水生生物的崩溃，比如，墨西哥湾里就出现了面积跟康涅狄格州一般大小的“死亡海域”。从前覆盖着森林的土地，如今只有 62% 仍是森林，而且，这个数字还在不断缩小，大大降低了地球的碳汇能力。生物多样性丧失的规模很大：物种灭绝的速度，至少是安全界限的 10 倍以上。难怪自 1970 年以来，世界范围内的哺乳动物、鸟类、爬行动物、两栖动物和鱼类的数量已经减少了一半。尽管全球的化学污染规模尚未量化，但许多科学家对这个问题非常关心。人类给地球系统其他重要过程（如淡水抽取和海洋酸化）带来的压力继续攀升，使之成为全球范围内的危险领域，在此过程中造成了地方和区域性生态危机。

21 世纪初，人类和我们地球家园满目疮痍的这幅景象，对迄今为止所追求的全球经济发展道路给予了强烈谴责。数十亿人最基本的生活需求仍未得到满足，而我们已经跨入了全球性的生态危险地带，为地球的稳定性招来巨大风险。在这样的背景下，进步会是什么样子呢？

从无尽的增长到平衡的繁荣

用“天天向上”来比喻进步，是人们很熟悉的修辞手法，但从经济学的角度看，它把我们带进了一个危险的地方。海洋科学家凯瑟琳·理查森（Katherine Richardson）说：“人类恐怕正影响着地球生命维持系统的运作。我们把指针越调越高了。这是如何改变了我们对进步的定义呢？”

60 多年来，经济学思想一直告诉我们，GDP 的增长足以作为衡量进步的良好代理指标，它看起来就像是一条不断上升的直线。但 21 世纪呼吁一种形状和方向有所不同的进步。在人类历史上的这一时刻，最准确描述我们所需进步的运动是动态平衡，它进入了甜甜圈的安全和公正空间，同时消除了位于两端的不足与过载。这就要求我们的比喻发生深刻的转变：从“前进就是好”过渡到“平衡就是好”。它将经济发展的画面从 GDP 的持续增长变为甜甜圈式的平衡而繁荣。

甜甜圈的形象及其背后的科学或许听起来新鲜，但它呼吁的动态平衡感，跟数十年来的可持续发展观是遥相呼应的。20 世纪 60 年代流行起一种观点，认为地球是一艘宇宙飞船，一枚自给自足的活体胶囊，这促使经济学家罗伯特·海尔布鲁诺（Robert Heilbroner）指出："就像在所有宇宙飞船中一样，维持生命意味着要在舰只供养生命的能力以及居民提出的需求之间保持精妙的平衡。"20 世纪 70 年代，率先提出可持续发展的经济学家芭芭拉·沃德（Barbara Ward）呼吁全球采取行动，解决人类需求与权利的"内部限制"，以及地球能够负担的环境压力这一"外部限制"：这其实就是甜甜圈，只是她用的是文字描述，而非画笔绘制。到了 20 世纪 90 年代，公益组织"地球之友"（Friends of the Earth）倡导"环境空间"的概念，主张所有人都有权在地球的承载能力范围内，获得公平分配的水、食物、空气、土地和其他资源。

在一些文化中，平衡的繁荣设想，可以追溯回更古老的时代。古希腊人提倡"pan metron ariston"，意思是"凡事适度至上"。在新西兰毛利文化中，福祉的概念，是精神、生态、亲缘关系和经济福祉在多个相互依存的维度上交织组合而成的。南美洲的安第斯文化则有着"buen vivir"的世界观，从字面上理解，它是"过得好"之意，重视"在与他人及自然的社群里生活得充实"。近年来，玻利维亚将"过得好"整合到了国家的宪法里，将之作为伦理原则来指导国家。2008 年，厄瓜多尔也修订了宪法，在全世界率先承认自然（或曰"地球母亲"）"有权存在、延续、维系、重振其生命周期"。这种全面而平衡的复制概念，也反映在诸多古代文化的传统符号里。从道家的阴阳和毛利人的"塔卡兰基"（takarangi），从佛教的"无尽结"到凯尔特人的双螺旋，每一种纹样都唤起了互补力量之间持续的动态舞蹈感。

动态平衡的古代符号：道教阴阳，毛利人的塔卡兰基，
佛教的无尽结，凯尔特人的双螺旋。

西方文化若是尝试赶跑鸠占鹊巢的 GDP 增长目标，不能光是把安第斯或毛利人的世界观放上去，还要找到新的文字和图画来清晰地表达同等的愿景。什么样的措辞适合这一新愿景呢？让我先抛砖引玉提个建议：在欣欣向荣的生命之网里实现人类的繁荣。没错，这是个拗口的说法——这生动地说明，我们缺乏更简明的方式，来表达一件对我们福祉至关重要的事情。至于说新的图画嘛，我发现，甜甜圈有用武之地。

2011 年年底，联合国可持续发展大会召开前夕，我前往纽约联合国总部向多个国家的代表介绍“甜甜圈”，评估他们的反应。我最先见的是阿根廷人，因为当时他们正巧是 77 国集团（这是联合国里最大的发展中国家谈判集团）的主席。当我向阿根廷谈判代表解释“甜甜圈”时，她用手指坚定地指着图片说：“我对可持续发展的看法一直就跟这差不多。只不过，如果你能让欧洲人也这么想就好了。”所以，第二天，我满心好奇地把“甜甜圈”拿给一屋子的欧洲官员看。我把“甜甜圈”投影到屏幕上，解释了它的核心思想，英国的代表开口了。“这很有意思。”他说，“我们总听到拉丁美洲人说起‘大地之母’，感觉它有点欠缺实质内容，”他在空中摆动着双手，仿佛是在说明，“但我认为这种以科学为基础的表现形式，所说的东西其实也没有太大不同。”有时候，图片可以弥合语言无法跨越的鸿沟。

考虑到我们现在欠缺平衡的地方太多（突破“甜甜圈”两面界限的地方太多），要达到平衡的任务十分艰巨。约翰·罗克斯特伦说：“我们是知道自己正破坏维系人类发展地球系统能力的第一代人。这是个意义深远的新见解，它可能会非常地吓人……这也是一项极大的特殊待遇，因为这意味着我们也是知道自己必须操纵转型，进入全球可持续发展未来的第一代人。”

那么，想象一下，要是我们能成为将人类推向这条未来轨道上的转折一代，那会怎样呢？如果我们每个人都从精神上将自己的生活映射到“甜甜圈”，扪心自问：我购物、进食、出行、谋生、借贷、投票、参与志愿活动的方式，这些个人选择对社会及地球的承载界限有着什么样的影响呢？如果每家公司都围绕一张“甜甜圈”办公桌展开战略规划，它们自问道：我们的品牌属于甜甜圈式品牌吗？我们的核心业务能帮忙将人类带到这一安全和公正的空间吗？试想一下，代表全世界最强大经济体的 G20 财长围着一张甜甜圈形状的会议桌开会，讨论怎样设计全球金融系统，有利于将人类带入这一甜区。那么这必将是能促成世界转变的对话。

实际上，一些国家、企业和社区已经在进行这样的对话了。从英国到南非，乐施会发布了各国“甜甜圈”报告，揭示每个国家还有多远才能进入按国别界定的安全和公正空间。在中国云南省，研究科学家对洱海（这是该地区的关键水源）周边的工业和农业的生态及社会影响做了甜甜圈分析。美国的户外服装制造商巴塔哥尼亚（Patagonia），以及英国的森宝利超市（Sainsbury）等企业，均利用“甜甜圈”来重新思考企业战略。在南非小镇科克斯塔德（夸祖鲁 – 纳塔尔省发展最快的小镇），市政府与城市规划师和社会团体合作，利用“甜甜圈”为小镇设想了一个可持续发展的平等未来。

像这样的举措是雄心勃勃地调整经济发展方向的实验，但“甜甜圈”着眼于整个地球的层面，这对经济学来说是否野心太大，无法掌控呢？完全不是这样：从这个层面上着眼，已经是水到渠成的事情。回到古希腊，色诺芬最初提出的经济问题是，“一个家庭，该怎样最好地管理资源？”他的着眼点，不折不扣就是一个家庭。

到了他人生的最后阶段，他把注意力提高到了下一层面，也即城邦的经济状况，并为家乡雅典提出了一套贸易、税收和公共投资政策建议。时间往后推两千年，苏格兰的亚当·斯密把经济学的重点再次断然提高了一个层面，来到民族国家上，他问：为什么一些国家的经济繁荣发展，另一些国家却停滞不前。此后的250多年里，各国在制定经济政策时，都采用了斯密的民族国家经济视角，每年公布的国家GDP统计比较就是明证。但如今，我们面对的是一个全球互联的经济体，因此，这一代的思想家们必然要迈出下一步。我们的时代，就是以地球为家的时代——我们的共同家园，比以往任何时代都更迫切需要家务管理的艺术。

我们能进入甜甜圈吗？

“甜甜圈”为我们提供了21世纪的指南针，但我们能否真正进入它的安全和公正空间，是由什么决定的呢？这里，有5个因素发挥着关键作用：人口、分配、志向、技术和治理。

显而易见，人口很关键：人类的数量越多，用来满足全体人需求和权利所耗用的资源就越多，这就是人类种群规模保持稳定的至关重要的原因所在。但这里有一个好消息：虽然全球人口仍在增长，但自1971年以来，其增长速度一直呈急剧下降的趋势。而且，它的下降不是因为饥荒、疾病或战争，而是由于成功，这在人类历史上还是第一次。数十年来，婴幼儿健康、女童教育、妇女生育保健方面的公共投资，以及在赋予妇女权利方面的努力，终于促使女性得以管理个人家庭的规模。从“甜甜圈”的角度来看，相关的信息非常清楚：稳定人口规模最有效的途径，是确保每个人都可以生活在社会基础之上，免于贫困。

如果说人口很重要，分配问题同样重要，因为极端的不平等将会把人类推到“甜甜圈”界限的两侧。由于全球收入不平等的规模越来越大，全球温室气体排放量倾斜得厉害：10% 排放量最高的人，排放了全球总量的 45% 左右，而垫底的 50% 的人，总计只贡献了 13% 的排放量。食品消费也非常不平衡：全世界约有 13%的人营养不良。要满足他们的热量需求，需要多少食物呢？仅占全球食品供应的 3%。与此同时，全球 30%到 50%的食物，会在收获后损失，浪费在全球供应链上，或是上了餐盘却没吃完，白白倒进了厨房垃圾桶。实际上，只要这些从没下肚的食物能节省 10%，即可终结饥荒。从这些例子可以清楚地看到，要想进入“甜甜圈”，就要求人类能更加公平地分配资源。

第三个因素是志向：人们认为哪些东西对美好生活是必要条件。在哪里生活，怎样生活，对我们的志向有着最大的影响力。2009 年，人类走向城市，一半以上的人住在城镇里，这在历史上是第一次。到 2050 年，70%的人将居住在城市。城市生活往往会扩大周围人群和广告牌的影响力，广告牌上许诺只要买东西就能过上更美好生活的画面，激发了我们的欲望，让我们想要速度更快的汽车，更轻薄的笔记本电脑，去国外度假，拥有最新潮的各类小玩意儿。经济学家蒂姆・杰克逊（Tim Jackson）巧妙地指出，我们“受了说服，花了自己并没有的钱，买了自己本不需要的东西，想要给那些我们根本不在乎的人留下并不持久的印象”。考虑到全球中产阶级快速增长，人们渴望拥有的生活方式将极大地提高人类集体对地球界限施加的压力。

城市化有可能助长消费，但也可以提供机遇，用更加有效的方式满足人的各种需求，比如住房、交通、水、卫生、食物和能源等。到 2030 年，预计将有大约 60%迄今尚未修建的地区变成城市，因此，用于建设相关基础设施的技术，将产生深远的社会及生态影响。新的交通系统能否以快速而经济的公共交通取代拥堵的私家车车流？现代城市能源系统能否用太阳能屋顶网络取代化石能源？建筑物能够设计成供热制冷基本靠自给吗？供应给城市的食物，能否以有助于土壤中多储存碳，同时提供良好工作岗位的方式来生产？在很大程度上，这些都取决于人们所做的技术抉择。

从地方到城市，从国家、地区再到全球，各个层面上的政府治理也起着关键的作用。通过设计，让政府治理适合人类所面临的挑战，这提出了深刻的政治问题，事关国家、企业与社会的长期利益和期待。例如，全球层面需要能够减少人类对地球界限施加压力的政府治理结构，还要求它站在地区及全球影响的角度，做出公平的分配。同时，政府治理还要考虑到复杂的相互作用，如食物、水和能源部门之间不可分割的联系。它必须有能力更卓有成效地应对各类突发事件（如全球食品价格危机等），为新兴技术指出明智的发展路线。这一切，大多有赖于 21 世纪在各个层面上创造出比从前更为高效的政府治理形式。

所有这些因素——人口、分配、志向、技术和治理——都将极大地塑造人类进入甜甜圈安全及工作空间的前景，也是它们成为当今政治辩论核心的原因。但除非我们转变经济思想，否则它们无法实现足够规模的彻底转型。这样的转型，已经迟到了不少——甚至有人会说太迟了。但今天的经济学学生，很可能是有机会实现 21 世纪目标的最后一代人。他们至少应该掌握一种能带来最大成功机会的经济学思维。我们所有人也都应该这样。

鸠占鹊巢的 GDP 增长目标，是从经济萧条、世界大战和冷战对抗的时代出现的，它已经主导经济思想 70 多年了。再过一二十年，等我们回首来时路，一定会觉得很奇怪，我们怎么会用GDP这样一个变幻无常、片面肤浅的指标来管理复杂的全球经济。我们自己时代的危机需要一个非常不同的目标，而这个目标到底应该是什么，我们还处在重新塑造、重新命名的初级阶段。

如果目标是在蓬勃的生命网络里实现人类的繁荣（看起来跟“甜甜圈”相当接近），那么，我们该怎样从整体的角度思考经济（并绘制出相应的画面）才最为合适呢？我们很快就会看到，经济学家对经济的传统绘制方法（判断什么该纳入经济故事，什么该排除在外），对其后的一切都产生着深远的影响。

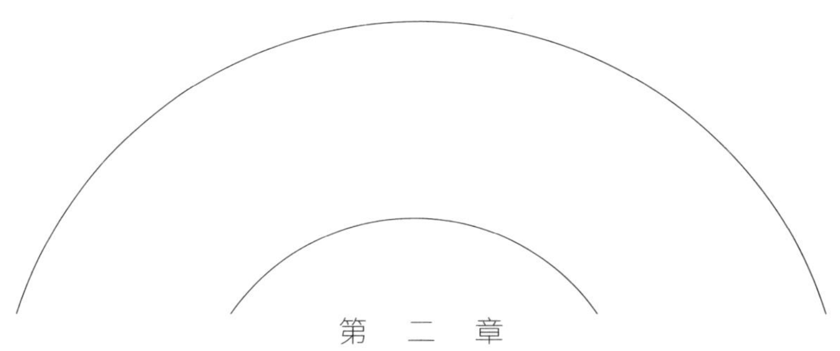

第二章

Doughnut Economics

着眼于大局

从自给自足的市场到嵌入式经济

400 年来，因为有着令人难忘的角色、紧张的情节和诗歌般的文字，威廉·莎士比亚的作品吸引了全世界的戏剧爱好者。为了让演员们全身心地投入，莎士比亚让剧团里每一名演员只背诵涉及自己的剧情和台词，故意让他们对情节的发展茫然无知。然而，他死后不久，过分热心的编剧就加入了完整的人物出场名单，在诸如《暴风雨》等剧目中，还介绍了人物的特点和相关大部分剧情：

> 普洛斯彼罗，正直的米兰公爵
> 安东尼奥，普洛斯彼罗的弟弟，因篡权而成为米兰现时的公爵
> 贡萨罗，一位诚实的老顾问
> 卡利班，未开化的野蛮人，普洛斯彼罗的丑陋仆人
> 斯蒂法诺，醉酒的管家
> 米兰达，普洛斯彼罗之女
> 爱丽儿，轻盈的精灵

将一个角色描述为“篡权的公爵”，演员自然会开始怀疑要拨乱反正，

沉冤得雪。将另一个角色称为“诚实的老顾问”，他们自然知道此人的话值得信任。把第三个人介绍为“醉酒的管家”，演员就知道这是个搞笑的闹剧角色。有了这样的人物名单，戏剧的情节就浮现出大概的轮廓了，自己也差不多把故事写完了。

这跟经济学有什么关系呢？关系太大了！“整个世界就是座舞台，”莎士比亚写过一句名言，“男男女女都只是演员。”他说的一点儿也不错：当今的经济演员在国际舞台上扮演各自的角色，表演着我们这个时代的经济大戏。但是，谁来设定这座舞台，谁界定了主角们的个性特点——我们现在又该怎么重新撰写这个故事呢？

本章揭示了经济故事背后主导了整个20世纪的演员阵容、剧本和剧作家——也就是那些把我们推向崩溃边缘的人物。但它也为21世纪的经济戏剧设定了舞台——舞台上的角色和剧本，能帮助我们回到正轨，恢复蓬勃的平衡。

经济学就像是剧院，可戏剧的主角们，绝不会在教科书开篇第一页就说个一清二楚。相反，他们的主要特点，是宏观经济学里最具标志性的图表（循环流向图）心照不宣地告诉我们的。这幅图最初由保罗·萨缪尔森绘制，原本只是为了说明收入怎样在经济中流动，但它很快就开始对经济本身进行定义，确定了哪些经济演员该放在中心舞台，哪些该分流到侧翼舞台。有意无意间，萨缪尔森拟定了21世纪的演员阵容。但他的竞争对手，持新自由主义立场的弗里德里希·哈耶克（Friedrich Hayek）和米尔顿·弗里德曼（Milton Friedman）为每一部分都添加了事先剧透的性格特点，让剧本的其余部分几乎自说自话地写完了。在因之而来的自由放任经济故事里，什么人是经济的演员、怎样让经济最好地运转，相关的情节从一开始就加载了。

我们都很熟悉它的角色阵容，都学过市场是高效的，贸易是双赢的，公地（公共品）是要悲剧的。考虑到这样的演出名单，尚未展开的情节里几乎不可避免地会出现市场的胜利。然而，我们还都学到过，金融是绝对可靠的——但这部分的故事，在2008年的金融危机期间当众翻脸，就连剧本作者也不得不承认它出了岔子。我们越来越清楚地看到，新自由主义的经济剧情让我们陷入了极度不平等、气候变化和金融崩溃的完美风暴（十分讽刺地呼应了《暴风雨》一剧）。

搭舞台

1948年，萨缪尔森推出《经济学》经典教材，做出了不少新颖的贡献，循环流向图就是其中之一。事实证明，它成了大众教育的热门话题，无怪乎催生出了100万种后继模仿者，几乎每一本经济学教科书里都有它的变体。

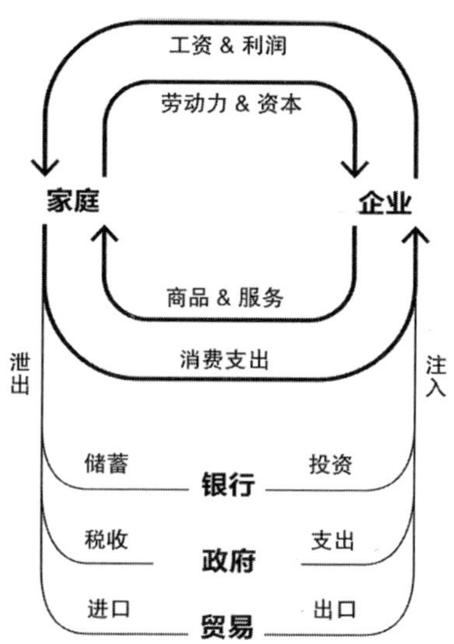

循环流向图，70年来，它都是宏观经济学的定义描述。

这幅图是每一名经济学的学生见到的第一个宏观经济学模型，一如萨缪尔森兴高采烈地形容，它在初学者的白板上“写下了宝贵的第一笔”。那么，在进行经济分析的时候，哪些演员重要、哪些应该忽视，这一模型传达了什么样的信息呢？中心舞台是家庭和企业之间的市场关系。家庭提供劳动力和资本，换取工资和利润，接着把这笔收入花出去，从公司买回商品和服务。生产和消费的这种相互依赖性创造了收入的循环流动。如果不参与 3 个外部循环（包括商业银行、政府和贸易部门，它们会将部分收入挪作他用），这一流动是不会中断的。该模型表明，银行以储蓄的形式吸取收入，接着以投资的形式返还它。政府以税收的形式吸取收入，又以公共支出的形式将之重新注入。国家进口外国产品，外国商人得到报酬；国家出口本国产品，外国商人花钱购买。所有这 3 项转移，都会给市场循环带来流量泄出或注入，但整体而言，系统是封闭而完整的——跟圆形水管里的水流过来又流过去没什么不同，一如萨缪尔森最初的描述。

事实上，萨缪尔森教科书出版后的第二年，这种相似性就启发了一位心灵手巧的工程师出身的经济学家比尔·菲利普斯（Bill Phillips），制造出一台真正这样运转的水动机器。他的机器，名叫“莫尼亚克”（MNIAC，是“Monetary National Income Analogue Computer”的首字母缩写，意思是“货币国民收入模拟计算机”），是一套连接在一起的透明水箱与水管，里头流动着粉红色的水。为形象地展现“循环流向图”，“莫尼亚克”的水箱和水管代表了英国经济中的收入流。这是有史以来第一台模拟一国经济的计算机模型，它极为出色，为菲利普斯赢得了伦敦经济学院的教职。但作为模型，它同样存在缺陷，我们随后就会清楚地意识到。

比尔·菲利普斯和“莫尼亚克”。

工程师们或许会受水管形象的吸引，但循环流向图更值得赞许，它成为经典是有着充分理由的。对于初学者来说，图表是从整体上描述经济的首次尝试，有助于建立宏观经济建模的领域。萨缪尔森希望这幅图能提供见解，阐明凯恩斯提出的经济怎样陷入衰退的问题：如果家庭开支开始下跌（例如，由于担心不久后会出现艰难时期），企业需要的员工也会随之减少；一旦企业裁员，员工拿回家的收入就减少了，因此又进一步压低了需求，结果就导致了自我循环的衰退。凯恩斯认为，这种衰退可以通过提高政府支出来逆转，政府支出可以让水流再次转动起来，恢复国民的信心。此外，迄今仍通行全球的财会框架下，若干种不同的衡量国民收入的方法都靠这幅图奠定基础。显而易见，这是一张方便好用的图片，它揭示了许多关键的宏观经济学理念。

然而，麻烦出在它隐而未彰的东西上。用系统思想家约翰·斯特曼（John Sterman）的话来说：“模型中最重要的假设并不体现在方程里有什么，而在于方程里没有也没说明的东西；它不体现在计算机屏幕上的变量里，而体现在周围的空白处。”介绍循环流向图的时候显然需要搭配这一告诫。它没有提到经济活动所依赖的能源和材料，也没有提到这些活动是在社会里发生的，也就是说，后者从演出阵容里缺失了。萨缪尔森是故意忽略它们的吗？不太可能。毕竟，他只是想说明收入的流向，所以，这些因素才并未被绘制到画面里。但舞台却就此搭建了起来。

写剧本

1947 年，萨缪尔森发表他标志性循环流向图的前一年，一小群渴望成为经济学领域编剧的自由放任派学者，包括弗里德里希·哈耶克、米尔顿·弗里德曼、路德维希·冯·米塞斯（Ludwig von Mises）和法兰克·奈特（Frank Knight），在瑞士度假胜地朝圣山聚会，开始起草故事，希望有一天它会成为经济学的主流。受亚当·斯密和大卫·李嘉图等古典自由主义学者亲近市场作品的启发，他们建立了所谓“新自由主义”议程。他们说，这么做的目的是抵御国家极权主义的威胁。但这一目标逐渐演变为对市场原教旨主义的强烈推崇，“新自由主义”的意义也随之发生演变。更重要的是，保罗·萨缪尔森的图表（描绘哪些演员位于经济的核心，哪些处于侧翼）问世之后，为他们的戏剧提供了完美的设定。

编写剧本的工作始于 20 世纪 40 年代末，同时，他们还创建了延续至今的朝圣山学社。但弗里德曼、哈耶克和其他心怀壮志的剧作家都知道，他们的这出剧，可能要等上几十年才会上演。他们决定放长线钓大鱼：在企业和亿万富翁的支持下，他们资助了大学的教职并提供奖学金，组建了

“自由市场”智库国际网络，包括位于华盛顿的美国企业研究所（American Enterprise Institute）、卡托研究所（Cato Institute），以及位于伦敦的经济事务学会（Institute of Economic Affairs）。

1980年，大好的机会终于来了：玛格丽特·撒切尔（Margaret Thatcher）和罗纳德·里根（Ronald Reagan）联手将新自由主义剧本推上了国际舞台。这两位新当选的大国领袖，身边都围着朝圣山学社的圈内人：里根的选举团队里有来自该学社的20多名成员，撒切尔的首位财政大臣杰弗里·豪（Geoffrey Howe）也是学社成员。一如百老汇演出时间最长的节目一样，新自由主义这出戏自此以后一直上演，有力地框定了过去30年来的经济争论。那么，就让我们来看看故事里登场的角色吧，这里（按照真正的莎士比亚风格），每名角色后都附有一段生平简介和一句话的性格总结，从一开始就把剧情走向给预设好了。

经济学：20世纪的新自由主义故事

（在这个故事里，我们走到了崩溃的边缘）

舞台设计：保罗·萨缪尔森

剧本：朝圣山学社

演出人员（按出场顺序）：

市场：它有效，所以，给它自由吧。一如亚当·斯密的名言：“我们不能借着肉贩、啤酒商或面包师的善行而获得晚餐，而应该源于他们对自身利益的看重。”一旦市场的无形之手自由地施展分配效率的魔法，便可驾驭每一个家庭和企业的自利之心，来提供人们想要的各种商品与工作岗位。

企业：它是创新的，所以，给它领先地位吧。“企业的生意就是做生意。”20 世纪 70 年代，米尔顿·弗里德曼在他影响深远的哲学观里这样总结说。企业将劳动力和资本集中在一起，生产新颖的商品和服务，实现利润最大化。只要企业遵守游戏里的合法规则，用不着去看它们的工厂和农场里发生了些什么。

金融：它是绝对可靠的——放手让它做主吧。银行尽忠职守地把人们的储蓄转化为有利可图的投资。此外，根据尤金·法马（Eugene Fama）1970 年提出的影响深远的“有效市场假说”，金融资产的价格，总是能充分反映所有相关的信息。故此，金融市场永远在调整，但永远都“正确”——故此，它们的平稳运作不应该遭到监管的扭曲。

贸易：总是双赢的，所以，开放边境吧。19 世纪，大卫·李嘉图的比较优势理论表明，各国应该聚焦于自己相对擅长的事情进行贸易，只要它们这么做，无论贸易有多么不平等，两者都能从中获益。故此，应该采取贸易壁垒，因为它们只会扰乱国际市场的有效运转。

国家：无能的，所以，别让它插手。每当政府试图干预市场时，情况往往会恶化，它扭曲激励机制，挑选出大而不当的废物，而非赢家。如果它试图按典型的凯恩斯主义风格，缓和商业周期，市场的时机必然会遭到打压，其效应反倒会抢先显现。故此，除了保卫国家的界限和公民私有财产，国家最好是让市场自行其是。

不需要出现在舞台上的其他演出人员：

家庭：也就是内务，所以，留给女性吧。家庭向市场供应劳动力和资本，但没必要掀起屋顶，窥视四面墙里头发生了些什么：妻子和女儿善意地照料家庭内务，她们属于家庭，就是这样。

公共品：总是悲剧的，所以，把它们卖掉吧。20 世纪 60 年代，生态学家加勒特·哈丁（Garrett Hardin）描述了“公地悲剧”，共享资源（如牧场和渔业）往往会遭到个别用户的过度利用，结果彻底耗尽，所有人都没得用了。因此，可持续地管理此类资源，需要政府的监督，让私人所有就更好了。

社会：压根不存在，所以，无视它吧。“根本就没有社会这种东西，”20 世纪 80 年代，玛格丽特·撒切尔做出了这一著名论断，“只有身为个体的男男女女，还有家庭。”当然了，市场把个人联系起来，使之成为工人和消费者。

地球：取之不尽，用之不竭，所以，使劲用吧。20 世纪 80 年代，自由主义经济学家朱利安·西蒙（Julian Simon）声称，只要让市场来发挥作用，地球的资源就不会短缺。举个例子，如果铜或石油短缺了，它们的价格就会提高，激发人们更谨慎地使用它们，寻找新的资源，发现替代品。

权力：它无关紧要，所以，没必要提及。弗里德曼认为，唯一需要担心的经济权力，就是国家在调节市场时授出的垄断权力，以及贸易联会的扭曲性力量。（不足为奇）与之抗衡的最佳方式是自由市场和自由贸易。

新世纪，新演出

为了讲一个新故事，让我们从整体经济的新面貌入手吧。萨缪尔森绘制出他标志性的图表，是在 20 世纪 40 年代末，那时候大萧条和第二次世界大战结束不久——出于这个可以理解的原因，他着眼于怎样让收入重新在经济中流动起来的问题。因此，他的图表仅仅从货币流动的角度来定义经济。可这样一来，它为经济学思想设定的舞台就很小，出演阵容也过分精简。所以，我们得从一个更适合当今时代的经济问题从头来过：我们该怎样做，来满足自身的需求呢？这里，我用一幅名叫“嵌入式经济”的图表，从视觉上做了概括，对问题做出了回答。它把来自多个经济学派思想的重要见解，整合到了一幅图里。

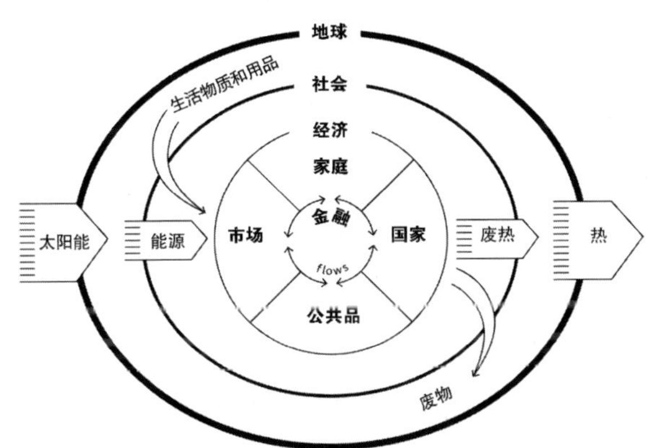

嵌入式经济，把经济放在社会和生物世界之内，
意识到满足人们的需求和渴望有很多种办法。

它揭示了些什么呢？首先，地球（生物世界），由来自太阳的能量提供动力。地球之内是人类社会，人类社会之内是经济活动，家庭、市场、公共品和国家都是满足人类需求和渴望的重要领域，它们由金融的流动所促成。如果说，这幅图表设定了新的舞台，那么，以下就是它所召唤的演出阵容。

经济学：21 世纪的故事

（我们创造出蓬勃的平衡）

舞台设计和剧本：各地经济思想家正在着手进行的一项反思工作

出场阵容：

地球：它赋予生命，请尊重它的界限

社会：它是基础，请呵护它的联系

经济：它多种多样，请支持它的所有体系

家庭：它是核心，请重视它的贡献

市场：它强而有力，嵌入时需明智

公共品：它富有创造力，请释放其潜力

国家：它必不可少，因此要承担责任

金融：它是服务性的，请确保它为社会服务

企业：它致力于创新，请为它赋予目的

贸易：它是把“双刃剑”，请务必公平

权力：它无处不在，要注意滥用权力的地方

接下来将逐一介绍这些角色的传记——比 20 世纪的那些文字略长，因为有些新角色人们还不太熟悉。现在，让我们重新来见见 21 世纪的经济演员们吧。

地球：它赋予生命，请尊重它的界限

经济不是远远地悬浮在空白的背景里，而是存在于生物圈之内的，生物圈也就是地球的土地、水和大气所构成的复杂生物地带。它不断地从地球的资源和生命系统里汲取能量和物质，又将废热与废物排放回去。不管是黏土制成的砖块还是乐高的积木块，不管是网站还是建筑工地，是鹅肝酱还是户外家具，是淡奶油还是双层玻璃，或是其他人类生产出来的一切，都取决于能量与物质（从生物质能和化石燃料，到金属矿石和矿物质）的流通转换。这些并不是什么新奇的事情。但如果说，经济明明白白地嵌入生物圈，经济学怎么会明目张胆地无视它呢?

早期经济学家认为地球对经济的重要性不言而喻。18 世纪，法国的弗朗索瓦·魁奈（Francois Quesnay）及其重农学派的同道们认为，土地是理解经济价值的关键，这一学派的名称也由此得来。没错，这些早期经济学家将其生态思想狭隘地局限在了农业用地上，但至少，他们提到了生命世界。然而，就从这里开始，事情开始跑偏，至于这是为什么，大概要归咎于人们提出了许多理论。

古典经济思想之父亚当·斯密借鉴了重农学派的工作，认为一个国家的财富潜力，归根结底取决于其气候和土壤。但他也认为，生产力的奥妙在于劳动分工，因此把注意力集中在了后者上。大卫·李嘉图同样认为，“土壤固有的不可毁灭的力量”，使稀缺的农地成为经济价值的关键决定因素。但随着英国殖民海外，开垦出了新的土地，他认为，土地稀缺不再成为威胁，因此，和亚当·斯密一样，大卫·李嘉图也把注意力转向了劳动力。约翰·斯图亚特·穆勒也清楚地看到了地球的物质和能量在一切经济生产中的重要性，但他希望区分社会科学和自然科学，所以（没什么帮助地）提出，政治经济学领域应关注心智规律，而非物质规律。19 世纪 70

年代，激进的美国思想家亨利·乔治（Henry George）指出，就算地主没有采取任何措施去改善土地，土地也会为地主获得价值，因此他主张征收地价税。这样一来，他那些有钱有势（也拥有土地）的反对者从此就开始淡化土地在经济理论中的重要性了。

这一切带来了什么样的结果？以斯密和李嘉图为首的古典经济学家认识到，劳动力、土地和资本是三种不同的生产要素。但到了20世纪末，主流经济学仅将焦点放在其中两者上：劳动力和资本——如果提及土地，也是把土地视为资本的另一种形式，和其他资本进行互换。因此，直到今天，主流经济学在教学过程中，仍对我们赖以生存的地球，以及为我们提供所需能量的炽热太阳，缺乏足够的重视。它将生态压力（如气候变化、森林砍伐和土壤退化）排挤到经济思想的边缘，除非它们严重到对经济产生破坏性的影响，必须给予关注不可。

那么，让我们从一开始就重建认知和觉悟，意识到经济根本不是一个封闭的循环，而是一套开放的系统，物质和能量持续地流入与流出。经济以地球为来源：提取石油、黏土、钴和铜等有限的资源，收获木材、农作物、鱼和淡水等可再生资源。同样，经济还用地球来排放废物，如温室气体、化肥的残余物和一次性塑料。然而，地球本身是封闭的系统，因为几乎没有什么物质能离开或到达这一行星：来自太阳的能量能从它身上流淌而过，但物质却只能在内部进行循环。

将经济重新描绘成封闭地球系统里的开放子系统，是赫尔曼·戴利（Herman Daly）等生态经济学家在20世纪70年代引入的重大概念性转变。考虑到经济规模不断扩大，这种范式转移变得越来越重要。1776年，亚当·斯密发表《国富论》时，全球人口不到10亿，按美元计算，全球经济规模仅为现在的1/300。1948年，保罗·萨缪尔森出版《经济学》时，地球上的人口尚未超过30亿，全球经济规模仅为现在的1/10。到了21世纪，我们已经将“空洞的世界”这个时代抛在了身后，在过去的这个时代，相较于大自然的资源和排放能力，全球经济里流通的能量和物质相对较少。用戴利的话来说，我们现在生活在“充足的世界”，经济超过了地球的再生和吸收能力，鱼类和森林等资源遭到过度开采，大气和海洋等排放渠道过度充塞。

为此，经济的视角要加入第二次转换：经济的资本资源流不是金钱的迂回，而是能量的单行道——没有能源，任何东西都无法运动、生长或工作。这是比尔·菲利普斯“莫尼亚克”机存在根本缺陷的地方。它虽然精辟地展现了经济中收入的循环流向，却完全忽略了能量的流动。为了让这台水动计算机启动，菲利普斯必须合上机器背后的开关，打开电泵。跟一切的实体经济一样，“莫尼亚克”依靠外部能量来驱动，但菲利普斯和他的同时代人都没有察觉，机器的动力源是模型运转的关键部分。“莫尼亚克”的经验教训适用于整个宏观经济学：解释了是什么推动着经济活动，并指出能源理当在经济理论中占有一个更突出的位置。

今天，全球经济绝大多数的能源来自太阳。一些是太阳能，比如阳光和风，每天都会实时出现。另一些是近期存储起来的，比如积蓄在农作物、牲畜和树木里的能量。还有一些是远古时期存储起来的，尤其是石油、煤和天然气等化石燃料。经济使用哪一种来源的太阳能关系重大，原因如下：实时进入地球大气层的太阳能跟逃逸回太空之间的热量是平衡的，多亏了这一点，地球在全新世维持着稳定亲和的平均温度。然而，过去的200年里，尤其是1950年以来，人类使用古老化石燃料能源，以前所未有的速度朝着大气排放二氧化碳和其他温室气体，造成了潜在的危险和后果。大气中本来天然就存在大部分此类气体，它们和水蒸气一起，充当着毯子，包裹着地球，维持着地球表面的温度。然而，释放更多的二氧化碳会让毯子变厚，进一步提高地球温度，导致人为诱发的全球变暖。

这种更宽泛的能源与物质流通视角，要求我们把经济想象成一种超级有机体（想想巨蛞蝓）——它需要从地球源头不断地摄入物质与能量，同时不断地向囤积点排放废物与废热。地球有着结构极为精妙复杂的生态系统，巧妙的气候平衡，这就引出了一个现在看来十分明显的问题：相较于生物圈，全球的经济物质和能量流通达到多大的程度，就会破坏人类幸福赖以为继的整个行星的生命系统？针对这个问题，9 条地球界限给出了第一个令人信服的答案，我们将在第六章探讨怎样重新设计经济对物质和能量的用法，好让它跟上述界限力求保护的生命循环和谐共处。

社会：它是基础，请呵护它的联系

撒切尔宣称“根本就没有社会这种东西”的时候，许多人都很吃惊——尤其是社会。罗伯特·帕特南（Robert Putnam）等政治理论家用“社会资本”一词形容社会群体内部通过其关系网络创造的信任与互惠。不管是通过本地运动队还是国际性节日，通过信仰团体还是社会俱乐部，我们建立了规范、规则和人际关系，促成我们的彼此合作与相互依赖。这些联系建立了社会凝聚力，有助于满足我们参与、休闲、保护和归属等基本人类需求。“社群联系不仅仅是关于民权胜利的暖心故事，”帕特南写道，“社会资本还用可衡量和有据可查的方式……让我们变得更聪明、更健康、更安全、更富裕，更擅长管理公正和稳定的民主。”

此外，蓬勃发展的社会更有可能建立强有力的政治参与，首先是社群会议、基层组织、选举投票，以及要求政治代表负责的社会和政治运动。

美国历史学家霍华德·津恩（Howard Zinn）以19世纪美国的反对奴隶制运动和20世纪的民权运动为例，这样写道："当社会运动达到足以让谨慎的政治家超越保持现状倾向的关键时刻，重大变化就会出现。"社会和经济的民主治理，建立在公民参与公共辩论的权利和能力之上——这就是甜甜圈社会基础中"政治发言"一点的重要性所在。

经济：它多种多样，请支持它的所有体系

嵌入在丰富的社会网络里的是经济本身，也即人们生产、分配和消费能满足其需求的产品与服务的领域。经济有一个基本的特点，在《基础经济学》中很少提及。它通常由4个供应领域构成，分别是家庭、市场、公共品和国家，如"嵌入式经济"一图所示。这4个领域都是生产与分配的渠道，只是它们用不同的方式去解决问题。家庭为其成员生产"核心"商品；市场为愿意也有能力付钱的人生产私有商品；公共品为所涉及的社群生产共同创造的产品；国家为全体国民生产公众用品。一个社会的经济要是缺乏这4大供应领域里的任何一种，我都不想生活于其中，因为它们每一种都有着独特的品质，它们的大部分价值是依靠互动产生的。换句话说，它们一同运转的时候，效果最佳。

更重要的是，循环流向图认为人主要是工人、消费者和资本所有者，嵌入式经济图则要求我们意识到自己诸多其他的社会和经济身份。在家庭中，我们可能是父母、照料者和邻居。就国家而言，我们是公众，我们缴纳税款，换取公共服务。就公共品而言，我们是共有财富的共同创造者和托管人。在社会里，我们是公民、选民，活动家和志愿者。每一天，我们都在这些不同的角色和关系里无缝切换：从顾客变成创造者，从市场前往

会议空间，从讨价还价到提供志愿服务。因此，我们不妨依次来看看每个领域。

家庭：它是核心，请重视它的贡献

在循环流向图的描绘里，每天，劳动力都新鲜生猛地出现在办公室或者工厂门口，准备干活。那么，是什么人负责烹饪、清洁和打扫，促成上一幕的出现呢？当亚当·斯密颂扬市场的力量时说，“我们不能借着肉贩、啤酒商或面包师的善行而获得晚餐”。但他却忘了提到自己母亲玛格丽特·道格拉斯（Margaret Douglas）的善行，她从儿子出生伊始就独立抚养他长大。斯密从未结婚，没有妻子可以仰赖（当然也没有自己的孩子需要抚养）。43 岁时，他开始撰写《国富论》，便搬去慈爱的老母亲家，跟她一起住，从她那儿每天获得晚餐。但他的经济理论里从没提到母亲在这方面发挥的作用，而且，几百年来，这件事一直乏人知晓。

因此，正如女权主义经济学家数十年来就已经清楚地指出的那样，主流经济学理论痴迷于受薪劳动的生产力，却直接忽视了促成一切受薪劳动的无薪工作。这项工作有许多名字，无偿照料工作、生殖经济、爱情经济、第二经济。然而，经济学家内瓦·古德温（Neva Goodwin）指出，它绝非次要，实际上，它是“核心经济”，它每天头一个出现，靠着时间、知识、技能、关怀、同理心、教导和互惠等通用人类技能，维持着家庭和社会生活的基础要素。如果你此前从未想到过它，那么，现在是时候见见你内心的家庭主妇了（因为我们人人都有一位）。她生活在日常的杂务当中，做早餐、洗盘子、整理房间、购买杂货、教孩子们走路和分享、洗衣服、照顾年迈的父母、清空垃圾箱、从学校接回孩子、帮助邻居、做晚餐、扫地，还借你一双倾听的耳朵。她完成所有这些任务——有人热心投入，有人咬牙坚持——这些任务巩固了个人和家庭的幸福感，并维系了社会生活。

我们都在这一核心经济里占有一席之地，但有些人（如亚当·斯密的妈妈）花费的时间比其他人多得多。时间或许是一项普遍的人力资源，但从我们每个人体验它、运用它的方式，以及我们对它有多大的控制力、怎样估算它的价值等角度来看，它差异极大。在撒哈拉以南的非洲地区和南亚，用于核心经济的时间尤其明显，因为当国家失职、市场又不可及的时候，家庭成员就必须直接付出，满足自身的大量需求。数百万的妇女和女孩每天要步行数个小时，用脑袋顶着跟自己体重相当的水、食物或柴火，很多时候背上还背着婴儿——这一切全都是没有报酬的。但在每个社会，有偿和无偿工作的性别划分都很普遍，尽管有时候不这么明显。由于核心经济的工作没有报酬，它经常遭到低估、受到剥削，使男女两性在社会地位、工作机会、收入和权力等方面产生终生的不平等。

由于主流经济学基本上忽视了核心经济，所以也就忽视了有偿经济对它的依赖程度。如果没有一切的烹饪、洗涤、护理和清扫劳动，就不会有健康、精力充沛、每天都准备好工作的工人——今天没有，未来也不会有。未来学家阿尔文·托夫勒（Alvin Toffler）喜欢在企业高管的聚会上问："如果没受过如厕训练，你的员工能有多高的工作效率呢？"核心经济的贡献规模也不容忽视。2002 年，瑞士的富裕小镇巴塞尔进行了一项研究，该城市家庭提供的无偿照料服务估计价值超过了全城医院、日托中心和学校从董事到门卫的薪酬总额。同样，2014 年对美国 15000 名母亲进行的调查显示，如果对女性在生活中所扮演的每个角色（从管家婆到托儿所老师到面包车司机再到清洁工）都按小时计费，全职主妇每年可挣到大约 12 万美元。即便母亲每天都要出门工作，考虑到她们在家同样会提供无偿照料，仍可在实际工资之外再挣 7 万美元。

经济学里应该体现这一核心经济，为什么这么重要呢？因为家庭提供的照料，对人类福祉至关重要，有偿经济中的生产力直接取决于它。这很重要，因为当政府（打着紧缩政策、节约公共服务的名义）减少托儿中心、社区服务、育儿假和青年会所的预算的时候，照料的需求并没有消失：只是被推回到了家庭。压力，尤其是对女性时间的压力，可能会迫使她们丢掉工作，增加了社会压力和脆弱性。这破坏了幸福和女性权益，对社会和经济造成了多重连锁效应。简而言之，在宏观经济的新图示中纳入家庭经济，是承认其中心地位的第一步，也是减少女性无偿劳动、对其进行再分配的第一步。

市场：它强而有力，嵌入时需明智

亚当·斯密凭借绝佳的洞见力，指出市场可以调动人们需要什么、满足这些需求要什么样的成本等分散的信息，通过全球价格体系协调数十亿买家和卖家——完全无须集中式的宏伟规划。这种分散的市场效率非同小可，一般而言，它能让经济运转起来，却不会导致供应短缺和排长队的现象。正是因为意识到了这种力量，新自由主义编剧把市场放在了他们经济大戏的中央舞台上。然而，市场的力量也存在另一面：它只重视价格，只能满足那些付得起钱的人。就像火一样，它十分擅长自己的本职工作，但要是失控了就很危险。倘若市场不受限制，它会对地球的资源和沉降系统施加过度的压力，导致生命世界的退化。它还无法提供自身极度依赖的必要公共品——教育、疫苗、公路、铁路等。与此同时，我们将在第四章中表明，市场的固有动力往往会扩大社会不平等，带来经济的不稳定。这就是为什么必须明智地将市场力量嵌入公共监管和更广泛的经济领域，以求对其界限做出清晰的定义和限制。

这也是每当我听到有人赞美“自由市场”的时候，总会请他们带我去那儿看看的原因——因为在我到访过的国家，我从没见过它运作。制度经济学家，从托斯丹·范伯伦（Thorstein Veblen）到卡尔·波兰尼（Karl Polanyi），早就指出，市场（及其价格）受法律、制度、法规、政策和文化等社会背景的强烈影响。韩国经济学泰斗张夏准写道：“市场看似自由，只不过是因为我们无条件地接受了那些看不见的潜在限制条件。”从护照到药品，再到 AK-47 自动步枪，没有官方的许可，许多东西都不能合法买卖。工会、移民政策和最低工资法会影响一个国家的工资水平。企业公告要求、股东优先权文化和国家资金救助，影响着企业的利润水平。忘掉自由市场吧，从嵌入式市场的角度来思考。虽然听上去有些奇怪，但这意味着并不存在所谓的“放松管制”，只有重新监管，调整什么人承担变革带来的风险和成本、什么人收获变革带来的成果，才能把市场植入另一套政治、法律和文化规则。

公共品：它富有创造力，请释放其潜力

公共品是人们选择通过自我组织来使用和治理的自然或社会资源，而不是依靠国家或市场这么做。农村社群怎样管理唯一的淡水井和附近的森林，又或是，世界各地的互联网用户怎样协同策划编撰维基百科，这些都是公共品的例子。传统上，自然的公共品出现在力求托管地球“公共资源库”（如放牧用地、渔业、水域和森林）的社群里。文化公共品的存在目的，是保存社群的语言、传统和仪式、神话和音乐、传统知识和实践。快

速增长的数字公共品，则通过在线协作托管，共同创造开源软件、社交网络、信息和知识。

加勒特·哈丁（Garrett Hardin）称公共品是“悲剧”（完美地符合新自由主义剧本），这是因为他认为，要是公地开放给所有人，牧场、森林和渔场就不可避免地会遭到过度使用，最终枯竭。在这一点上，他很可能是正确的，但“开放给所有人”，跟成功的公共品实际的治理方式相去甚远。20 世纪 70 年代，没什么名气的政治科学家埃莉诺·奥斯特罗姆（Elinor Ostrom）着手在现实生活中寻找管理良好的自然公共品的案例，以求揭示其怎样运转——她的发现，为她带来了诺贝尔经济学奖。成功的公共品并非是“开放给所有人使用”，而是由界定清晰的社群，秉持集体认同的规则来进行治理，违反者要受到惩罚。她意识到，公共品可以远离悲剧命运，变成一场胜利，在可持续地托管、公平地收获地球资源方面，表现好于国家和市场。本书的第五章和第六章对此做了阐释。

在数字共同领域里，公共品的胜利显而易见，而且，它正迅速地成为全球经济中最具活力的舞台之一。经济分析师杰里米·里夫金（Jeremy Rifkin）认为，数字通信、可再生能源和 3D 打印所促成的转型，创造了他所称的“协作共享”（the collaborative commons）。这些技术融合带来了强大的颠覆性，因为它们有着实现分布式所有权、网络协作和最低运营成本的潜力。一旦太阳能电池板、计算机网络和 3D 打印机安排就绪，生产一焦耳额外的能量、一次额外的下载、一片额外的 3D 打印零件所需要的成本就几近于零了，这就带来了里夫金口中的“零边际成本革命”。

由此带来的结果是，越来越多的产品和服务可以近乎免费地大量生产，释放出开源设计、免费在线教育和分布式制造的潜力。在一些关键领域，21 世纪的协作共享开始成为市场的补充品，与市场展开竞争，甚至取代市场。此外，在公共品领域里进行共同创造的人，将直接享受它生成的价值，有可能不会遭到货币化，而这对于 GDP 未来的增长意味深长。我们将在第七章对此展开探讨。

尽管公共品有着创造潜力（有时候也正因为这个原因），数百年来，市场和国家等不断蚕食它，公地被圈为私有（或国有），组织划分工人和业主的身份，市场对国家展开角力。所有这一切，都得到了经济理论的协助，以求表明公共品注定要走向失败。但是，多亏了奥斯特罗姆，公共品的成功得到了大范围的证据支持，令人们对复兴公共品产生了越来越浓厚的兴趣——出于这个原因，嵌入式经济图里必须对它们做出清晰的展示。

国家：它必不可少，因此要承担责任

身为新自由主义剧本的主要作者，米尔顿·弗里德曼决心将国家的经济角色局限在保卫国家、维持治安、执行法律上。他认为，国家存在法理的目的，仅仅是保卫私人财产和合法契约，他认为，这两点是市场流畅运作的先决条件。实际上，他试图让国家在经济大戏里扮演无言的配角：故事情节里会提到，舞台上有一瞬间能看到，但能做的动作很少。他的对手保罗·萨缪尔森强烈反对这一观点。萨缪尔森在教科书的后续版本中写道："在一个相互依存的熙攘世界，政府在经济生活里发挥的不可回避的巨大创造性作用太大了。"但弗里德曼的立场，在那些热衷于让国家"往后退"的人里仍然把持上风。

着眼 21 世纪的经济故事，必须重新思考国家的角色。这样说吧：在这出戏里，国家应该全力以赴赢得奥斯卡最佳配角奖，充当经济合作伙伴，为家庭、公共品和市场经济提供支持。首先，它应该为所有人（而不仅仅是能付得起钱的人）提供公共教育、医疗保健、街道和照明等公共所需的产品，促使社会及其经济欣欣向荣。其次，它应该支持家庭的核心照料角色，比如为父母双方都提供孕产假，对幼儿教育进行投资，关怀护理老年人。再次，它应该释放公共品的活力，建立法律和制度，让公共品发挥协作潜力，保护它不受侵犯。最后，它应该有驾驭市场的力量，把它嵌入有助于促进公共品的制度和监管行为，如禁止排放有毒污染物、禁止内幕交易、保护生物多样性和工人权利，等等。

跟所有最优秀配角一样，国家也可能走上中央舞台，在市场和公共品无力或无法覆盖时承担创业风险。有时候，人们会把苹果这样的科技公司获得非凡成功视为市场活力的证据。但研究经济中政府主导创新的专家玛利亚娜·马祖卡托（Mariana Mazzucato）指出，让智能手机变得“智能”的每一项创新——包括全球定位系统（GPS）、微芯片、触摸屏，以及互联网本身，都有着美国政府资助的基本科研工作作为幕后支持。事实证明，勇于承担风险的创新合作伙伴，不是市场，而是政府，它非但没有被“众包”排挤出私营企业，反而为私营企业灌注了“活力”。这一趋势在其他高科技行业也有体现，比如制药和生物科技。用张夏准的话来说，“如果我们仍然被自由市场意识形态蒙蔽双眼，相信它所说的只有私营部门的优胜劣汰才能带来成功，我们最终就会忽视由公共领导或公私合力促成的各种各样可行的经济发展”。如今，全球范围都需要这一类的国家引导，推动公众、私人、公共领域及家庭对未来的可再生能源进行投资。

国家为经济充当可赋予权力、协助性的合作伙伴。听上去倒是不错，可是不是想得太美了？经济学家达隆·阿齐默鲁（Daron Acemoglu）和政治学家詹姆斯·鲁滨孙（James Robinson）提出，这极大地依赖于国家的经济及政治制度是包容性的还是榨取式的。简而言之，包容性制度让民众在决策制定过程中享有发言权，而在榨取式制度下，只有少数特权者才享有发言权，而且，特权者可凌驾于他人之上，压榨后者、统治后者。威权国家的威胁是非常切近而现实的，但市场原教旨主义的危险同样如此。为了避免国家的暴政，也避免市场的暴政，民主政治是关键——因此，要加强社会在促成公民参与方面发挥的基础作用，它是公共及政治生活中参与和问责的必要条件。

金融：它是服务性的，请确保它为社会服务

三个历久不衰的神话，构成了传统的金融故事：商业银行将人们的储蓄转化为投资；金融交易抚平了经济的波动；因此，金融部门为生产性经济提供了宝贵的服务。这三个神话，在 2008 年的金融危机里轰然破灭。除了单纯地将储蓄借出，银行还神奇地把金钱创造成了信贷。金融市场不仅没有促进稳定，反而产生了不稳定因素。它非但没能为生产性经济提供有价值的服务，还变成了尾大不掉的拖累。

首先，与教科书里的故事和循环流向图相反，银行不仅仅会借出储户存入的资金。它们每次发放贷款，都会空手套白狼地创造金钱：在账簿上同时记录负债（因为借款人抽走了贷款）和收入（因为贷款会随着时间的推移获得有息偿还）。这样创造收入的行为并不新鲜（它已经存在几千年了），而且能发挥宝贵的作用，但自从 20 世纪 80 年代，它的规模大幅增长。这种扩张是由金融取消管制引发的（包括 1986 年英国的“金融大爆炸”，1999 年美国废除《格拉斯 – 斯蒂格尔法》），银行无须再将储户的积蓄与贷款，跟银行自身的投资性投机分离开来。

其次，金融市场往往并不会促进经济稳定，尽管它们自称是这么做的。2004 年，美国联邦储备委员会主席艾伦·格林斯潘说，取消金融管

制，“不光单个的金融机构不容易受到潜在风险因素的冲击，整个金融系统也变得更具弹性”。4 年后，金融市场崩溃，无可辩驳地否定了这一说法。同时，我们在第四章中还将看到，尤金·法马的有效市场假说（金融市场在本质上是高效的）失去了可信度，遭到了海曼·明斯基金融不稳定假说（金融市场有着天然的波动性）的反驳。

最后，金融机构并未对生产性经济发挥辅助作用，还进而主导了它。在很多国家，一小撮金融精英（以少数银行和金融公司为根基）把持了创造资金的公共利益，从中赚取丰厚的利润，在此过程中，往往还破坏了经济更广泛层面的稳定性。如今是时候把这种颠倒的局面复归正常，重新设计金融，好让它为经济和社会效力了。重新设计金融，还要求人们对金钱的创造方式（不光包括了由市场进行创造，也有国家与公共品所进行的创造）进行再思考，对此我们在第五、六、七章探讨了部分可能性。

企业：它致力于创新，请为它赋予目的

企业在市场领域下运作，可以将人员、技术、能源、材料和金融结合起来，极为有效地创造出新生事物。按照新自由主义的叙述，市场机制是企业高效的原因，却像对待家庭一样，忽视了企业内部发生的一切。然而，掀开盖子，看看生产的黑盒子内部是怎么一回事，在这里同样重要。

一如英国的维多利亚时代，恩格斯和马克思在“肮脏”的工厂中所见，企业的受薪员工和股东之间存在巨大的不平等，权力始终在发挥作用。在今天，世界各地的工厂和农场里仍然可以发现这样的情况，管理人员以追求利润的名号，经常藐视法律，比如把工人关起来，禁止上厕所，

一旦女工怀孕就解雇她们。但就算企业按照法律的规定运营，在许多国家，它们也会按照无安全保障的临时工、无起薪的合同招聘临时工，只支付法定最低工资，令工人生活在贫困线以下。

保障工人结社、集体谈判的权利，是抵消这种深度权力不平衡的一种方式；另一种方式是改变企业本身的所有制结构，消除几个世纪以来工人与业主之间的身份划分。我们将在第五章对此进行探讨。此外，弗里德曼狭隘的“企业的生意”观点已经失去了可信度：面对 21 世纪的挑战，企业不仅要最大化股东价值，还需要一个更具激励性的宗旨。我们在第六章将会探讨，越来越多的企业正在想办法为自己寻找更宏大的目标。

贸易：它是把“双刃剑”，请务必公平

李嘉图影响力深远的双赢贸易理论，建立在红酒和布料等产品之上，并假定各国的生产要素（土地、劳动力和资本）是固定不动的。今天，除了土地之外，所有的东西都会移动，跨境流动的不仅仅是产品和服务贸易（从新鲜水果到法律咨询）、外商直接投资（给企业或不动产）、资金流动（从银行贷款到企业股票），还有人为了寻找生计而掀起的移民潮。

所有这些跨境流动都有可能带来收益，但也可能带来风险。要是进口大米和小麦等主食比在国内种植它们更廉价，贸易便可为消费者大幅降低食品价格。与此同时，它又可能会破坏进口国内部的粮食生产，使该国极易受到国际价格上涨的影响：2007 年到 2008 年，全球的小麦、玉米和大米价格上涨了 3 倍，引发了从埃及到布基纳法索的面包暴乱。

要是技术工人迁徙（如撒哈拉以南非洲地区的医生和护士前往欧洲工作），他们会为目标国带去宝贵的技能，还给国内的家人寄去了急需的汇款，但这同时也令移民本国的核心服务出现技能短缺。企业采用离岸制造，往往能为消费者提供更廉价的产品，还在海外创造了新的就业机会。但它还可能导致国内的工作岗位流失，让整个社群陷入瘫痪，美国前工业中心地带“锈带”的情况就是如此。同样，资金流入可能会提升新兴经济体羽翼未丰的股票市场，但要是国际金融的退出速度超过进入速度，会令主权货币几近崩溃，20 世纪 90 年代末，亚洲金融危机期间，泰国、印度尼西亚和韩国就遭遇了这样的困境。跨境流动始终是把“双刃剑”，必须加以管理。

李嘉图认为，不同的国家能够通过贸易实现双赢，但比较优势并不仅仅是你天生就有的东西，而是你能够进行建设的东西。然而，一如张夏准所说，如今的高收入国家建议中低收入国家开放边境，遵循一种它们自己会在战略上避免的贸易战略，“踢开”他们过去攀登过的“阶梯”。尽管它们对“自由贸易”大加赞美，但一说到贸易谈判，当今几乎所有高收入国家（包括英国和美国）都采取相反的路线，在本国具有优势的时候，选择关税保护、工业补贴、由国家来控制企业，确保本国产业成功。而且，它们如今还对自己的重要交易资产（如知识产权等）严加控制。

正如根本没有自由市场这回事，事实证明，自由贸易也并不存在：所有的跨境流动都是在国家历史、当前制度和国际权力关系的大背景之下进行的。随着 2007 年到 2008 年的全球粮食价格危机，以及 2008 年到 2010 年金融危机的出现，各国政府必须展开有效合作，确保跨境流动带来的利益得到广泛分享。

权力：它无处不在，要注意滥用权力的地方

在当代经济学教科书的索引里检索“权力”[4]这个词，就算你真能找到，大概也只找得到一篇论“电力部门改革”的分析文章。但贯穿整个经济和社会，权力在无数地方扮演着角色：在“由谁来照料孩子”日常的家庭决策里，在老板与员工的工资谈判里，在国际贸易和气候变化的谈判里，在人类对地球上其他物种的支配里。只要有人的地方，就有着权力关系：请想象它们贯穿整幅嵌入式经济图，在每一个领域里，在各个领域交接的地方，都有它的身影。

在所有这些权力关系中，一旦涉及经济运作，有一点尤其需要注意：也就是富人借助权力重塑经济规则，使之有利于自己。萨缪尔森的循环流向图无意识地帮忙掩盖了这一问题，它把家庭描述为同质化的群体，每一个家庭都提供劳动力和资本，换取工资和一部分利润，而这部分的工资和利润，又是由同质化的企业群体支付的。但一如占领华尔街运动提出的广为流传的“1% 对 99%”口号，我们清楚地看到，上述格式化的画面并不完全符合我们所了解到的现实。最近几十年，在许多国家的家庭和企业之间，不平等现象日益加剧。收入和财富的极度集中（掌握在亿万富翁和企业董事会手里），迅速变成了左右经济运作（怎样运作、为了谁而运作）的权力。

在政治方面，如果非要公开，那还是金钱说了算，但最好还是私下的隐秘握手、关门交易和桌下回扣。政治学家托马斯·弗格森（Thomas Ferguson）基于自己对美国政治资金的长期分析，得出结论：这些关系服从一套强大的“金律”。企业有效地为政治候选人投资，并希望以有利政

[4] 译注：power，这是个多义词，也可指“电力”。

策的形式获得投资回报。他建议:“要找到谁说了算，顺着金子走。”这就是说，跟踪一切重大政治活动的经济支持，你就会看到是什么在推动政策。

在美国，自1976年以来，私人和企业的选举献金增加了20多倍，2012年奥巴马与罗姆尼竞选总统期间，它达到了历史最高点：25亿美元。自2005年以来，仅化石燃料行业就在美国花费了17亿美元进行游说和竞选捐款，这解释了它何以得到了树大根深的政治支持。在欧洲，拟议中的贸易条约《欧美跨大西洋贸易与投资伙伴协定》(简称TTIP)是受大企业的重大影响而起草的，它承诺，要是美、欧两地的企业希望起诉对方政府，可在私人法庭进行聆讯。2012年到2013年，随着条约展开讨论，欧盟召开的会议里有超过90%(560次里的520次)都是在跟企业说客交流。在21世纪的故事里，为什么必须为经济增添更多的收入分配和财富分配，依靠公民赋权来对抗精英权力，这些例子就是部分原因。

掀起21世纪故事的帷幕

退后一步，观察整个舞台和本章介绍的全新角色阵容：它带来了什么样的不同？把循环流向图放在一边，画出嵌入式经济图，改变经济分析的起点。它结束了市场自给自足、自我维持的神话，取而代之的是家庭、市场、公共品和国家的供应——它们全都嵌入社会，又依赖于社会，而社会又嵌入整个生物世界。嵌入式经济图改变了我们的关注点，从单纯地跟踪收入流，变为了理解多种不同财富的来源——自然、社会、人、实体和金融，我们的福祉有赖于此。

这一新愿景提出了新的问题。与其直接着眼于让市场运转得更有效，不如我们想一想别的事情：家庭、公共品、市场和国家这四大供应领域，分别在什么情况下最适合满足人类多种多样的需求？技术、文化和社会规范的哪些变化，有可能会为此带来改变？这四个领域怎样才能最有效地协同运转——比如，市场和公共品，公共品和国家，国家和家庭？同样，不要想当然地关注怎样提升经济活动，不妨问一问相关经济活动的内容和结构，它们是怎样塑造着社会、政治和权力的。此外，考虑到地球的生态容量，经济的规模能达到多大？

在莎士比亚《暴风雨》一剧的尾声，所有的错误都得到了纠正，普洛斯彼罗的女儿米兰达与父亲一起在岛上过着隐居生活，她第一次看见玩弄阴谋诡计的贵族们，因为暴风雨遭了海难。“哦，奇迹啊！”她大声说道，“这里有多少美丽的生命！人类是多么地美！噢，这美丽的新世界，有这么多出色的人物！”21 世纪的经济学家或许会认同她所说的“奇迹”，但不像她在政治上一片天真。70 年来，我们受限于萨缪尔森的循环流向图和朝圣山学社新自由主义学派的狭隘剧本，如今，我们总算能拿起一支笔，画出嵌入式经济图，动手撰写一个新的故事了。由于这一宏观视角把经济放在了背景里，很容易看出 21 世纪经济学家必须解决哪些重大问题。不过，这里还少了一样东西，那就是本剧的主角：人。

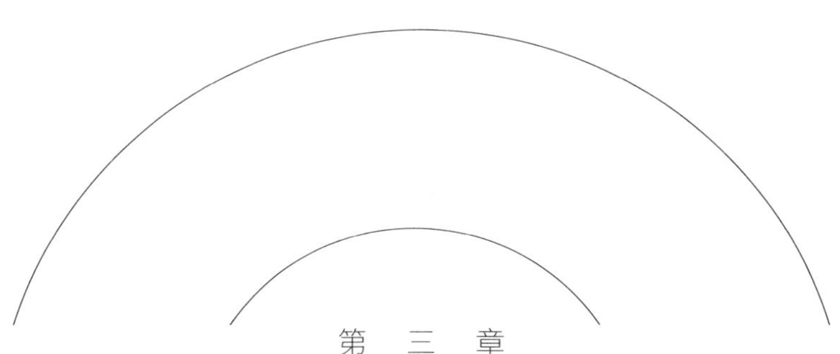

第 三 章

D o u g h n u t E c o n o m i c s

珍视人性

从“理性经济人”到“适应社会人”

想一想有史以来最有名的肖像画吧。它一定是列奥纳多·达·芬奇绘制的神秘作品《蒙娜丽莎》，世界各地都把它复制在明信片和冰箱贴上。达·芬奇是油画大师，也是钢笔素描的先行者。他在米兰的街头观察来来往往的人群，发明了“夸饰画”（caricature），也就是故意夸张人最明显特征（蒜头鼻子，或者突出的大下巴）的“讽刺”肖像画，画中人跟模特有着毫无疑问的相似之处，但更为滑稽、好笑。

《蒙娜丽莎》或许在著名肖像画的名单上位列榜首，但它绝不是影响力最深远的肖像画。后一荣誉属于一个同样神秘但完全不同的人物，跟达·芬奇的“夸饰画”更类似。这，就是理性经济人，它对人性的描述是“以自己为中心”，而“以自己为中心”则是经济学理论的核心。理性经济人在拉丁语里叫作“Homo economicus”（请注意：拉丁语为他抹上了一层科学的可信度）。两个世纪以来，连续数代的经济学家绘制并重绘了他的形象，随着时间的推移，这形象变得太过夸张、充满装饰性，以至于从肖像画变成了夸饰画，最终成了卡通漫画。尽管他如此荒唐，可理性经济人的影响力，却远远未曾局限在冰箱贴上。他是每一本主流经济学教科书的主角；他为全球政治决策提供信息；他塑造了我们对自己的描述，他无言地告诉我们该怎样行动。而这，就是他如此重要的原因所在。

理性经济人或许是经济理论中最小的分析单位——相当于牛顿物理学中的原子——但，和原子一样，他的构成有着深远影响。到 2100 年，全球人口有可能超过 100 亿。如果，在前往未来的过程中，我们继续想象自己是理性经济人（孤独、算计、竞争、永不知足），按照理性经济人的方式行事，并以理性经济人作为开脱，那么，我们恐怕难以在地球可承受的限度内满足所有人的人权。所以，现在是时候把他的漫画形象从经济学的画廊和展厅里拿掉，代之以一幅新的人性肖像画，重新看看我们自己是什么样子了。这将成为 21 世纪绘制的最重要的肖像画，它不仅仅事关经济学家，而且事关我们所有人。草图的筹备工作已经展开，一如在达·芬奇研讨会，许多艺术家（从心理学家、行为学家、神经学家到社会学家、政治科学家，以及经济学家）正合作把各种元素拼凑到一起。

本章追溯了理性经济人肖像（这幅肖像逐渐定义了我们的经济自我）的演变，揭示它给我们带来的深远影响。本章还对我们逐渐浮出水面的新肖像做了展望，这幅新肖像仍将对我们是什么样的人进行描绘，但其中发生了五大转变。这些变化中的每一个都说明了一个关键的人性面，倘若能得到更好的理解，这将能帮助我们踏上正途，进入人类安全和公正的空间。

我们自画像的故事

理性经济人是主流经济理论的核心，但他是从哪里来的历史，却在教科书中被涂抹得不见了。他的肖像是文字和方程，而不是图片画出来的。

理性经济人：位于主流经济理论核心的人类特点。

然而，要是非得把他画出来不可，他大概会是这个样子：孤零零地站着，手里握着钱，脑袋里有台计算器，心里装的全是“自己”。

这个声名狼藉的人物是从哪里来的呢？他最亲密的早期肖像，来自亚当·斯密的两部重要作品：1759年的《道德情操论》和1776年的《国富论》。今天，人们对斯密记得最清楚的地方，是他注意到人类有着“互通有无、物物交换和互相交易”的倾向，以及，自利发挥了让市场运转的作用。尽管斯密相信，自利是“所有美德中对个人最有益的一个”，但他也认为，“人道、正直、慷慨和公共精神，是对他人最有帮助的品质”，与此相比，自利远远不是最让人钦佩的特质。他真的认为人类只受自身利益的驱动吗？并非如此。他写道：“无论一个人在我们眼中是如何自私，他总是会对别人的命运感兴趣，会去关心别人的幸福。虽然他什么也得不到，只是为别人感到高兴。”此外，斯密认为，人的自利和对他人的关心，加上其各自的才能、动机和偏好，会产生一种复杂的道德品质，让人的行为难以预测。

由于核心上少了一个简化的、可预测的人物，政治经济学注定只能是一门艺术，而非科学。这种挫败感促使约翰·斯图亚特·穆勒对理性经济人的描述做了大幅删减，遵循着达·芬奇的步伐，成了第一代经济学的夸饰画手。“政治经济学不应对人的完整本质……也不着眼于社会中人的所有行为。”1844 年，他这样说，“它只从渴望拥有财富这方面来考虑他。”针对这种对财富的渴望，穆勒还增加了另外两点夸张的特征：对工作的深刻不满，以及对奢侈品的热爱。他承认，由此产生的描述“是对人的武断定义”，以“可能完全没有道理的假设”作为基础，并使政治经济学的结论“只在抽象中……成立”。但他为自己的夸饰画开脱说，他相信，“没有哪个政治经济学家会荒唐得相信人类真是这样构成的”，还补充说，“科学必然要以此种模式来推进”。

对于这样的观点，并非所有人都同意：19 世纪 80 年代，政治经济学家查尔斯·斯坦顿·德瓦斯（Charles Stanton Devas）就创造出了如今众人皆知的绰号，嘲笑穆勒“打扮出了一个荒唐的理性经济人”，只审视“猎取美元的动物”。但因为提出了一个简化并可预测的人物，穆勒的夸饰画为经济理论和科学方法打开了大门，站稳了脚跟。

最渴望进一步推进穆勒在夸饰画方面努力的经济学家，是威廉·斯坦利·杰文斯。牛顿成功地把物理世界删繁就简，以单个原子为基础，构建了运动定律。这给杰文斯带去了灵感。所以，他试图以同样的方式模拟一个国家的经济，将经济活动削减到“一个平均个体”的层面上，这个“平均个体”，就是“人口的构成单位”。为了实现这一目标，他必须使夸饰画更加夸张，让人类的行为可以用数学方式来描述，在杰文斯看来，这是科学可信度的终极体现。他指出，哲学家杰里米·边沁（Jeremy Bentham）一直忙于阐述“效用”的概念：雄心壮志地把人类的快乐分成了 14 种，痛苦分成了 12 种，并以此为基础，总结出了“幸福计算公式”——以求提供可量化的基础，创造出普遍的道德和法律规范。杰文斯抓住了这个概念的数学潜力，虚构出了一个“经济人”，这个人，着眼于追求效用的最大化，不断地权衡自己从各个可能的选择组合里获得的消费满意度。

通过这一举措，杰文斯把效用放到了经济理论的核心（时至今日，它仍然把持着这一位置），并衍生出了收益递减定律：一样东西（香蕉也好，洗发水也好），你消费得越多，你想要更多的渴望就越少 。可从整体上说，哪怕他的每一个愿望都遵循这套“满足”定律，这位“经济人”也永不知满足。1890 年，阿尔弗雷德·马歇尔在影响力深远的《经济学原理》（*Principles of Economics*）中最为生动地描述了这一点。他写道：“人类的欲望和渴求花样繁多，数之不尽。这个不开化的人其实比野兽好不了多少，但他前进的每一步，都提升了他需求的种类……他渴望有更多的选择，满足他心里生出的每一种新需求。”因此，在 19 世纪末，这幅夸饰画清晰地描述出了一个孤独的人，永远计算着自己的效用，贪得无厌地满足着自己的需求。

这是一种强效有力的简化概述，为新型的经济推理开辟了道路。但这还不够：19 世纪经济人的模型或许一直在计算，但他并不是全知全能的，他固有的不确定性（强迫他根据观点而非知识行事）阻碍了数学建模的完成。因此，20 世纪 20 年代，芝加哥学派经济学家法兰克·奈特决定赋予经济人两种神圣的特质——充分的知识和充分的远见——让他得以随时比较所有商品和价格。这对于原来的肖像是一项决定性的突破：不仅仅夸张了可辨识的人类特点，奈特还赋予了经济人超人的力量。于是，他把夸饰画变成了卡通人物。其实他知道这一点：他承认，他对人性的描述充满了“一系列令人生畏的”人为抽象，创造出一种“把其他人视为老虎机的”生物。但奈特认为，经济科学必须有一个如此理想化的人居住在理想化的经济世界里，才能释放出数学建模的力量，于是，他成了全世界第一个经济漫画家。

20世纪60年代，米尔顿·弗里德曼为这个卡通人物进行辩护，巩固了奈特的理由。他认为，在现实生活中，人们的行为“就像是”正在进行自私自利、全知全能的计算，一如理性经济人所描述，那么，这种简化的假设，以及它们所描绘的漫画人物，就站得住脚了。关键是，大约在同一时期，当时的许多顶尖经济学家开始把这个卡通人物视为典范，视为真正的人如何行事的模型。经济史学家玛丽·摩根（Mary Morgan）说，理性经济人逐渐定义了理性，变成了“真正的经济演员所遵循的规范性行为模型”。

生活模仿艺术

在两个世纪的过程中（从18世纪70年代到20世纪70年代），随着对经济人的描绘从细致入微的肖像画变成粗糙的漫画，原本是“人的模型”（a model of man）变成了“人的模范”（a model for man）。经济学家罗伯特·弗兰克（Robert Frank）认为，这事事关紧要，因为“我们对人性的信念，努力塑造着人性本身”。弗兰克等人的研究，第一次揭示出，经济学科容易吸引自私自利的人。例如，德国的实验研究发现，经济学的学生比其他学生更容易接受贿赂，愿意给出带偏差的答案（如果这么回答能给个人带来好处的话）。美国的研究同样发现，经济学专业的学生更赞成自己和他人的自利行为，而经济学教授对慈善事业的捐款，比其他许多学科收入更低的同事要少得多。

然而，除了吸引自利的人，研究经济人，还能改变我们，重塑我们对自己是什么样的人、应该怎样行为的看法。按以色列经济学专业大三学生的评价，利他主义价值观在生活里的重要性远远比大一时要低。参加了经济博弈论课程（一种战略研究，假设个体在模型中有着个人利益）之后，美国大学生表现得更加自私，并预期其他人也是这样。“自私自利理论的有害影响最令人不安，”弗兰克总结道，“它鼓励我们对他人的最坏情况做出预期，从而把我们最糟糕的东西引了出来：因为担心自己变成笨蛋角色，我们往往违背自己崇高本性的呼唤。”

这对所有经济学学生来说，是一个明显的警示。但理性经济人对我们行为的影响远远超出了课堂。有人在芝加哥期权交易所揭示了一个惊人的例子。该交易所 1973 年开市，成为全世界最重要的一家金融衍生品交易所。在交易所开始交易的同一年，两位深具影响力的经济学家费雪·布雷克（Fischer Black）和迈伦·舒尔兹（Myron Scholes）发表了日后所称的“布雷克 – 舒尔兹模型”，使用公开的市场数据来计算市场所交易的期权预期价格。起初，该公式的预测与市场上的实际价格差异很大（相差 30% 到 40%）。但几年之内，在模型没有调整的条件下，它的预测价格与实际市场价格变得仅有 2% 的差异了。布雷克 – 舒尔兹模型很快被赞美为“不光是金融领域，而且在整个经济领域都是最成功的理论”，创建者也获得了诺贝尔经济学奖。

然而，两位经济社会学家唐纳德·麦肯齐（Donald MacKenzie）和尤瓦尔·米洛（Yuval Millo）决定深入研究这个问题，并亲自采访了一些衍生品交易员。他们发现了什么呢？随着时间的推移，理论的准确性越来越高，这是因为交易者逐渐在行为上把理论当成了真的，并用模型的预测价格作为自己出价的基准。“金融经济学，”麦肯齐和米洛总结说，“帮忙把它在理论上设定的市场变成了现实。”金融市场日后逐渐发现，要是这些理论原本就存在缺陷，后果非常可怕。

如果理性经济人能够重塑我们在金融市场上的行为，他很可能也重塑了我们在生活其他方面的行为，尤其是，他的优先考量已经渗入了我们的

芝加哥期权交易所，市场模仿起了市场理论。

语言。美国的一项实验请企业高管解简单的字谜，字谜里包括“利润”“成本”和“增长”等词汇。实验发现，高管们回应同事的需求时，同理心较弱，甚至还担心，表达对工作中其他人的担心，会显得不够专业。另一项实验调查发现，受邀参加“消费者反应研究”的大学生，对财富、地位和成功等概念的认同，比受邀参加“公民反应研究”的同伴们要强烈得多。改变一个词，你就会微妙但深刻地改变自己的态度和行为。贯穿20世纪，“消费者”一词在公共生活、政策制定和媒体上使用得越来越广泛，如今已经远远超过了“公民”一词：在英语书籍和报刊上，这一状况出现在20世纪70年代中期。这事重要在哪里呢？媒体和文化分析师贾斯汀·刘易斯（Justin Lewis）解释说：“和公民不同，消费者的表达手段很有限：公民可以应对文化、社会和经济生活的各个方面……消费者则只能到市场上寻找表达。”

21 世纪的肖像

我们为自己绘制的肖像画清晰地塑造了我们想要成为的人，这就是为什么经济学必须对人重做描绘。更好地理解人的复杂性，我们可以培养人性，让自己获得更大的机会创造经济，在甜甜圈的安全和公正空间里欣欣向荣地生活。为这一新画像勾勒初步草图的工作正在着手进行，为了对经济自我做最好的描绘，它揭示了五大转变。第一，我们并非一味狭隘地追求自利，我们也是社会的生物，讲究互惠。第二，人没有固定的偏好，但是有着流动的价值观。第三，我们是相互依存的，而不是孤立的。第四，我们很少精心算计，往往只估计个近似值就行。第五，我们远远不是统治自然界，而是深深地根植于生命的网络。

这幅正在逐渐浮现的肖像画里的这五点变化令人着迷。画家会选择什么人来做模特呢？过去 40 年，行为心理学实验对人的实际行为方式做了大量的解释。出于纯粹的方便考量，北美、欧洲、以色列和澳大利亚的学术研究人员所进行的绝大多数实验研究都用本国大学本科生作为研究对象。因此，2003 年到 2007 年，此类行为实验中 96% 的受试者来自人口仅占世界总数 12% 的国家。如果这些受试者的行为真的能代表世界各地的人，那也不是什么问题。但事实证明，情况并非如此。少数在其他国家和文化里进行的研究表明，这些方便研究的大学本科生，其行为实际上跟大多数社会成员都不一样。这可能是因为，他们居住在“怪异”社会（跟大多数社会成员都不一样），也即西方的、教育程度高的、工业化的、富裕的、民主的社会[5]。

---

[5] 译注：上述五个形容词的英文原文分别是 western、educated、industrialised、rich 和 democratic，其首字母缩写为“WEIRD”，意思是“怪异”。

抽样偏差对理解这幅正在显现的肖像画意味着什么呢？理解不同文化、不同社会之间行为差异的范围（及其背后的原因），显然是一个急需展开研究的主题，但这里，我们可以仰仗两个既定条件。首先，尽管不同社会之间的人类行为可能有所不同，但有一件重要的事情将不同的人团结起来：我们中任何一个人，都跟原有模型下的理性经济人不一样。其次，除非勾勒出了更细致入微、有着各种差异的人类形象，新浮现的肖像画里所形容的五点变化，跟“怪异”社会下的人十分类似。

从自私自利到社交互惠

亚当·斯密发现，追求自利是让市场运转的有效人类特点，但他知道，自利并不是让社会和更广泛的经济良性运转所需要的唯一条件。然而，在《国富论》里，他高度聚焦于自利在市场中所扮演的角色，掩盖了他对道德及动机的其他丰富观察。于是，他的接班人单独抽取了这一特点，为经济人提供了 DNA。在此后的两个世纪里，经济理论建立在了如下假设基础之上：竞争性的自我利益，不光是人的自然状态，也是他实现经济成功的最优策略。

然而，退后一步看看人们的实际行为，这种假设就变得摇摇晃晃了。除了关心自我，我们也关心别人。我们会为提着沉重行李的陌生人提供帮助，为彼此拦着门（以方便通行），分享食物和饮料，向慈善机构捐款，向我们永远也不会遇到的人捐血，甚至捐献身体器官。刚满 14 个月大的幼儿就会帮助他人了，他们把别的孩子拿不到的东西递过去；3 岁以下的孩子则会跟他人分享糖果。当然，和成年人一样，小孩有时也很难分享（我们同样有着抢夺和囤积的能力），但叫人吃惊的地方在于：我们的确会分享。事实证明，智人是地球上最擅长合作的物种，在跟血亲之外的人共同居住的时候，比蚂蚁、土狼、裸滨鼠的表现还好。

总之，我们除了交换的倾向，也有给予、分享和互惠的倾向。这可能是因为合作增强了我们自己所属群体的生存机会。用最简单的话来说，我们向彼此发出了清晰的信息：如果你想活下去，那就得学着相处。而且，我们学会了以非常有特点的方式相处。按照经济学家塞缪尔·鲍尔斯（Samuel Bowles）和赫伯特·金蒂斯（Herbert Gintis）的观点，我们这些"怪异"人，往往践行的是所谓的"强互惠"：我们是有条件的合作者（只要他人愿意合作，我们就倾向于合作），也是利他的惩罚者（哪怕要我们付出代价，我们也要惩罚背叛者和便车客）。正是这两种特点的结合，带来了社会大规模合作的成功。于是，在匿名网络交易市场，评分和点评系统大受欢迎便不足为奇。从 eBay 到 Etsy，它们把每一名参与者的记录变成交易声誉，揭示谁值得信任，从而让有条件的合作者发现彼此，蓬勃发展——哪怕有人会搭便车。

最后通牒博弈很好地展示了我们的合作和惩罚背叛者意愿。除了教育程度高、工业化、富裕和民主的西方社会，研究人员在许多社会下都对它做过研究。给两名玩家（一个是发起提议的人，另一个是回应的人，两人彼此匿名）一笔钱（通常相当于两天的收入）进行分享。发起提议的人建议怎样进行分配，如果做出回应的人接受这一提议，他们就各拿各的钱，但如果做出回应的人拒绝提议，两人都会空手而归。而且，这个游戏，他们只玩一次。如果按照主流理论的假设，人们纯粹只关心自我利益，那么，不管提议者提出怎样分配，回应者都应该答应：因为，拿到钱总比一分钱都拿不到要好。但实际情况是怎样的呢？回应者通常会拒绝他们认为不公平的提议，哪怕这意味着他们会空手而归。我们人类随时都愿意惩罚他人的自私，就算自己要承受代价也在所不惜。

不过，游戏结果最有趣的地方是来自不同社会的人玩这个游戏的方式截然不同。在北美的大学生（“怪异”社群的原型）里，提议者一般会分给对方 45%，低于 20%的提议大多会遭到拒绝。与此同时，生活在秘鲁亚马孙丛林里的马奇根加人，提议者愿意分享的就少得多（25% 上下），而不管这个比例有多小，回应者几乎总是接受。

互惠文化规范里这些巨大的差异，又该怎样解释呢？基本上，我们生活在不同的社会和经济中。北美人生活在高度相互依存的市场经济里，该经济依赖互惠文化才能运转。相比之下，马奇根加人属于狩猎采集社会，住在小家庭群体里，靠家庭满足自己的大部分需求，相互交易的情况很少。因此，他们对社群互惠的依赖性较低。

在不同文化背景下，社会互惠规范因经济结构而异，家庭、市场、公共品或国家在满足社会需求方面的相对重要性尤为关键。人们的互惠意识似乎是伴随经济结构共同演变的：对那些有意重新实现社会中家庭、市场、公共品和国家各自角色的人来说，这一有趣的发现似乎意义重大。

从固定的偏好到流动的价值观

经济理论是从 18 岁以上开始的，这很神奇：我们第一次遇到的，是理性经济人（rational economic man），而不是理性经济孩（rational economic boy），可为什么呢？因为理论的出发点是，要假设人们有着独立于经济所形成的预设口味。很少有人会否认，企业广告勾引孩子，一方面，在孩子心目中播种可以吸引其未来购买力的口味和欲望；另一方面，充分利用他们当下求着家长买这买那的恼人力量。但成年人或许可以被描绘成拥有自我主权的消费者，企业只是想要提供符合他们现有偏好的产品和服务。在这种设定下，人们购物习惯的任何变化，主要是出于新的产品信息、相对价格的变化或收入的变化。

这个故事当然不可信。成年人，就跟孩子一样，不可能对营销者的信息免疫——20 世纪 20 年代，西格蒙德·弗洛伊德的侄子爱德华·伯内斯（Edward Bernays）就意识到了。他在《宣传》（*Propaganda*）一书里写道："我们基本上从未听说过的人，控制着我们，塑造我们的思想，构建我们的品位，对我们的观念给予暗示……正是他们扯拽着控制公众意识的电线。"伯内斯发明了"公共关系"行业，并迅速成了美国的"扯拽电线"大师，（代表美国烟草公司）说服女性，说香烟是她们的"自由火炬"，（代表比奇纳特包装公司的猪肉部门）说服全国，培根和鸡蛋是"丰盛的"纯美式早餐。伯内斯凭借叔叔对人类思维运作的见解，知道影响偏好的秘诀不在于宣传产品的特点（它更大，更快，更闪亮！），而是将产品与自由、权力等根深蒂固的价值观联系在一起。

自此以后，伯内斯熟练掌握的那些深层价值观，得到了系统化的研究，取得了重大的成果。自 20 世纪 80 年代以来，社会心理学家沙洛姆·施瓦茨（Shalom Schwartz）对 80 多个国家各个年龄段和背景的人做了调查，确定了 10 种得到跨文化认可的基本个人价值观集群：自我导向、激励、享乐主义、成就、权力、安全、顺从、传统、仁爱和普遍主义。就培养人性而言，他们的发现凸显了以下三点。

首先，我们所有人都具备这 10 种基本价值观，我们每一个人都受它们的全方位调动，但受其影响的程度，不同的文化和个体之间差异很大。例如，对某些人来说，权力和享乐可能占主导地位，而另一些人则以仁爱和传统为准。其次，如果我们受到"触发"，可以"投入"（engaged）每一种价值观当中，比方说，听到安全提醒，我们就可能想要少承担风险；想到权力和成就，我们可能会忽视他人的需求。最后，也是最有趣的一点是，这些不同价值观的相对强度，不光会在人一辈子的过程中有变化，实际上，随着我们在社会角色和背景环境中切换（比如从工作场合进入社交场合，从厨房餐桌来到会议桌，从公共场所进入市场再回到家），一天当中也会有不少次变化。而且，就跟肌肉一样，越是“投入”一种价值观，它就变得越强。

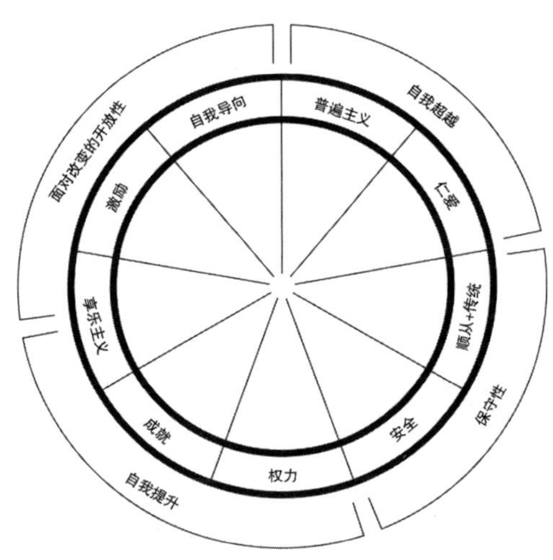

施瓦茨的价值观环，揭示了 10 种跨文化的共同基本个人价值观。

施瓦茨进一步发现，10 种基本价值可以围绕两条关键轴线进行分组，如他的圆环所示。第一条轴线是面对改变的开放性（涉及独立和新颖）和保守性（涉及自我限制和抗拒改变）相对而置。第二条轴线是自我提升（聚焦于地位和个人成功）和自我超越（关注所有人的福祉）相对而置。自我提升和自我超越之间这种分野，得到了外部动机（为获得进一步的结果，如地位、金钱或其他利益而采取行动）与内部动机（因为某件事内在的吸引力和满足感而推动我们去做）的呼应。而且，这 10 种价值观会顺着轴线彼此推拉，互相影响。投入一种价值观（如刺激），往往会激活与它相邻的价值观，比如享乐主义和自我导向，压抑与它相对的价值观，如安全、顺从和传统。

针对激励我们行为的价值观，这些见解考察了其回应性和流动性，较之经济人的预设固定偏好，它们为正在浮现的人类肖像注入了更微妙的细节，对我们该怎样培养人性也有许多的暗示。关于此，下面我们就会看到。

从孤立到相互依存

从为经济建模的角度来说，把理性经济人描绘成一个孤立的个体，不受他人选择的影响，是极为方便的。但哪怕是在经济学内部，很久以前就有人对此提出过质疑。19 世纪末，社会学家和经济学家托斯丹·范伯伦（Thorstein Veblen）斥责经济理论将人描绘成一个“自给自足的欲望球体”，法国博物学家昂利·庞加莱（Henri Poincare）指出，它忽视了“人像绵羊一样行事的倾向”。他说得对：我们跟一群牲口的区别，并没有我们想象得那么大。我们遵循社会规范，通常会选择做自己期待其他人做的事情，尤其是在充满恐惧或怀疑的时候，我们往往会跟集体一起走。

有一个颇具说服力的实验，来自对“怪异”（WEIRD）社会青少年音乐品位的研究，它解释了社会规范的影响力有多强。一家青少年网站征募参与者（约有 14000 人），请他们听 48 首歌（都是不知名乐队表演的不知名歌曲），并为之打分，如果他们愿意的话，还可以下载自己最喜欢的歌曲。在对照组，参与者在给出评分前，只看得到每支乐队的名字、歌曲的标题以及音乐录音。可在另外 8 个不同的小组里，参与者还可以看到每支歌曲已经被同一小组内其他人下载了多少次。

结果如何呢？在所有的 8 个实验组，每首歌的受欢迎程度部分取决于其质量（由对照组里的人独立评价所得）：“最佳”歌曲很少表现得差劲，“最糟”歌曲也很少表现良好。但每首歌的受欢迎程度，在很大程度上同样取决于其社会影响力：参与者喜欢那些他们知道别人也喜欢的歌。而更突出的是，如果其他参与者的评分显示在网站上，每一组里就越有可能出现一首“爆款热歌”——但有趣的是，预测哪一首歌能成为“爆款”也会变得更为困难。这就是说，这类从众行为，具有高度的传染性和高度的不确定性。它不光解释了为什么下一首榜单热门歌、明年夏天的时尚热潮，以及推动股市暴涨暴跌的“动物精神”不可预测，还解释了社会网络强有力地塑造着我们的偏好、购物和行动。

随着人们的生活比以往任何时代都联系得更为紧密，这种社会影响力注定将以新的方式得到发展。正如网络理论家保罗·奥默罗德（Paul Ormerod）指出，我们前所未有地更加意识到他人的意见、决定、选择和行为。1900 年，全球约有 10%的人居住在城市；到 2050 年，这个数字将达到 70%左右。城市居民增多，再加上传播新闻与观点、数据与广告的全球通信网，一张动态的全球人际网络便渐渐浮出水面。

在范伯伦看来，这种社会影响力最有害的作用之一是，所谓“炫耀性消费”的兴起：购买奢侈品和服务，向他人展示自己的地位，以期和身边人比排场显阔气。约瑟夫·斯蒂格利茨指出，在国家内部和国家之间高度不平等的背景下，这种影响尤其值得关注。他说：“大量资料证实了生活方式效应的存在，除了最富裕的 1%，越来越多的人入不敷出。涓滴经济学可能是一种妄想，但涓滴行为是极为真实的存在。”

这对旨在影响我们怎样行为的经济政策，有着什么样的暗示呢？传统上，经济学家会通过改变物品的相对价格来改变人们的行为，如糖果税，或对太阳能电池板打折。但是，这种价格信号常常无法达到预期的结果，奥默罗德指出，由于社会规范，以及对网络中他人行为的期待，价格信号会被更强大的网络效应所湮没。同时，我们很快会看到，说不定，可以利用这种相互依赖性来改变行为。

从精心计算到粗略估计

智人显然不是从不犯错的理性经济人。20 世纪 50 年代，赫伯特·西蒙跟其他经济学家同行决裂，开始研究人实际上会怎样行事，发现人的理性有着严格的“界限”之后，这一点基本上在学界成了共识。他的研究结果，得到了心理学家丹尼尔·卡尼曼（Daniel Kahneman）和阿莫斯·特沃斯基（Amos Tversky）在 20 世纪 70 年代研究的支持，并因之诞生了现在名为“行为经济学”的领域。行为经济学研究的是各种类型的“认知偏差”，它们会系统性地导致人类偏离完美的理性模型。

这样的例子比比皆是。我们（至少，身在“怪异国”的我们）常常会展现出：可得性偏差——根据较近期、更容易获取的信息做决策；损失厌恶——对避免损失而非获得同等收益的强烈偏好；选择性认知——只考虑符合自己现有框架的事实和论据；风险偏差——低估极端事件出现的概率，同时高估我们应对这些极端事件的能力。这类的认识偏差还有更多。事实上，维基百科有专门页面，列出了超过 160 种的认知偏差，有点像是大号的找不同游戏：左边是理性经济人，右边是常爱犯错的人类参照物。

面对这种不理性的缺点，该怎么办呢？理查德·塞勒（Richard Thaler）和凯斯·桑斯坦（Cass Sunstein）介绍了“助推政策”的概念，将之定义为“能以可预见的方式改变人们行为，不禁止任何选项，也不明显改变其经济激励的选择架构任意方面”。多亏了爱德华·伯内斯，近百年来，品牌及零售商一直用广告里的暗示信息、商品及电视节目里产品的拜访，以及销售心理学在对我们进行“助推”。但公共政策也可以借助设计来助推我们。在学校食堂，把水果摆在眼睛可见的高度，是一种对健康饮食的助推方法。把公司退休金计划设计成默认加入而非默认退出，是在助推长期收入安全。从本质上说，助推政策可以用来鼓励我们模仿理性经济人的行为方式。

助推政策显然能够发挥作用，但不断增多的认知偏差清单，让人类显得相当无能。事实上，它逐渐带来了这样的印象，人类能生存下来简直就是个奇迹。进化心理学家格尔德·吉仁泽（Gerd Gigerenzer）认为，实情恰恰相反，认知偏差非但并不妨碍人类的生存，反而是人类生存并繁荣发展的原因所在。这些所谓的偏差是我们“启发式灵光一闪”的基石，也是我们每次依靠经验法则做出决定的潜意识心理捷径。数千年来，人类的大脑已经演变为依靠快速决策工具在迅速变化和不确定的世界里做出决策，在很多情况下，这些“直觉的灵光”使我们做出了比精确算计更好的决策。

以“选最好”启发式捷径为例，它为不确定情况下做决定提供了一种“快速而节约”的方法。吉仁泽跟医院医务人员合作，帮忙创建了一棵简单的问题决策树，它只有 3 个问题，能让医生使用最佳信息，迅速评估患者是否存在心脏病发作的风险，是否应该让其接受冠状动脉疾病护理。首先询问第一个问题：心电图中是否存在不规则性？如果是，需给予冠心病护理。如果不是，问第二个问题：胸口痛是主要症状吗？如果是，给予冠心病护理。如果不是，问第三个问题：是否存在其他 5 种特定症状中的任何一种？如果是，给予冠心病护理；如果不是，则安排到普通病房。有趣的是，这种方法做出的预测，比一款医学计算机程序更为准确，后者能收集、权衡每名患者的 50 来项信息。考虑到此类快速而节约的启发式算法的价值，或许我们应该把自己视为捷径人而非理性人，并为之感到自豪：

乍看起来是理性的失败，仔细想想却是进化的胜利。

这种启发式捷径的力量，让吉仁泽无法认同行为经济学家的观点，他说：“要人们理解风险是基本上没指望的，我们必须把他们助推到从出生到死亡的行为里。”他认为，我们不应该用助推的方式推翻人的经验规则，而是应该培养启发式捷径的能力，同时用基本的风险评估技能为其提供支持。吉仁泽认为：“我们生活在 21 世纪，身边包围着复杂的技术，很多事情我们都无法预料。我们需要的不仅仅是更好的技术、更强大的官僚机构、更严格的法律……我们还需要能敏锐察知风险的公民。”他还表明，把日常统计推理技能成功地教给德国医生、美国法官和中国学童之后，我们完全能够学会更敏锐地察觉风险。他相信，与其被动地靠“助推”来采取明智行为，还不如学习依靠经验法则谨慎地对待风险，自行选择明智行为。

这是一种有吸引力也带给人力量感的方法，但依靠启发式捷径存在的一个问题并未因此消失：它们最为适合在自身演化而来的环境下运作。然而，人类的生存环境，在过去的一万年里已经发生了变化，尤其是过去 200 年，更可谓发生了天翻地覆的变化。以气候变化的破坏性影响为例：起初，它们往往是无形的、延迟的、渐进的和遥远的，而我们的启发式决策工具出了名地不擅长应付这样的问题。那么，对于希望促进行为改变的决策者而言，聪明的做法或许应该是，理解两种方法各自最适合的采用时机，鼓励启发式方法（擅长辨识风险）和行为助推审慎结合。

从主导到依赖

一幅新的经济自画像必须反映我们怎样看待人类在世界的地位。在传统的西方描绘中，人把自然踩在脚下，任自己差遣。“让人恢复对自然的权利吧，这权利来自神圣的馈赠，本就属于人。”17 世纪的哲学家弗兰西斯·培根（Francis Bacon）写道。这一观点得到了发展经济学创始人威廉·阿瑟·刘易斯（W. Arthur Lewis）的认同，他在 1949 年出版的《经济学：人及其物质手段》（*Economics: Man and His Material Means*）中指出，经济学研究的是“通过最有效地利用稀缺资源”，“人类在地球上努力谋生的方式”。在西方文化中，人类支配着自然的推论，还可以追溯到更久以前，至少，《圣经》里的开场白也表达了同样的含义。它还为环境经济学的语言奠定了基础，后者把生命世界视为“自然资源”的仓库，就像一堆乐高积木般，正等着被人改造成游动的东西。

然而，人类并非高高在上。但我们选择的名字把持着大自然金字塔的塔尖，而是深深地交织在大自然的网络里。我们植根于生命世界，而不是与它相隔离，或者凌驾于它：我们生活在生物圈里，而非生活在地球之上。美国生态学家奥尔多·利奥波德（Aldo Leopold）巧妙地指出，我们需要改变看待自己的方式，“从大地的征服者，变成自然的普通成员和公民”。多亏了 40 年来的地球系统研究，让我们对全新世（及其稳定的气候、充足的淡水、保护性臭氧层和丰富的物种多样性）的科学认识迅速改善，理解了它怎样促成了人类的兴旺，也更深刻地懂得了人类对地球的持续繁荣有着何等的依赖。

这种观点的转变——从金字塔到网络，从尖顶到参与者——同时也在要求我们跳出以人类为中心的价值观，承认并尊重生命世界的内在价值。思想家奥图·夏默（Otto Scharmer）认为：“真正需要的是，意识上的更深刻转变，这样，我们才能够开始关系、有所行动，不仅仅是为了我们自己和其他利害相关方面，也是为了整个生态系统的利益，毕竟，所有经济活动都在生态系统当中展开。”“怪异”社会尤其需要这种意识上的转变。例如，在美国，在城市中心长大的孩子，对生命世界的认识，比在农村美洲原住民社区长大的孩子更加简单化，也更加以人类为中心。解决这个问题的实用做法之一，就是在所有的学校进行生态扫盲，并身体力行，这样，未来的世代才能根据对生命世界的认识（各个系统相互依存，让地球有机会产生生命），发展起一套世界观来。

改变我们对世界的归属感，还取决于找到更合适的词汇来形容它。政治理论家汉娜·阿伦特（Hannah Arendt）曾指出，如果流浪狗被人取了名字，就拥有了更大的生存机会。或许是本着这一精神，主流环境经济学家现在从生命系统提供的“生态系统服务”和它所包含的“自然资本”财富的角度来描述它。但我们选择的名字至关重要：把一只流浪狗称作“查查”而不是“渣渣”，不光是少了个偏旁部首，更彻底地改变了人们对它在这世上的看法。这就是为什么说“自然资本”和“生态系统服务”是一把厉害的“双刃剑”：它或许给流浪狗起了一个名字，但它所选的名字，把生命世界从人的物质手段，变成他资产负债表上的资产。北美印第安部落奥内达加邦的酋长奥伦·莱昂斯（Oren Lyons）受邀到伯克利大学自然资源学院致辞时，便敲掉了这一风险。“你们称之为资源，我们称之为亲属，”他解释说，“如果你们能从人际关系角度思考，就会更好地对待它们，不是吗？……回到人际关系上，因为那是你们生存的基础。”

难怪新经济思想家们在寻找更适合描绘我们怎样归属这个世界的词语。仿生学专家贾尼娜·贝尼斯（Janine Benyus，我们将在第六章探讨她的设想）生动形象地把地球称为“不仅仅属于我们自己的家园”。对于生态作家查尔斯·爱森斯坦（Charles Eisenstein）来说，现在是时候认识到，我们是“与地球共同创造伙伴关系中相互连接的生命自我”。这种语言让一些人感到困窘、不好意思，但或许，这正是因为它承认了我们最深刻却最遭到忽视的关系，让我们直面尴尬。它还表明，用这种方式来谈论自己是多么地有心无力，就像是一条鱼在寻找合适的词来形容水。时间或许将证明，寻找词汇来表达，或许比我们想象得更为重要，它将决定我们是不是一个能学习与其他物种共同繁荣的物种。我们怎样归属于这个世界，我们的角色是什么？

首先，除了我们怎样对待金钱，我们需要更多地了解人类的经济自我。一如在“怪异”社会，学生们的行为其实跟其他大多数人都不同，金钱对我们行为的影响，大概也迥然有别于其他大多数对我们重要的东西。在最后通牒博弈里，如果玩家分享的不是金钱，而是食物、水、医疗保健、时间或政治呼声，他们会怎么玩呢？很有可能，金钱跟其他我们极为重视的东西不同，无法唤起同等的公平感。另外，我们需要更多地理解人类整体，而非仅限于“怪异”社会的人。实验研究涵盖更大的多样性，无疑会揭示人与文化之间一些更有趣的差异，但借用英国已故议员乔·考克斯（Jo Cox）说的话，说不定，我们最终会发现，我们“彼此之间的共同点，远远大于区别”。

那么，能不能利用对我们自画像这5种转变的见解，帮忙把所有人都带进甜甜圈呢？接下来的章节，我们会不断回到这个问题上来，但这里有一个问题值得特别关注：为了结束人类的匮乏和生态退化，货币刺激措施得到了越来越多的使用。初步证据表明，货币报酬往往会激活外在价值（与内在价值相对），把现有的动力给排挤出去。下文介绍的案例研究就揭示，要培养人性，走向甜甜圈的安全与公正空间，借助我们现在对价值观、助推、网络和互惠的认识，说不定会有一些更为明智的方式。

市场和火柴：小心应对

传统的经济政策认为，改变人们行为的可靠方法是，通过各种方法——创造市场也好、分配财产权也好，或是执行监管也好——改变相对价格。"只要把价格弄对了"，一位典型的经济学家会告诉你：其余的就随之而来。

价格当然重要。20 世纪 90 年代末，马拉维、乌干达、莱索托和肯尼亚不再收取儿童就读公立小学的学费，儿童（尤其是女孩，以及来自最贫困家庭的孩子）就学人数急剧增加，让这些国家极为接近实现全民教育的目标。2004 年，德国政府为家庭和机构引入了制造可再生能源的固定价格，并对高于电力零售价的部分给予补贴。此政策引发了全德国对风能、太阳能、水能和生物质能源技术进行转型投资，仅仅 10 年后，德国的电力，就有 30% 来自可再生能源了。

但尽管价格重要，把它们"弄对"却不见得像一开始说的那么简单：20 世纪的理论使经济学家高估了价格杠杆的有效性，低估了价值、互惠、人际网络和启发捷径的作用。至关重要的是，该理论忽视了如下事实：一旦赋予了价格，有些东西反而会沦落到危险境地。我们传统上用道德来加以管理的人际关系，尤其如此。原因是这样的，设定价格就像是点燃一根火柴：它引发了强烈的兴趣，但火花也同时点燃了力量和危险。一如第二章所说，市场就像火，能极为有效地做它擅长做的事，但约束起来也很困难。一旦它失控，可能会把燃烧的地面都弄得彻底变形。

20 世纪 70 年代，理查德·蒂特马斯（Richard Titmuss）首次在《礼物关系》（*Gift Relationship*）一书中提出了这一问题。书中比较了美、英两国的献血服务，在美国，献血者可获得金钱报酬，英国的制度更为成功，献血志愿者们免费提供了更多、更健康的血。这一对比引发了一个有趣的问题：金钱激励措施是巩固了人的内在行为动机，还是恰恰相反，金钱这一外部激励排挤了人的内在行为动机？从蒂特马斯着手研究以来，考虑到国际上越来越多地使用现金激励和薪酬方案来应对社会与生态挑战，这一问题跟我们的关系变得更大了。

举例来说，哥伦比亚的教育方案实验向中学生家庭提供有条件的现金鼓励。2005 年，波哥大低收入家庭的青少年儿童经随机选择参与一项试点方案，如果他们在学校出勤率达到 80% 以上并通过了学年考试，那么，他们的家长每月可得到 30000 比索（约合 15 美元）的鼓励。设计和监测该计划的世界银行经济学家发现，跟未参加该方案的学生相比，选择该方案的学生定期上学的概率要高 3%，来年继续入学就读的概率高 1%。这是经济学家们所期待的积极响应，虽说幅度很小。

但经济学家还发现了实验里令人不安的意外一面。没有被该方案选中，但兄弟姐妹入选了该方案的学生，比起家庭情况类似，但未参与该方案的学生，定期上学的概率更低，也更容易辍学。最惊人的是，女孩子尤其如此：有兄弟姐妹参加该方案的女孩，辍学率比类似家庭里没人参加该方案的女孩高 10%。这种意外的消极辍学效应，比方案原本有意实现的积极效应（提高出勤率、继续就读）要强得多。世界银行进行这项研究的经济学家将这些研究结果描述为“令人担忧”和“奇怪”，因为这跟他们的理论和期待背道而驰。

或许，他们偶然发现，金钱用市场规范（比如付出努力、符合规范就给钱）来替代社会规范（比如学生的自尊，父母的责任），对后者产生了侵蚀。哲学家迈克尔·桑德尔对这些影响表示担忧，认为现金报酬会排挤内在动机及其背后的价值观。他举了一个例子：得克萨斯州达拉斯的差生小学（low-achieving primary schools）设立了“通过学习来赚钱”计划，6 岁的孩子每读一本书可获 2 美元。研究人员发现，儿童的识字能力在一年的时间里有所提高，但“给钱才看书”对他们长期的学习动机会产生什么样的影响呢？“市场是一种工具，但并不清白，”桑德尔评论道，“最明显的担忧是，付钱有可能让孩子把阅读看成是一种赚钱的方式，从而侵蚀、排挤、腐蚀对阅读本身的喜爱。”

尽管存在这样的担忧，经济激励却正日益引入社会领域，把我们的市场身份（消费者、客户、服务供应商和员工）凸显到注意力的最前沿。而一旦市场规范取代社会规范，这种影响就很难扭转了：20 世纪 90 年代，以色列海法所进行的一项实验性研究就对此做了展示。10 家托儿所推行了一项制度，如果一天结束时，家长接孩子晚了 10 分钟以上，就要接受一笔小额罚款。家长们的反应是什么呢？他们非但没有更及时地来接孩子，迟到的人数反而翻了倍。引入罚款制度，有效地抹杀了一切的愧疚感，并被家长们阐释为对加班照料孩子的市场定价。3 个月后，实验结束，罚款制度取消，迟到的人数还是居高不下：价格没了，愧疚感却没回来。基本上可以说，临时的市场消除了社会契约。“当市场染指传统上受非市场规范支配的生活领域，市场不会触及或污染所交换货品的概念，就变得越发难以置信了。”桑德尔警告说，“市场不仅仅是机制，它们体现了特定的价值观。有时候，市场价值观排挤掉了值得深深对待的非市场规范。”

光是提及市场角色，就可能排挤掉我们的内在动机。一项在线调查请参与者想象自己是正因干旱面临缺水、共同福祉受损的 4 户家庭之一。这里的关键点是，对一半的参与者，调查从“消费者”的角度描述整个场面，对另一半消费者，调查从“个人”的角度描述。光是改变了一个词，会带来些什么不同呢？被标记为“消费者”的人报告说，觉得对采取行动少了些个人责任感，也不怎么信任其他人。而被称为“个人”的人并未表现出这些心态。看起来，光是像消费者那么思考，就会触发人的自私、孤立行为，不能把自己视为面对共同稀缺条件的群体一员。 回到 21 世纪地球的资源及存储压力（从淡水、鱼类到海洋、大气）大背景下，我们将怎样描述人类整体面临的挑战，这一见解有着极为深刻的暗示。对确保安全和公正的经济未来，“邻居”“社区成员”“国际社会”和“全球公民”这些词汇，突然间显得无比宝贵。

还有研究考察利用估值、价格、报酬和市场来塑造人们环保行为的做法，也发现了类似的行为。在坦桑尼亚莫罗戈罗附近的村庄，研究请社区成员花半天时间为本地学校操场除草植树。提供小额报酬请人参加的村庄，愿意参加的人数比完全没有提及钱的村庄少 20%。此外，在获得劳动报酬的人里（相当于正常的一天薪水），大多数人在完工时自己对任务及其酬劳感到不满意，而对于没有提及钱的人，他们压倒性地表示，自己为村庄做了有益的事，并对此感到满意。

同样，墨西哥恰帕斯州设立了一项森林保护计划，为农民提供现金补偿，以避免砍伐树木、狩猎、偷猎或扩大其牛群。然而，农民们参加这一计划的年限越长，保护森林的动机就越是变得看重钱，而不再是发自内心的，他们为未来环保努力的意愿，也日益依赖于将来承诺的报酬。然而，恰帕斯的其他地方通过社区规划和相关项目来管理森林，起初调动农民的参与用了更长时间，但农民们建立起的社会资本要大得多，其动机也仍然集中在长期保护森林的内在收益上。金钱的引入，似乎极大地改变了我们对生命世界的看法。

这些例子并非仅仅是例外情况。就报酬对推动环保（不管是收集垃圾、植树，还是少砍伐木材、减少捕鱼）的作用，迄今为止最全面的研究发现，大多数方案都在无意间排挤（而非强化）了人们的内在行为动机。一些方案非但没能调动起现有的内在承诺（如对文化遗产的自豪感，对生命世界的尊重，社群内部的信任感），反而不可避免地侵蚀了这些价值观，并代之以经济动机。该研究的作者之一埃里克·格梅兹-巴格松（Erik

Gomez-Baggethun）说："利用金钱激励人，会带来种种令人惊讶的结果。对人类价值观和动机之间的复杂互动，我们通常并没有足够的了解，可预测会发生些什么事情。所以，一定要谨慎。"既然市场真的像是火，不妨这样总结前面故事的道德寓意：

点燃火柴或者启动市场事前要小心，因为你永远不知道它会把什么样的财富变成灰烬。

来自各种政策举措（从入学到保护森林）的证据，都对在社会空间里引入现金激励的做法提出了警告：现金激励的深层影响，如今我们了解得还很少，迄今为止的证据显示，它们很容易出错。而且，激励行为转变还有其他的手段（互惠、价值观、助推和人际网络），不管是从金钱成本还是后果来看，其他手段的代价都更小。

接入助推、人际网络和规范

正如我们逐渐浮现的全新自画像所表明的那样，我们的动机远远不止成本和价格。因此，21 世纪的经济学家不应该动不动就诉诸市场来调制我们的市场和生态关系，而是应该先问问有哪些因素在社会动态里扮演角色。眼下塑造人类行为的价值观、启发式捷径、规范和人际网络各是什么样——可以怎样培养它们、助推它们，而不是去忽视它们、侵蚀它们。以这个问题为出发点，经济学家可以更游刃有余地把市场的生猛力量与道德的微妙力量结合起来。经验证据表明，这一策略有助于带我们进入甜甜圈。

助推技术能以较小的成本产生巨大的影响，而数字技术使智能助推变得比从前更容易、更廉价。以处方药为例：人们经常忘记定期服用药物，这既对自己的健康不利，也可能破坏药物的长期疗效。在英国，每年人们服用的处方药差不多要浪费 3 亿英镑。研究人员发现，一条简单的提醒短信就能显著提高按时服药的患者比例。还有人在肯尼亚的艾滋病毒感染者中做过类似的研究，发现每星期发一次短信，有望让坚持抗病毒药物疗程的患者增加 25%。不需要多花钱，就是一条简单的短信。

环境助推也能发挥效果。“洗很长时间的淋浴，家用电器从来不关，大量扔垃圾——我们都曾不假思索地在生活里做这些事情。”丹麦助推网络（Danish Nudging Network）主席佩尔·汉森（Pelle Hansen）说。为了抵消这些习惯，我们可以很方便地在建筑里设计一些基础助推（使用自动水龙头、淋浴定时器和动作激活照明设备），这样就能极大地减少水和能源的使用。它们还可以用于公共场合，在哥本哈根的街道上，汉森和学生们向路人发放糖果，并记录有多少包装纸会被抛掷在人行道上、垃圾箱或其他人的自行车篮子里。接着，他们在垃圾箱前刷出绿色的引导脚印，发现乱扔垃圾的情况减少了 46%。为了鼓励合规，不必借助罚款或奖励：小小的绿色足印即可巧妙地放大现有的社会规范。

2011 年 10 月，巴西前总统卢拉·达·席尔瓦（Lula da Silva）对外公开了自己罹患喉癌的消息，并认为这是吸烟的缘故。接下来的四个星期，上谷歌搜索戒烟信息的数量，在全球范围内出现激增——远远高于世界无烟日甚至新年元旦（过新年时人们经常爱下决心戒烟）时的类似搜索。同样，2009 年，英国真人秀明星洁德·古蒂（Jade Goody）公开了自己宫颈癌确诊的消息，女性预约检查的人数增加了 43%。这些例子固然可以看作警告，但网络效应也能激励人。由于巴基斯坦教育活动家马拉拉·尤萨夫扎伊（Malala Yousafzai）的勇敢姿态，全球数百万女孩受“马拉拉效应”所激励，要求获得并珍惜自己的教育权。这种效应也能在地方上发挥作用。印度西孟加拉邦的研究人员发现，如果村委会里首次任命了女性领导，当地的少女便会对自己及自己的教育产生更高的期望，她们的父母也是如此。不需要价格，不需要付款，只是自豪感使然。

助推和网络效应经常发挥作用，因为它们接通了潜在的规范和价值观（如责任感、尊重和关怀），而这些价值观可以直接激活。美国研究人员着手探索怎样促进亲环境行为时，发现的情况也正是如此。他们在加油站设立告示牌，以经济、安全或环保理由要求过往司机接受免费轮胎检查。如果前台的告示牌上写："担心你的财务状况？来接受免费轮胎检查！"这丝毫无法引起司机们的兴趣，而如果告示牌上写："担心环境问题？请检查车胎压力！"则能触动最多的人。激活正确的价值观，显然对行动产生了很大的影响力。

在收入较低而社会资本较高的社区，激活社会规范可能产生深远影响，乌干达的研究人员通过创建新的社会契约意识，改善了农村的医疗保健。他们在 50 个诊所表现不佳的地区，让当地社区成员和在卫生中心工作的人员一起评估现行做法，拟定适合当地情况的协议，列出社区期望的标准。每个社区都建立了一套监测本地诊所的系统，如员工值班名单、建议箱、候诊室叫号票，接着将月度结果公布在公告板上。一年之后，诊所提供的初级卫生保健在质量和数量上都得到了重大改善：患者人数增加了 20%，等待时间缩短；医生和护士之间的旷工情绪急剧下降；最令人惊讶的是，这些社区里 5 岁以下儿童的死亡率减少了 33%。所有这一切，都是在没有费用、罚款或大规模预算的条件下实现的，这要归功于社会契约（并有公共责任感做后盾）带来的心理期待。

这些调动人们价值观的小规模案例令人信服，但有些人或许以为，它们的成功是渐进的，较之人类面临的巨大挑战，它们只是些无关紧要的小调整。环境价值观、态度及行为专家汤姆·克朗普顿（Tom Crompton）和蒂姆·卡塞尔（Tim Kasser）对此持不同意见。他们认为，说到创造深刻而持久的社会与生态行为改变，最有效的方法恰恰是要把它们跟人们的价值观和身份认同联系起来，而不是跟人的钱袋和预算联系起来。他们的研究发现，持自我提升价值观和外在动机占主导地位的人，倾向于寻求财富、资产和地位。他们可能也不太关心世界，不会太努力减少生态足迹、尽量使用公共交通工具或回收生活垃圾。而且，面临气候变化的前景等环境威胁时，他们更有可能去寻找分心的消遣，从而进一步加剧地球承受的压力。相反，持自我超越价值观、内在动机占主导地位的人，更为关心生态问题，更愿意参与本地行动或全球运动，主动解决手头的问题。如今的挑战在于，怎样把来自街头的成功经验（如糖果包装纸和短信）做大范围的推广，对整个社会、国家和国际谈判给予助推，施展人际网络的影响力，让大家进入甜甜圈。

重新跟自己相遇

如果说，一图抵千言，那么，我们应该怎样真正画出我们的新自画像呢？我在很多国家讨论甜甜圈的时候，都曾半开玩笑半认真地向学生、企业高管、政策制定者和活动家们提出过这个问题。每一次，我都要求他们形象化地想象，并用文字勾勒出最适合取代理性经济人这一卡通漫画的人物。有三幅画像反复出现：构成了社群的人类，充当播种和收割者的人类，作为杂耍演员的人类。

社群的画像提醒我们，我们在所有物种中最具社会性，我们整个一生都彼此依赖。播种和收割者将我们植入生命的网络，清楚地表明我们的社会与其赖以为继的生命世界共同演化。杂耍演员则表现出我们彼此信任、互惠与合作的能力，我们在一起，能够实现任何一个人单独都做不成的事情。毫无疑问，我们还可以通过其他很多方式来描绘自己：这幅肖像画并不完整，但它已经把我们带得足够远。我们浪费了两百年的时间，盯着错误的自画像：那个手里拿着钱、脑袋里装着计算器、脚踏大自然、内心贪得无厌的孤独理性经济人。现在，是时候重新绘制我们的自画像了：我们是，置身并不只属于人类的生命家园，靠着彼此联系而欣欣向荣的人。

如果我们想向“经济人”这个名字说再见，该拿什么接替它的位置呢？人们提出了许多候选名字，捷径者、互惠者、利他者、社会者，不一而足。但把自己固定到这些身份里的特定一种毫无意义：我们同时寄居在它们所有身份当中。亚当·斯密说我们喜欢交换、做买卖，他是对的，但他又说，当我们展现出“人性、正义、慷慨和公共精神”时，我们和社会都蓬勃发展，他也是对的。我们应该把所有这些名字都表达出来，而不是从中选择一个。取下画廊墙上理性经济人的漫画之后，最合适的做法，或许是在那里放上一幅随着光线不断变化的人类全息图。

现在，经济舞台已经搭建好，演出人员得以确定，节目的主要人物——人类得到了充分的介绍。是时候探索一下我们的集体行为在舞台上是怎么表演的了——经济动态对此做了反映。为了得出相关认识，我们不妨先来观察一棵苹果树。

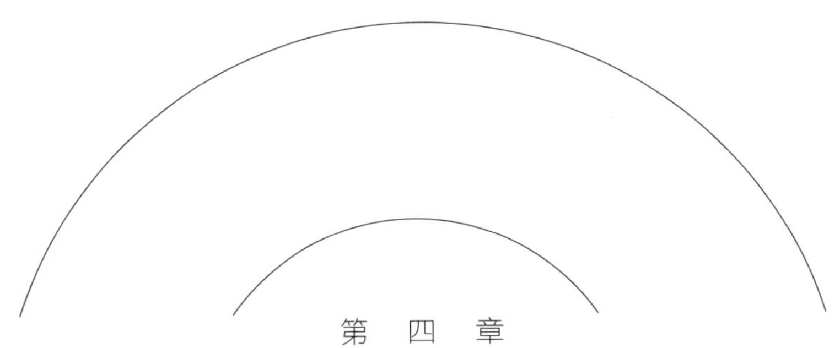

第 四 章

Doughnut Economics

在系统里游刃有余

从机械平衡到动态复杂性

牛顿的苹果可以回答许多问题。据说，1666 年，这位杰出的年轻科学家坐在位于林肯郡的母亲的花园里，惊讶地观察到了苹果的落地方式：为什么它总是直端端地落地，而不是斜着飘或者朝上飞？他从答案中得到灵感，针对重力及运动定律提出了著名的见解，进而掀起了一场科学革命。但两个世纪之后，这些相同的规律也引起了经济学里实实在在的嫉妒，错位的隐喻，还有那些狭隘得叫人痛苦的思想。要是在苹果落地之前，年轻的艾萨克·牛顿还曾惊讶于它是怎么长出来的：在一张不断变化的迷人网络里，在树木和蜜蜂、阳光和树叶、根和雨、花朵和种子之间引人入胜的互动中。这兴许能让他对复杂系统的性质提出同样具有革命性的见解，改变科学的历史。它说不定还能改变经济学的进程，提出一个更为丰富的比喻，为自己在经济学上的仰慕者们带去启发。那样的话，在今天，我们说起的就不会是市场“机制”，而是市场“有机体”——而且，我们对市场也会产生更为明智的认识。

幻想到此为止。是苹果的落地，抓住了牛顿的注意力，带来了他的突破性发现。经济学家渴望科学的权威感，在理论中模仿牛顿的运动定律，将经济描述为一套稳定的机械系统。但我们现在知道，从复杂适应系统

（由动态生命世界里的互相依赖的人构成）的角度理解它更好。如果我们希望有机会进入甜甜圈，那么，就大有必要把经济学家的注意力，从苹果落地转到苹果的生长上，从线性力学转到复杂动力学上。向机械的市场告别吧，扔掉工程师的安全头盔吧：现在，该换上一双园艺的手套了。

克服我们的遗传

靠着过去10万年里智人精妙而复杂的演化，我们人类感觉，从复杂系统的角度进行思考不太容易。数万年来，人们都是在小群体里生活，寿命相对较短，能从快速反馈里学习（把手放到火里：哎呀，手被烧了），且对周围更宽泛的环境没有什么影响。因此，经过演变，我们的大脑能应对邻近的、短期的事情，有着反应性，同时期待线性的渐进式变化。除此之外，我们对平衡和可解决有一种显而易见的期待：我们心怀对它的期待，给故事安排"自此以后幸福快乐"的结尾；我们用和谐、可解决的音乐旋律去寻找它。可当世界展现出它动态、不稳定、不可预测的真面目时，这些特点就让我们准备不足了。

当然，我们知道，有违直觉的事情的确会发生，所以，我们用民间谚语来提醒自己。这是压垮骆驼的那根稻草（渐变的增量式改变有可能导致突然崩溃）。不要把所有的鸡蛋放在一个篮子里（缺乏多样性会暴露你的弱点）。小洞及时补，免遭大洞苦（当心续扩效应）。种什么因，得什么果（万事万物自有联系）。这些都是明智的建议，但要预测和阐释这个复杂的世界，对我们来说还是不容易的。

如果说，我们对复杂性的理解受到了10万年进化的妨碍，那么，150年的经济学理论又让它雪上加霜，用机械的模型和比喻强化了我们的偏差。19 世纪末，少数有着数学头脑的经济学家着手把经济学打扮成像物理学那样可敬的科学。他们把视线转到了微分计算（可以非常简洁地描述苹果落地和轨道卫星的轨迹），用一套定理和方程式来描述经济。一如牛顿发现了运动的物理定律，可以解释从单个原子到行星运动的不同尺度上的世界，他们尝试找到能解释市场的经济运动，从单个消费者再扩展到国家的产出。

19 世纪 70 年代，英国经济学家威廉·斯坦利·杰文斯开始滚这个大雪球，他声称，“经济理论……很类似静力学，交换定律则像是杠杆平衡定律”。在瑞士，工程师出身的经济学家里昂·瓦尔拉斯（Leon Walras）也持类似观点，宣称“纯粹的经济学理论……是一门在各个方面都跟生理数学类似的科学”。似乎是为了证明自己的言论，他率先将市场交换称为“竞争机制”。他们，还有其他一些人，将重力在牵引摆锤中所起到的作用，跟价格在拉动市场达到均衡中所起到的作用相提并论。杰文斯这样说：

> 一如我们可以通过重力在钟摆运动中的作用来测量重力，我们应该也可以通过人类思维所做的决定，来评估平等或不平等。意志是我们的钟摆，它的振荡实时地记录在市场的价格清单上。我不知道什么时候我们能拥有一套完美的统计系统，但是在让经济学变成一门精确科学的道路上，它的缺失，就是唯一不可逾越的障碍。

这种机械式的比喻（从杠杆到钟摆），在当时显然看起来是十分前沿的。也难怪这些经济学家把它们放在个人和企业行为理论的核心，创立了如今大家所知的微观经济学领域。但为了让这套新理论符合牛顿定律，符合微分学的严谨性，杰文斯、瓦尔拉斯和其他同行数学先驱们，不得不对市场和人怎样运作设定一些极其简单的假设。关键是，这一新生理论认为，对任何消费者拥有的任何给定偏好组合，只有一种价格能叫所有想买的人和所有想卖的人满意，都愿意按此价格买进和卖出自己想要的那份。换句话说，每个市场都必须存在一个稳定的均衡点，就像钟摆只有一个静止点一样。为了让这一条件成立，市场的买家和卖家都只能是“价格接受者”（没有一个参与者足够庞大，足以摆动该价格），并必须遵循收益递减规律。这些假设为所有微观经济学理论中最广为人知的一张图表（也是所有经济学新生必须掌握的第一批图表）打下了基础——这就是供需关系图。

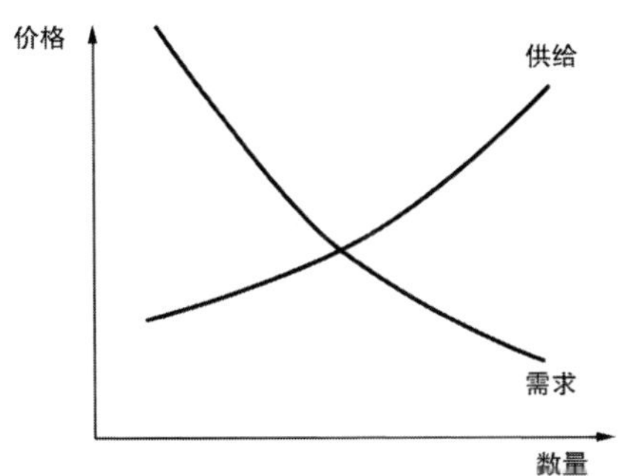

供给和需求：供给与需求相交的点的价格，就是市场均衡点。

这对标志性的交叉线背后藏着什么呢？想一种东西，任何东西都行（就比方说菠萝吧），下面是它的运作原理。假设顾客的目标是最大化效用（或满意度），需求曲线显示了他们在各个价格下想买多少个菠萝。曲线向下倾斜是因为顾客购买的菠萝越多，从购买中获得的效用可能就越小（这一假设叫作消费的边际效用递减）。对每一个额外的菠萝，他们都愿意支付得更少些。相反，假设卖家的目标是最大化利润，供给曲线显示的是卖家愿意为任何给定价格供应多少个菠萝。为什么曲线向上倾斜呢？因为，该理论认为，如果每个种菠萝的农户拥有固定面积的土地，在上面种植更多菠萝的成本会上涨（这是边际效用递减规律），所以，供应额外的每一个菠萝，他们都需要略高一点的价格。

19 世纪 70 年代，阿尔弗雷德·马歇尔（Alfred Marshall）为这幅图绘制了最终版本，把两条交叉线画得像一把剪刀（又一个机械式的比喻），用来解释价格市场怎样设定的奥秘。剪刀光靠上刃或者下刃是没法把纸剪开的，它一定要在上下刃交叉的地方剪，故此，他主张，市场价格不是由供应商的成本决定的，也不是由消费者的效用决定的，而是来自成本和效用相交的地方，这就是市场均衡点的位置。

瓦尔拉斯为这些剪刀设定了一套雄心勃勃的议程：他确信，这些分析完全可以从一种商品扩大到所有商品上，从而为整个市场经济建立模型。而且，他推断，如果这些市场是由充分知晓信息的小规模竞争买家和卖家组成的，那么，经济将达到效用最大化的均衡点。换句话说，他呼应了亚当·斯密的无形之手，认为对既定的收入分配而言，它能为整个社会带来最好的结果。在瓦尔拉斯的时代，尚未出现数学技术可证明他的预感，但他发起的议程，日后由肯尼斯·阿罗（Kenneth Arrow）和杰拉德·德布鲁（Gerard Debreu）接了过来，于 1954 年写出了一般均衡模型的方程式。它似乎是一个具有里程碑意义的证明，为宏观经济分析提供了微观经济基础，推出了一套看似统一的经济理论，奠定了此后被称为“现代宏观经济学”的基础。

这一理论看起来很完整，听上去像极了物理学，还表现为权威的方程式。但它有很深的缺陷。由于经济体内部的各种市场有着相互依赖性，所以，把所有个体的需求曲线加起来，为整个经济得到一条向下倾斜的需求曲线，这是根本不可能的。可要是没有这一条整体需求曲线，也就并没有什么均衡。对经济学家来说，这并不是新闻，或者至少不应该是新闻。20世纪70年代，一些聪明的理论家（惊恐地）意识到：均衡理论的基础不成立。但是他们的见解（俗称桑仁斯基–曼特尔–德布鲁定理），对理论的其余部分有着毁灭性的言外之意，教科书和教学里对相关反证不是视而不见，就是一笔抹杀，此后的学生们再也意识不到有什么东西是从根本上跟市场机制的均衡滑轮和钟摆唱反调的了。

于是，一般均衡理论主导了20世纪下半叶的宏观经济分析，直到2008年的金融崩溃。均衡理论的“新古典”版（认为市场面对冲击会立刻调整）跟所谓的“新凯恩斯主义”版（假设由于“黏性”工资和价格，将导致调整的延迟）互相争夺关注。这两个版本都未曾预料到这次崩溃，因为它们都建立在均衡假设的基础上，同时忽视了金融部门的作用，无法预测繁荣、崩盘和萧条，更不可能做出反应。

由于这种不适宜的模式主导着宏观经济分析，一些大牌内部人士开始批评自己帮忙建立了合法地位的理论。新古典经济增长理论之父罗伯特·索洛（Robert Solow，也是保罗·萨缪尔森的长期合作者）成为最坦率的批评者。他最初是在2003年一场名为《宏观经济学里的傻和更傻》的讲演中提出了批评意见，接着又在分析里嘲笑了理论最严谨的假设。他指出，一般均衡模型实际上取决于，一个（而且只有这么一个）永远不死的消费者兼工人兼所有者，在无限的未来最大化追求个人效用，他有着完美的远见和理性的预期，同时，他还享受着充分竞争的企业的服务。这种荒谬的模式究竟怎么变成了主流理论？2008年，索洛发表观点说：

> 我碰到了一道谜题，甚至可以说是一项挑战。“现代宏观经济学”到底靠什么在聪明又进取的学术界经济学人中赢得人

> 心？……经济学界一直存在一群追求纯粹化的人，他们希望一切都完美地符合贪婪、理性和均衡，没有“如果”，没有“并且”，没有“但是”……这套理论简洁干净、方便学习，不会太难，但技术味足够，感觉像是“科学”。此外，它实际上还担保能给出任何自由放任类型的建议，后者恰巧跟始于20世纪70年代政治上的向右转趋势（而且还不知道什么时候会结束）相吻合。

有一件事倒是明显快要结束了：那就是一般均衡经济学的可信度。它的比喻和模型从一开始就设计成模仿牛顿力学，但价格的钟摆、市场的机制，以及可靠地回归静止等比喻，并不适合用来理解经济行为。为什么不适合呢？因为它是一种错误的科学。

洛克菲勒基金会自然科学主任沃伦·韦弗（Warren Weaver）在1948年发表的文章《科学与复杂性》（*Science and Complexity*）里，对这一点做了最有力的阐释。韦弗回顾了过去300年的科学进步，同时对世界面临的挑战提出了期许，概括了3种科学能帮助我们理解的问题。极端之一是简单问题，线性因果关系里只包含一两个变量：滚动的桌球，落下的苹果，轨道行星。牛顿的经典力学在解释这类问题上表现极为出色。韦弗又写道：另一个极端是无序的复杂问题，涉及数十亿变量的随机运动，比如气体中分子的运动，它们最适合用统计和概率理论来进行分析。

然而，在科学的这两条分支之间，存在一片庞大而迷人的领域：有机的复杂性问题，涉及数量可观的变量，它们“以有机整体形式互相关联”，创建出一个复杂的有机系统。韦弗的例子，其实已经很接近地提出牛顿的苹果未能引出的问题了。“是什么让月见草开放的？为什么盐水不能缓解口渴？病毒是一种活的有机体吗？”他注意到，经济问题也属于这个领域。“小麦的价格取决于什么？……在何种程度上，可以放心依赖供需等经济力量的自由互动？……到了何种程度，就必须借助经济控制系统避免经济从繁荣大幅摆荡到萧条？”韦弗认识到，人类面对的大部分生物、生态、经济、社会和政治挑战，都属于有机的复杂性问题，而这是我们理解得最不够的领域。他总结说：“这些新问题，以及依赖于其中不少问题的世界的未来，要求科学实现第三项重大进步。”

20 世纪 70 年代，随着复杂性科学（研究系统诸多部分之间的关系怎样塑造整个系统的行为）开始起飞，第三项重大进步正式上路。自此以后，生态系统、计算机网络、天气模式、疾病传播等众多的研究领域彻底转型。虽然它完全着眼于复杂性，但其核心概念其实很容易理解。也就是说，虽然它不符合人类的直觉，但我们都可以通过训练和经验，学会更好地“从系统的角度思考”。

越来越多的经济学家开始从系统的角度思考，让复杂经济学、网络理论和演化经济学变成了经济研究中最具活力的领域。但由于杰文斯和瓦尔拉斯有着持久影响力，大多数经济学教学和教科书仍然将经济世界的本质用市场均衡机制加以总结，将它介绍为线性的、机械的和可预测的。这种心态会令将来的经济学家在应对当代世界的复杂性时严重准备不足。

经济学家戴维·科兰德（David Colander）在一篇有趣的文章（《从 2050 年回望》）里指出，到 2020 年，大多数科学家，不管是物理学家也好，生物学家也好，都已经意识到复杂性思维对理解大部分世界至关重要。然而，经济学家们对这种趋势的理解速度却比较慢，直到 2030 年，“大多数经济学者才相信，经济是属于复杂科学的复杂系统”。如果他的未来史说对了，那恐怕才真的是为时已晚。为什么我们明明现在就对系统有了正确的认识，却还要等到 2030 年才抛弃牛顿物理学这一选择失当的比喻呢？

复杂之舞

系统思维的核心在于 3 个看似简单的概念：存量和流量，反馈循环和延迟。听起来很浅显直白，但只要它们一开始互动，就会启动叫人啧啧称奇的过程。世界上许多惊人、非凡、不可预测的事件，都出自它们的相互作用。

如果你曾经着迷于日落时成千上万只椋鸟群飞的场面（这种壮观场面，叫作“murmuration”），那么，你大概明白此类“突现特征”有多么特别了。每只鸟在飞行时都会转过来扭过去，凭借惊人的敏捷跟邻鸟只隔区区的翼展之宽，同时又跟邻鸟动作同步，对方斜着飞，自己也斜着飞。当数以万计的鸟聚集到一起，所有的鸟都遵循同一套简单规则，整个鸟群就遮天蔽日，与傍晚的天空交相辉映了。

那么，系统是什么呢？简单地说，就是互相关联、可产生不同行为模式的事物的集合。系统可以是有机体中的细胞、人群中的抗议者、一群鸟、一家人、金融网络里的银行。正是在个别部分之间的关系（由其存量与流量、反馈和延迟所塑造）当中，诞生了突现特征。

存量和流量是一切系统的基本要素：它们是可以累积或流失的东西，比如澡盆里的水、海里的鱼、地球上的人、社区里的信任，或是银行里的钱。由于流入和流出之间的平衡，存量水平随着时间而发生改变。水从水龙头里流入和从出水口排出的速度快慢，决定了浴缸是充满了水还是排干了水。鸡群的扩大或收缩，取决于出生雏鸡的死亡率。如果塞进去的硬币比拿出来的多，存钱罐肯定会填满。

如果存量和流量是系统的核心要素，那么，反馈循环就是它们的相互联系，在每一个系统里，都存在两种反馈循环：增强反馈循环（也叫“积极”或“正向”）和调节反馈循环（也叫“消极”或“负向”）。有了增强反馈循环，你拥有得越多，得到得越多。它们放大了正在发生的事情，形成了恶性循环或良性循环，如果未得到控制，将分别导致爆炸性增长或崩溃。鸡下蛋，蛋孵成鸡，所以家禽的种群不停发展。同样道理，在操场上报复性的针锋相对的打斗里，一次粗野的冲撞，很快会升级成一场全面的恶斗。存款赚到的利息增加了存款，让未来支付的利息变多，从而积累了财富。但加强反馈也会导致崩溃：你拥有得越少，得到得越少。例如，如果人们失去对银行的信心并取走存款，银行的现金就会逐渐用光，令人们进一步丧失信心，导致银行挤兑。

如果增强反馈是让系统产生运动，调节循环就是阻止系统内爆或外爆的因素。它们制衡和抵消正在发生的事情，从而调制系统。我们的身体使用调节反馈来维持健康的体温：太热的话，皮肤会开始流汗以降温；太冷的话，身体会开始颤抖，自己给自己取暖。家用恒温器以类似的方式来稳定室温。在操场上发生混战时，可能会有人介入，努力拉开双方。实际上，调节反馈可为系统带来稳定性。

复杂性来自增强和调节反馈循环的相互作用：它们的共舞带来了系统的整体行为，而且往往不可预测。如果要用最简单的办法来介绍系统思维的核心观点，那就是一对反馈循环，下图里的这一对循环，讲述的是鸡、蛋和过马路的小故事。

每个箭头显示的是因果关系的方向，并带加减号。加号表示该效应与原因正相关（例如，鸡越多，试图过马路的鸡也就越多），减号表示负相关（尝试过马路的鸡越多，会使鸡变少）。每一对箭头都创建出一个循环，如果循环是增强的，记为 R；如果是调节的，记为 B。在左边，更多的鸡产下更多的蛋，孵化出更多的小鸡：增强循环。在右侧，更多的鸡会让尝试穿越马路的鸡变多，导致鸡的数量减少：调节循环。如果两个循环在类似这样高度简化的系统（假设鸡群里至少有一只公鸡且不缺粮食）里互相作用，随着施加的推移，鸡群的规模会发生怎样的变化？根据两个循环的相对强度（鸡的产蛋率与鸡的撞车率），鸡群有可能呈指数级增长、崩溃，甚至在稳定规模上持续动荡（如果孵出来的鸡和想要过马路的鸡之间存在明显延迟的话）。

像流入和流出之间的此类延迟，在系统当中很常见，并且可能产生很大的影响。有时，它们为系统带来有用的稳定性，令存量累积起来，充当缓冲或减震器：就像是存储在电池里的能量，放在橱柜里的食物，或是存在银行里的储蓄。但是存量流的延迟也会产生系统顽固性：不管投入了多少努力，重新造林、建立社区信任或是提高学校考试成绩，都需要花时间。当系统响应缓慢时，延迟会产生很大的振荡——凡是用过陌生淋浴器的人想必都知道，在试着调节水龙头的时候，一不小心就会被烫着，一不小心又会被冻着。

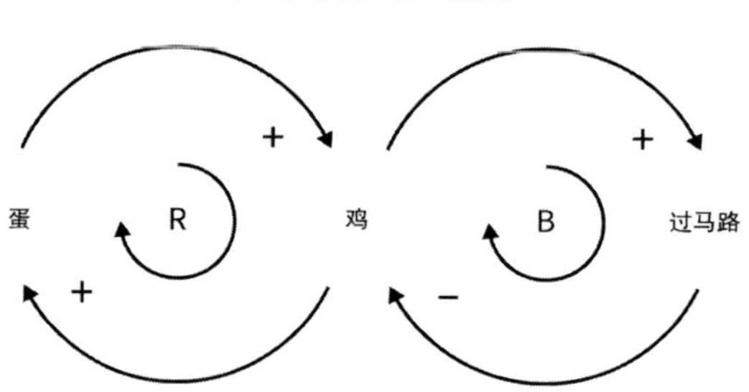

反馈循环：复杂系统的基本要素。增强循环 (R) 放大正在发生的事情，调节循环 (B) 对其进行反制。它们的互动带来了复杂性。

正是在这些存量、流量、反馈和延迟之间的相互作用当中，出现了复杂适应性系统：由于其不可预知的突现行为而变得复杂，又因为它们随着时间不断演变而调整适应。除了椋鸟、鸡、浴缸和淋浴之外，我们很快就会看到，系统思想能多么有力地帮助我们理解不断演变的世界——从企业帝国的诞生，到生态系统的崩溃。许多乍看起来突然的外部事件（主流经济学家常常称之为“外生冲击”），从“内生变化”的角度更好理解。用政治经济学家奥瑞特·盖尔（Orit Gal）的话来说，“复杂理论告诉我们，重大事件是潜在趋势成熟和汇聚的表现：它们反映了系统内部本就在发生的变化”。

从这个角度来看，1989 年柏林墙倒塌、2008 年雷曼兄弟倒闭，以及格陵兰冰盖即将崩溃，这些事情有很多共同之处。这三件事，新闻报道中都说它们是突发事件，但实际上，它们是系统中缓慢累积的压力带来的切实可见的临界点（分别是东欧政治抗议的逐步升级、银行资产组合中次级抵押贷款越来越多、大气中温室气体逐渐累积）。正如系统思想的早期倡导者唐纳拉·麦道斯（Donella Meadows）所说，“面对现实吧，宇宙是混乱的。它非线性、动荡且混乱。它是动态的。它将时间用在了从瞬间行为到另一种瞬间行为的过程里，而非数学意义上整齐的平衡。它自我发展和演变。它创造多样性，而非一致性。正因为如此，世界变得有趣、美丽，这就是它的运作原理”。

经济学里的复杂性

人们绝非最近才意识到，经济学也需要采用动态分析。过去 150 年，各门各派的经济学家都尝试摆脱对牛顿物理学的模仿，但他们的努力，频频遭到主流的平衡理论及其圆满整齐的方程式碾轧。杰文斯自己就有过预感，认为经济分析应该是动态的，但因为缺乏数学方式来实现，他决定采用比较静态分析法，也即比较两个时间点的快照：这是一次遗憾的妥协，因为它令杰文斯偏离了自己最终想要追求的洞见。19 世纪 60 年代，卡尔·马克思描述了工人和资本家的相对收入份额，因为产出和就业周期自续循环，所以其份额不断起起伏伏。到19世纪末，托斯丹·范伯伦（Thorstein Veblen）批评经济学“因为无法演变而可悲地落后于时代”，所以，它不能解释变化或发展，同一时期，阿尔弗雷德·马歇尔（Alfred Marshall）反对机械比喻，“按广义阐释”，将经济学看作是“生物学的一个分支”。

20世纪，各个针锋相对的思想流派同样尝试认识经济的内在动态性质，但即便如此，还是无法消除均衡思想。20世纪20年代，约翰·梅纳德·凯恩斯批评对比较静态分析法的应用，指出经济事件这些快照之间发生了些什么，才是最有意思的地方。“经济学家给自己设定了一桩太容易、太没用的任务，”他写道，“就如同在暴雨季，他们只能告诉我们，等暴风雨过去很久以后，海面会恢复平静。”20世纪40年代，约瑟夫·熊彼特汲取了马克思的动态观，描述资本主义内在的“创造性破坏”过程，揭示其是怎样通过创新和衰落的持续浪潮，引发了商业周期。20世纪50年代，比尔·菲利普斯正是因为想用系统动力学取代比较静力学，才创造出“莫尼亚克”，用水箱里水的流入和流出，观察时滞和波动。20世纪60年代，琼·罗宾逊（Joan Robinson）强烈批评均衡经济思想，认为“可应用到实际历史的模型，必须摆脱均衡。事实上，它的常态就不应该处在均衡当中”。20世纪70年代，新自由主义之父弗里德里希·哈耶克谴责经济学家“总想着尽量模仿异常成功的物理学流程——但在我们的领域里，这种尝试可能导致彻底的错误”。

所以让我们来听一听他们的集体建议，把均衡思想推到一边，改为在系统里思考吧。想象一下，把标志性的供求曲线从僵化的交叉里取出来，拧一拧放到一对反馈循环里。与此同时，放弃经济学家钟爱的“外部性”概念——所谓的外部成本，也就是并未参与交易的人所感受到的交易带来的意外影响，包括工厂朝河流排污，住在下游的社区受有毒废水的影响，或是在城市车流里骑行的人们吸入了汽车排放的气体。用生态经济学家赫尔曼·戴利的说法，这些负面的外部性就是“我们无奈地划归为‘外部’成本”的东西，“因为在我们的经济理论里，没有办法解释它们”。系统动力学专家约翰·斯特曼（John Sterman）对此表示认同。他说：“没有副作用——只有作用。”他指出，副作用的概念仅仅表明“我们心理模型的界限太过狭隘，我们的时间视野太短暂”。由于全球经济的规模和相互关联，许多在20世纪理论中被视为“外部性”的经济效应，已经演变成了21世纪重大的社会和经济危机。要创造出能让所有人欣欣向荣的经济，绝不能再把这些效应看成是经济活动的“边缘”考量，相反，解决这些效应至关重要。

站在这一有利角度，均衡经济学其实也是系统分析的一种形式，只不过极为有限——这听起来似乎有点违背直觉。它对市场系统的行为是怎样提出了若干有着严格限制的假设（这些假设包括充分竞争、收益递减、充分的信息、理性行为主体），好让价格机制能够不受妨碍地在反馈循环里发挥平衡作用、恢复市场均衡。从椋鸟的角度来想想看：如果你希望这么大的一群鸟全都保持不动，你需要给它们施加什么样的限制？你可以把每只鸟放在狭窄的小笼子里，把它们全部关进黑乎乎又安静的房间里：这或许有助于它们静止不动。但只要你取消了不自然的限制，把它们放出来，那就别指望它们会整齐划一地行动。它们会转过来拧过去，飞上天空，实时地构建起一套复杂系统。被约束在均衡模型狭窄范围里的经济行为主体也是一样：倘若所有限制性假设都到位，他们的确会按照要求行事。但取消这些假设，进入现实世界，束缚就全都松开了。在金融崩盘的上下震荡里，在1%的崛起里，在气候变化的临界点里，事情往往如此。

泡沫、繁荣和萧条：金融的动态

如果说，金融交易员是鸟，那么，他们古怪可笑的举动，的确很像一群在空中徘徊的椋鸟（只不过，最明显的区别在于椋鸟从不崩溃）。这些古怪的金融举动，是由于投机者乔治·索罗斯所称的“市场反射”（reflexivity of markets）所导致的，也即“市场参与者的观点影响事件过程，事件的过程反过来又影响参与者观点”这一反馈模式。不管我们是金融交易员还是青少年（又或者两者皆然），我们新浮现出来的自画像揭示，我们不是孤立的个体，受固定的偏好所驱使。相反，我们深受周围发生一切的影响，而且常常乐在其中。如果一种产品的流行程度提高了其他人对它的渴望度，整个趋势就开始启动，进一步提高了产品的流行程度，从而带来了这个季度必须买的玩具，最热门的“我也想要”小玩意儿，以及火热传播的最新舞蹈狂潮（谁忘得了《江南 Style》呢？）。

资产泡沫没这么有趣，但几乎同样频繁出现：股票的价格越走越高，直至最后破裂。这一现象的名称源自 1720 年的南海泡沫。伟大的艾萨克·牛顿爵士一辈子都不许人再提到这件事。那年的 3 月，由于一则不实的谣言（据说，垄断了南美殖民地贸易的英国公司，也即南海公司在海外大获成功）越传越广，该公司的股价开始飞快上涨。牛顿本来就购买了该公司的若干股份，所以，他在 4 月将之卖出，狠狠地赚了一大笔。但是南海公司的股价一直在快速上涨，受到全国热情的影响，艾萨克没能抵挡市场的诱惑。他在 6 月以高得多的价格又买回了股票——仅仅两个月后，泡沫见顶，最终破裂。于是，牛顿损失了他一辈子的积蓄。“我可以计算恒星的运动，却无法计算人性的疯狂。”泡沫之后，他说了这样一句名言。机械定律的大师被复杂性搞晕了头。

和牛顿一样，如果不理解自己生活和生计赖以为继的动态系统，我们都会为此付出高昂的代价。2008 年金融危机之后，这一点显然变得清晰起来，就连英国女王也禁不住发问："为什么没有一个人预见到它的到来？"事件发生之前，支撑主流经济理论的均衡思想，让绝大多数经济分析师淡化了对银行业（它的结构及其行为）的重视。尽管现在看来令人难以置信，许多主要金融机构（从英格兰银行到欧洲中央银行到美联储）都采用了私人银行在其中没有扮演任何角色的宏观经济模型：事实证明，这一疏漏是个致命的错误。经济学家史蒂夫·基恩（Steve Keen）是少数几位看到崩溃到来的人之一，他简洁有力地指出："试图分析资本主义却又忽略银行、债务和金钱，就像是试图分析鸟类却无视它们长着翅膀一样。祝大家好运。"

由于均衡思维占据主导地位，大多数经济决策者回避了经济内部动态所带来的不稳定性。在本轮崩溃发生前的 10 年里，由于无视系统性风险的积累，英国前首相戈登·布朗（Gordon Brown）曾欢呼繁荣和萧条周期走向了终结，联邦储备委员会主席本·伯南克（Ben Bernanke）则对所谓的"大稳健"（Great Moderation）时代表示欢迎。2008 年泡沫崩溃之后，许多人开始寻找经济学家海曼·闵斯基（Hyman Minsky）长久以来遭到忽视的研究见解，尤其是他 1975 年提出的金融不稳定假说，将动态分析放在了宏观经济学的核心。

明斯基意识到，在金融领域，稳定孕育着不稳定（虽说这听起来有违直觉）。为什么呢？当然是因为增强反馈循环了。在经济景气时期，银行、企业和借款人都很有信心，并开始承担更大的风险，从而推高了住房和其他资产的价格。反过来，资产价格的上涨，又加强了借款人和放贷人的信心，以及他们对资产价值将持续上涨的预期。用明斯基的话说："把表现良好转化成投机性投资热潮的趋势，是资本主义经济的基本不稳定性。"一旦房价最终跟不上预期的步伐，就将不可避免地出现抵押贷款违约，到了所谓的“明斯基时刻”，金融将至破产的悬崖，导致崩溃。猜猜崩溃之后会怎么样？信心逐渐重建，在动态不均衡的滚动周期中，整个过程从头来过。过马路的鸡能教我们学到很多东西。

2008 年，由于金融监管机构未能理解银行信贷网络的内在动态，市场内在不稳定性的后果加剧了。崩盘之前，监管机构是依照“网络总是有助于分散风险”的假设来运行的，所以，它们设计的条规只监控网络的节点，也即单个银行，并未监督网络互联的性质。但崩盘清楚地表明，网络的结构可以是强健又脆弱的：网络大多表现为强健的减震器，但随着网络性质的演变，它切换成了脆弱的震动放大器。英格兰银行的安迪·阿尔达内（Andy Haldane）发现，如果网络里有少数超级节点充当关键枢纽，节点之间的连接太多，原本遥远的节点之间又有着创建连接捷径的“世界真小”倾向，触发上述切换的可能性就变得更大了。在 1985 年至 2005 年间，全球金融网络演变出了上述所有 3 种触发特性，但由于缺乏系统观念，监管机构并未察觉。戈登·布朗后来承认：“我们设立的监管系统只监督个别机构。这是个很大的错误。我们不理解风险怎样在整个系统里传播，不明白不同机构彼此之间的纠缠，也不知道事情是多么地全球化——虽然我们整天都在说。”

受 2008 年崩盘的影响，人们着手为金融市场构建新的动态模型。史蒂夫·基恩与计算机程序员拉塞尔·斯坦迪什（Russell Standish）合作开发了第一款系统动力学计算机程序（并为它取了个恰如其分的名字“明斯基”）。这是一套非均衡经济模型，严肃地对待银行、债务和资金的反馈。基恩用他独特的风格对我说，“‘明斯基’终于为经济这只鸟带去了翅膀，我们总算有机会理解它是怎么飞翔的了”。理解金融市场对宏观经济的影响，眼下有好几种颇有前景的复杂性研究方法，他们所用的就是其中之一。

成功带来成功：不平等的动态

不平等仅仅是均衡经济学界的一个边缘问题。理论认为，考虑到市场能够有效地奖励人才，那么，有着基本上相似的才能、偏好和初始禀赋的人，最终能得到平等的回报；剩下的差异必然是努力带来的差异，而这为创新和努力动作提供了刺激。但在我们所居住的非均衡世界里（强有力的增强反馈循环在其中发挥作用），财富的良性循环和贫穷的恶性循环，可能会把原本类似的人卷进收入分布范围相对的两个极端。之所以如此，是因为存在系统专家所谓"成功带来成功"的陷阱，一轮游戏里的赢家收获奖励，提高了他们下一轮再赢的概率。

均衡理论承认，增强反馈有时可能会在商业中占据上风，导致寡头垄断（少数人的统治），但它把这种状况视为规则的例外。而早在20世纪20年代，意大利经济学家皮耶罗·斯拉法（Piero Sraffa）就提出了相反的观点：在讨论企业的供给曲线时，收益递增（而非所谓的收益递减规律）往往有可能成为常态。斯拉法指出，日常经验表明，许多行业的企业在扩大生产时都会碰到单位成本下降的情况，所以这些行业倾向于寡头垄断甚至独家专卖，而非充分竞争。这一观点，显然更吻合我们今天所知的企业版图。光是在食品领域，统称为"ABCD集团"的4家农业巨头——ADM（阿彻丹尼尔斯米德兰公司）、Bunge（邦吉公司）、Cargill（嘉吉公司）和Louis Dreyfus（路易斯-德瑞弗斯公司）——就把持着全球75%的粮食贸易。还有4家企业占了全球种子销售量的50%以上，6家农用化学品公司控制着全球化肥和农药市场的75%。2011年，4家华尔街银行——摩根大通、花旗集团、美国银行和高盛——占美国金融行业衍生品交易的95%。这种集中模式在许多其他行业盛行，从媒体、计算机到电信和超市，莫不如此。

所有玩过《大富翁》卡牌游戏的人都非常熟悉“成功带来成功”的动态：在游戏初期就靠着好运气霸占了昂贵物业的玩家，可以把物业买下来，修建酒店，从其他玩家手里收取巨额租金，因此，他们积累了胜利的财富，搞得其他人破了产。然而，最有趣的地方在于，这款游戏最初叫作《大地主游戏》（*The Landlord's Game*），原本是为了揭露地产所有权集中造成的不公正，而不是为它欢呼喝彩。

发明游戏的伊丽莎白·马吉（Elizabeth Magie）在私底下支持土地改革家亨利·乔治的观点，1903年，她创造出这款游戏，并为它设计了两套截然不同的玩耍规则。按“繁荣”规则，每当有玩家获得一笔新物业，每一名玩家都可有所收获（与乔治征收地价税的主张相呼应），等玩到游戏一开始手里钱最少的玩家把钱翻倍，游戏就算赢了（所有人都赢）。而按照第二套“垄断”规则，运气不够好的玩家，都要给拥有物业的玩家缴纳租金，而且，只有那个把其他所有人都弄得破了产的玩家，才会成为游戏唯一的胜利者。马吉说，设计两套规则的目的是让玩家体验“当前土地攫取制度的现实展示，以及它的常见结局和后果”，从而理解不同的地产所有权方式是怎样带来完全不同的社会后果的。“可以把它叫成《人生的游戏》，”马吉说，“它包含了现实世界中所有成败的因素。”但是，20世纪30年代，游戏制造商派克兄弟公司（Parker Brothers）从马吉手里买下《大地主游戏》，把它做了简化，并改名为《大富翁》，只为迫不及待的公众提供了一套规则：也就是庆祝“赢家通吃”的那一套。

棋盘游戏所表现的分配动态，也在计算机模拟的经济条件下浮现出来。罗伯特·索洛对当代宏观经济学提出了坦率的批评，他嘲笑均衡经济模型，并证明：这些经济模型不是对有多个参与者的市场进行建模，而是再现了只有一个主体构成的市场，它们把经济简化成了一个典型的“消费者兼工人兼所有者”对“外部”冲击做出可预料的回应。自20世纪80年代以来，复杂性经济学家一直在开发替代方法，包括以主体为基础的建模方式，最初，多样化的主体遵循一套简单的规则，不断做出反应，适应周围环境。一旦计算机模型建立起来，程序员就会主动按下“执行”键，让这些主体采取行动，坐下来观察，并从这些主体相互作用所带来的动态模式里学习。这种方法带来了大量可供学习的东西。

1992 年出现了一款具有里程碑意义的计算机模拟，名叫“大糖帝国”（Sugar scape），建模师约书亚·爱泼斯坦（Joshua Epstein）和罗伯特·阿克斯特尔（Robert Axtel）创建了一个微型虚拟社会，以了解财富随着时间的推移怎样分配。“大糖帝国”里有一块 50 乘 50 的网格版图（就像一块巨大的棋盘），内有两座大型糖山，当中隔着缺少糖的平原。在这块版图里，散落着一些渴望糖的主体，一些移动速度较快，一些能看得更远，一些燃烧糖的速度更快，它们都在景观里扫视，竞相向着高高堆着糖的方块前进，同时又燃烧着糖以自我维持。一开始，糖的存量在主体里随机分布：少数主体较多，少数主体比较少，大多数主体拥有的份额属于中等。然而，随着模拟的推进，这些嗜糖的主体没用多久就发现自己被分成了两类：少数超级富人精英和绝大多数贫困人口。没错，它们的不同特点（速度、视力、新陈代谢和出发位置）可以解释一定的分化，但重要的是，这些特点本身并不能解释为什么会出现极端不平等的现象。

实际上，这种不平等现象主要源于“大糖帝国”社会固有的动态：糖就是财富，拥有得多，有助于获得更多，这是“成功带来成功”发挥作用的经典例子。然而，最惊人的地方是，主体之间哪怕只存在很小的概率差异，比如游戏一开始就走了好运、有所突破，或是在寻找糖的过程中做出了第一个错误动作，很可能会迅速地扩大为巨大差异，令它们走向极为不同的命运，在这个严重分裂的社会堕入两极。计算机“大糖帝国”的世界当然并非现实，但这熟悉的动态，进一步反驳了“收入不平等主要反映的是天赋和社会价值”的说法。

早在《大富翁》和“大糖帝国”出现之前，人们就已经发现“成功带来成功”的动态了。2000年前，《圣经》里就提到过“富者越富、贫者越贫”的现象，并被后世称为“马太效应”。它详细地说明了累积的优势模式，以及原地打转的劣势，可见于儿童的教育成果，成人的就业机会，当然还有收入和财富。这样的经济动态，今天仍然存在。从1988年到2008年，全球大多数国家内部的不平等加剧，中产阶级陷入空洞化。这20年里，全球不平等的整体略有下降（主要归功于中国贫困率的下降），但差距越发趋于极端。同一时期，全球收入整体增长超过50%的部分，来自全球最富裕人口的5%，而50%最贫困的人口，收入增长仅占11%。进入甜甜圈需要扭转这种收入和财富差距扩大的趋势，所以，找到方法来抵消、削弱“成功带来成功”的反馈循环是个关键，我们将在第五章继续探讨其中的部分方法。

浴缸里的水：气候变化的动态

就因为有了经济“外部性”这个名字，它们成了主流理论中的边缘问题。但当我们将之重组为“效应”（后果），并意识到经济根植于生物圈（一如我们在第二章中所做的），我们很快就能清楚地看出，这些效应会以反馈的形式累积起来，扰乱起初生成它们的经济系统。所谓环境外部性（如大气中温室气体的累积）就属于这种情况，它们有可能触发气候变化的灾难性后果。难怪麻省理工学院系统动力小组主任约翰·斯特曼想要找到办法克服政策制定者在应对气候变化上的盲点，因为和银行危机不同，气候变化可没有最后关头再出手搭救的机会。

了解气候系统中压力的累积，取决于理解大气中二氧化碳排放流量及存量（或浓度）的关系。斯特曼发现，就算是他在麻省理工学院的尖子生，对于存量－流量动态怎样运作的直觉理解，也糟糕得吓人：大多数人认为，只要不让全球二氧化碳排放继续上涨，就足以阻止大气中二氧化碳的增加了。于是，他借助了一个经典的比喻，把大气形容成一口巨大的浴缸，水龙头开着，排水孔也开着，随着二氧化碳新排放的流入，浴缸会变满；而随着植物光合作用的吸收和海洋的溶解，浴缸会变空。这个比喻要传递什么信息呢？只有水龙头进水的速度比排水孔放水的速度慢得多，浴缸才会逐渐排空，所以，如果二氧化碳新排放的速度比二氧化碳被吸收的速度慢得多，大气里二氧化碳的浓度便会下降。2009 年，斯特曼第一次使用碳浴缸的比喻，全球每年二氧化碳的流入量为 90 亿吨，流出量仅为 50 亿吨，这意味着，每年的排放量必须减少一半，大气中二氧化碳的浓度才会下降。他意识到，如果麻省理工学院的学生都觉得这难以理解，那么，毫无疑问，政策制定者也将对此难以理解。“这意味着，他们以为稳定温室气体、停止变暖趋势比实际做起来要容易。”他警告道。

斯特曼和同事们跟随伊丽莎白·马吉的脚步，着手创建一款游戏，通过切身体验教导玩家气候动态知识。他们设计出了一种用户友好的计算机模拟，称为 C-ROADS（“Climate Rapid Overview and Decision Support”的缩写，意思是“气候概览及决策支持”），帮助政府看到政策方案带来的影响。C-ROADS 可快速地将所有国家的温室气体减排承诺累加起来，显示它们对全球排放、大气浓度、温度变化和海平面上升的综合长期影响。美国、中国、欧盟及其他国家的谈判团队已采用这一游戏，转变了对全球减排所需速度和规模的认识。“没有类似的工具，”斯特曼解释说，“别指望在任何利益相关群体当中建立起系统化思考能力或对气候的理解。”

过去 10 年，在国际气候谈判中，C-ROADS 常常与真正的决策者一起进行角色扮演，并在这方面发挥了宝贵的作用。为了再现动态的力量，

C-ROADS 团队请那些代表强大国家的人坐在一张摆了大量零食的桌子边，而请来自最不发达国家的代表坐在地板上。所以，2009 年，大洋洲密克罗尼西亚联邦总统来参加角色扮演的时候，坚持要求坐在地板上。随着模拟谈判的进行，各大国会做出通常所做的不达标的承诺，模拟海平面会上升一米。于是，C-ROADS 团队用一张巨大的蓝色床单，把地板上的所有人给盖了起来——包括密克罗尼西亚的总统。“他（总统）很高兴，”斯特曼回忆说，“因为人们第一次看到海平面上升的影响。”如果不了解或未曾体验存量和流量动态带来的效应，那么我们几乎无法意识到，为把自己带回地球可维持的气候变化界限，需要多大的能量转换速度和规模。

避免崩溃

系统视角清楚地表明，全球经济发展的主流方向正陷入社会不平等日益严重以及生态退化加剧的双重动态。坦率地说，这些趋势跟早前文明崩溃（从复活节岛到北欧的格陵兰岛）的状况相呼应。环境历史学家贾德·戴蒙（Jared Diamond）说，当社会开始摧毁它所依赖的资源基础，如果它阶层分明，少数精英与大众截然分开，那么，它就很难改变当前的行为方式。而且，他还警告说，如果这一决策精英阶层的短期利益跟整个社会的长期利益不相符合，“那就注定会出现麻烦”。人们通常以为，崩溃的例子是人类进步道路上罕见的变异，但它们其实常见得吓人。事实上，古罗马文明、中美洲的玛雅文明，这些文明解体的事实清楚地表明，哪怕是复杂且富有行动力的文明，也是很容易坍塌的。那么，系统性思维能不能帮我们发现，它是否会再度发生呢?

1972 年，《增长的极限》的作者组建团队以麻省理工为基地，创建了全球经济的第一套计算机动态模型（名叫“3 号世界”），对这个问题做了一次著名的探索。该小组的目标是，根据他们认为能决定并最终限制产出增长的 5 个因素（人口、农业生产、自然资源、工业生产和污染），探索 2100 年以前的一系列经济场景。按他们所预测的“一切照旧”场景，随着全球人口和产量的扩大，石油、矿物和金属等不可再生资源将被耗尽，导致工业产量和粮食产量下降，最终导致饥荒，人口大幅度下降，极大地降低了所有人的生活水平。他们的分析一经推出，就对世界现状敲起了警钟，将系统性思维广泛地引入了政策辩论，并在着眼于增长目标的群体里引发了轩然大波。

主流经济学家嘲笑模型的设计低估了市场价格机制的调节反馈。他们认为，如果不可再生资源变得稀缺，价格就会上涨，从而提高其使用效率，替代品得到更广泛使用，同时开发出新能源。但在批驳“3 号世界”及其隐含的增长限制时，他们草率地忽视了这一模型中“污染”所扮演的角色和后果。污染和金属、矿物及化石燃料不同，通常不带价格，因此并不产生直接的市场反馈。然而，事实证明，“3 号世界”对污染建模很有先见之明：今天，我们可以用更具体的术语给它起名字，因为生态退化有着多种形式，从气候变化到海洋酸化到生物多样性的丧失，无不给地球界限造成压力。更重要的是，用近年来的数据与 1972 年的模型相比较发现，全球经济似乎正沿着“一切照旧”的场景走下去——而这可不会带来什么好的结果。

这理应敲响警钟：21 世纪初，我们突破了至少 4 道地球界限，而数十亿人仍然面临极度贫困，1% 最富有的人拥有世界一半的金融财富。这些是推动我们走向崩溃的完美条件。如果我们希望全球文明避免此种命运，显然需要转变。这一转变可总结如下：

按照默认状况，当今经济是分裂的、退化的。

明天的经济必须在设计上就有利于分配和再生。

按设计有利于分配的经济，在动态上倾向于将它创造的价值分散、传播，而不是将其集中到越来越少的人手里。按设计有利于再生的经济，使人们充分参与到重振地球生命循环的过程中，在地球的承受界限之内蓬勃发展。这是我们这一代人的设计挑战，本书在第五章和第六章对此做了探讨。但什么样的系统思维经济学家可以帮忙实现这一目标呢？

再见，扳手；你好，修枝剪

系统性思维改变了我们看待经济的方式，并要求经济学家扔掉老一套比喻的包袱。不再把经济看成机器，而是看成有机体。放弃许诺要把市场拉入均衡状态的假想控制，去感受让市场不断演变的反馈循环的脉动。现在，是时候在比喻里让经济学家换个职业了：扔掉工程师的安全帽和扳手，拿起园艺专用手套和修枝剪。

经济学家需要在比喻里换个职业：从工程师到园丁。
（上图是查理・卓别林，下图是约瑟芬・贝克）

这一比喻性的职业转变，已经出现很长时间了：早在20世纪70年代，弗里德里希·哈耶克就建议说，经济学家不应该像工匠一样磨炼手艺，应该像园丁照料植物那样才对。没错，这一比喻或许来自一位有着极端自由放任倾向的思想家，但这也暗示，哈耶克从来没在花园里辛苦干过一天：真正的苗圃工作者都知道，园艺是绝不能搞自由放任那一套的。在《民主的花园》（*The Gardens of Democracy*）一书里，刘伯川和尼克·哈诺尔（Nick Hanauer）提出，从“机器脑”转变到“园艺脑”，需要思想上的同步转变：从相信事情会自我调节，转变为意识到事情需要照看。“做园丁不是把一切交给自然，而是要去照料，”他们写道，“园丁不会让植物生长，但他们创造了植物能够茁壮生长的条件，他们做出判断，花园里应该有什么，不该有什么。”这就是为什么经济的园丁必须全神贯注，在植物生长和成熟的过程中，培育、选种、移植、嫁接、剪枝和除草。

拥抱演变，是施展经济园艺的一种方法。这一领域的顶尖思想家埃里克·贝诺克（Eric Beinhocker）说，经济学家不应该以预测、控制经济行为为目标，而是应该“把政策视为适应性实验组合，随着时间的推移，帮忙塑造经济和社会的演变”。这是一种旨在模仿自然选择过程的方法，通常可总结为：“多样化—选择—放大。”设计小规模的政策实验，测试各种干预措施，取消效果不佳的措施，并扩大效果明显的措施。这种适应性的政策制定，对当今的生态和环境问题至关重要。因为，一如埃莉诺·奥斯特罗姆所说：“我们从来不曾应对当今全球互联社会所面临的这等规模的问题。没有人确切知道什么方式会发挥作用，所以，建立一套能够快速演变、快速适应的系统非常重要。”

这有着很强的言外之意：如果复杂系统通过创新和偏差而演变，那这就为新颖举措，比如新的商业模式、补充性货币和开源设计等，带来了额外的重要性。这些实验并非边缘活动，而是位于迈向分配和再生动态经济转型的前沿，也即演变的最前沿。

如果经济不断演化，我们怎样才能最好地照管好整个过程呢？学会寻找“杠杆点”，唐纳拉·麦道斯说——复杂系统里的这些地方，只要一件事情上出现小小改变，就会使一切发生重大变化。她认为，大多数经济学家花费太多时间来调整低杠杆点，比如调整价格（这只改变了流动的速度），但其实，重新平衡经济的反馈循环，甚至改变经济的目标（请记住，别把时间浪费在 GDP 增长这一鸠占鹊巢的目标上），能获得更大的杠杆力量。此外，她建议，不要径直地拿出改变的计划来，而是应该谦虚谨慎，试着寻找系统的节拍，不管它是处境垂危的经济、垂死的森林，还是破败的社区。观察、理解它目前的工作方式，学习其历史。如果问的是哪里出了错，这叫不动脑筋，所以，要问的是：我们是怎么来到这一步的？我们朝着什么地方走去？还有哪些东西仍在良好运转？她警告说：“不要变成不假思索的干预者，破坏系统本身的自我维持能力。在为了改善状况收费之前，请关注现有的价值。”

从这个意义上说，麦道斯是个经验丰富的经济园丁，她一生中大部分时间都在观察社会生态系统的舞蹈，并且发现其中本就存在的价值。事实上，她指出，有效的系统往往具备 3 个属性：健康的层次结构、自我组织和韧性——所以，应该照管并促成这些特点的出现。

首先，只要嵌套系统服务于自己所属的更大整体，健康的层次结构就实现了。肝细胞为肝脏服务，而肝脏则服务于人体。如果这些细胞开始快速繁殖，它们就会变成癌症，不再为身体效力，而是在破坏它们依赖的身体。举个例子，从经济角度来看，健康的层次制度意味着确保金融部门为生产经济服务，而生产经济又为生活服务。

其次，自我组织产生自系统让自身结构变得更复杂的能力，如细胞的分裂，不断发展的社会运动，或是不断扩张的城市。在经济中，市场的大部分自我组织都是通过价格机制运转的（这来自亚当·斯密的认识），但它也发生在公共品和家庭里（这来自埃莉诺·奥斯特罗姆和其他数代女性主义经济学家的见解）。所有这三个供应领域，都可以有效地自我组织，满足人们的需求，国家应该对这三个领域都给予支持。

最后，韧性来自系统承受压力并从压力中恢复的能力，比如果冻在盘子里摇摇晃晃却又不散架，或是经受了一次暴雨却存活下来的蜘蛛网。均衡经济学着迷于效率的最大化，忽视了它可能带来的脆弱性，关于这些我们将在下一章中看到。在经济结构中建立多样性和冗余，能增强经济的韧性，让它能更有效地适应未来的震荡和压力。

培养道德

承认经济固有复杂性还有一个更重要的后果，它涉及经济政策制定的道德伦理。道德伦理是其他职业的核心，如医学，就结合了干预复杂系统所固有的不确定性，以及对事关他人生命的重要影响承担责任。医学之父希波克拉底激发了一整套的道德原则，并总结为现代希波克拉底誓言，时至今日，它仍指引着从业的医生：首先，不得伤害；以患者为优先；治疗整个人，而不仅仅是症状；取得事先知情同意；如有必要，向他人的专业知识求助。

经济学之父色诺芬，他将家庭管理看作内务，因此认为，不应该用道德加以指引（因为他相信自己本来就知道怎样管理女人和奴隶）。但经济学现在指引着国家和整个地球大家庭的管理，深刻地影响着我们所有人的生活。那么现在，经济学家是不是应该认真对待道德问题了呢？丹佛大学经济学家和伦理学家乔治·德马蒂诺（George DeMartino）肯定是这么认为的。“当一个职业寻求对他人施加影响力时，就必然要承担道德责任——不管它是否承认。”他直言指出，“我不知道还有其他哪个职业对待自身责任是这么轻慢的。”

德马蒂诺相信，经济政策顾问经常遵循一种他称之为“最大化最大”（maxi-max）的原则：在考虑所有可能的政策选项时，推荐如果管用效果最好的那一种，却不曾充分评估它是不是真的能管用。他认为，“‘最大化最大’是过去30年来最重要经济干预举措里主要的决策原则”，20世纪80年代到90年代，拉丁美洲、撒哈拉以南非洲地区以及苏联实施私有化和市场自由化休克政策对经济造成了极大的损害。

在磨炼自身职业道德方面，经济学落后了医学两千多年。前面还有很长的路要赶，所以，为了让球滚动起来，也是在德马蒂诺的启发之下，以下是21世纪经济学家有必要考虑的四条道德原则。首先，行动要服务于兴旺生命网里人类的繁荣，承认它所依赖的一切。其次，尊重你所服务社群的自主权，征求它们的意见，同时始终意识到它们内部可能存在的不平等和分歧。再次，决策时谨慎行事，面对不确定性时尽量减少伤害风险（尤其是对最脆弱地方的伤害）。最后，谦虚谨慎地工作，公开你所用模型的假设和缺点，并意识到还有其他经济视角和工具。希望有一天，这样的原则可以被纳入一套“经济学家誓言”，心怀抱负的专业人士在毕业时必须背诵。但不管举不举行仪式，最重要的是，把这些道德原则放到每一名经济学生的训练、每一位决策者的实践当中。

唐纳拉·麦道斯写道：“未来不可预测，但可以设想它，细致周到地让它成形。系统无法控制，但可以设计并再设计……我们可以倾听系统在说些什么，发现它的特点和我们的价值观可以怎样携手运作，带来比光凭我们意愿生产的好得多的东西。”

如果全球经济当前动态（以及它们导致的分裂、退化的恶果）持续下去，我们恐怕就要面对真正的危险，迎头撞上并崩溃了。一如后文所探讨的，这高于一切的时代挑战，呼吁 21 世纪的经济学家接受复杂性，借鉴其见解，以便改造从地方到全球的经济，从设计上赋予它们分配性和再生性。我敢打赌，如果牛顿今天还活着，他定会手拿苹果，揽下这项任务。

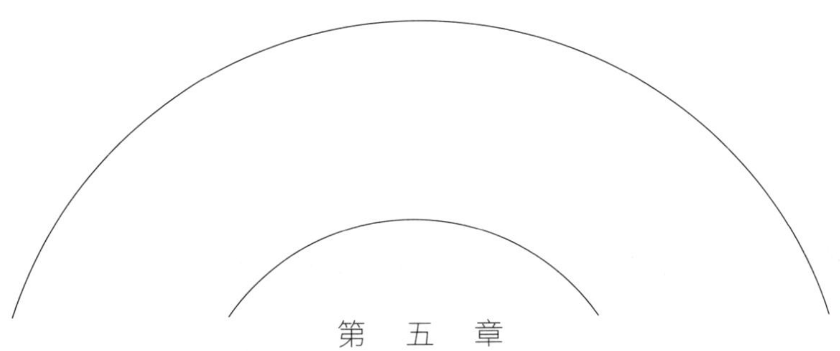

第 五 章

Doughnut Economics

分配设计

从“发展直到再次平均”到分配设计

“没有付出，就没有收获”，这是全世界有史以来最伟大的健美运动员最著名的一句话，激励着数百万人咬紧牙关，举起杠铃。20 世纪 80 年代，阿诺德·施瓦辛格（Arnold Schwarzenegger）的魔鬼健身计划狂风暴雨般席卷全球，这句他最喜欢的口号，时至今日都是健身界的名言。它的信息很简单：如果你想塑造出惊人的体格，你必须让身体付出剧烈疼痛的代价。这句座右铭恰好也总结了主宰 20 世纪后半叶的经济哲学观：如果各国要为所有人创造更富裕、更公平的社会，就必须先让社会付出高度不平等的代价。

很明显，“没有付出，就没有收获”的座右铭仍然激励着当今的许多决策者，尤其是在证明了扩大不平等、对最贫困者打击最大的紧缩举措行之有理的时候。但一如本章所揭示，就经济而言，这是一种没有证据可供支持的错误信念，建立在一张错误百出但影响深远的图表上。不平等日益扩大绝非所有国家进步所需的必然阶段，而是一种政策选择。这种政策选择破坏面极广，带来了多方面的不良后果，推得人类离“甜甜圈”越来越远。

21 世纪的经济学家将不再把不平等的日益加剧视为经济发展不可避免、只能承受的规律，而是将它视为经济设计的失败，他们会努力争取更好地分配经济产生的价值。他们不再主要侧重于重新分配收入，而是以重新分配财富（尤其是控制土地，创造货币、企业、技术和知识所带来的财富）为目标。他们不再只关注市场和国家解决方案，还将驾驭公共品的力量。这是视角上的根本性转变，而且，它已经逐渐开始顺利推进。

经济过山车

如果人类希望进入“甜甜圈”蓬勃发展，每个人都必须具备所需能力，过上尊严、机遇、社群并举的生活。不过，一如我们从第一章所知的，数百万人仍然缺乏最基本的途径过上这样的生活。那么，这些人生活在什么地方呢?

20 年前，答案很容易猜到：他们几乎全部生活在世界最贫困的国家，也即世界银行所列出的低收入国家，人均国内生产总值每年不到 1000 美元。因此，解决全球贫困问题被视为一项引导性的全球援助问题，为这些低收入国家提供基本的公共服务，刺激经济增长。但今天，答案已经发生了变化，而且乍看起来似乎有悖直觉：世界上最贫困的人中有 3/4 生活在中等收入国家。不是因为这些人搬了家，而是因为，他们所在的国家整体上变得更富裕了，因此，世界银行对这些国家重新做了划分，认为它们是中等收入国家。然而，包括印度、印度尼西亚和尼日利亚在内的许多国家，正变得越发不平等，这就解释了它们怎么竟然同时还是世界上大部分最贫困人口的家园。

广泛存在的不平等现象也导致了高收入国家的贫困，这些国家的贫富差距如今已经达到了 30 年来的最高水平，数量惊人的民众无法满足基本的需求。例如，在美国，1/5 的孩子生活在联邦贫困线以下，而英国食品银行，自2014年以来每年发放超过100万件紧急食品。

研究世界上最贫困人口居住地数据的专家安迪·萨姆纳（Andy Sumner）认为，有史以来第一次，结束人类匮乏问题不光是要解决国际之间的再分配，还要解决国家内部的分配。他写道：“重新框定全球贫困问题迫在眉睫，解释全球贫困的核心变量越来越多地落在了国内分配上，因此，也就成了国家政治经济问题。”当然，从富国到穷国的国际再分配仍然很重要，因为有3亿人居住在非洲撒哈拉以南地区的贫困国家。但是，匮乏的全新地理分布，把解决国内不平等提到了消除全人类贫困议事日程很高的位置上。

如果说，解决国家内部不平等是进入“甜甜圈”必不可少的一环，那么，经济理论对此有何见解呢？不少经济学创建之父对不平等问题很感兴趣，但就收入怎样在劳动力、地主和资本家之间进行分配一事，他们的观点差异很大。卡尔·马克思认为收入会趋于分化，富人越来越富，工人继续贫穷，阿尔弗雷德·马歇尔则持相反意见：随着经济的扩张，整个社会的收入会趋于一致。然而，19世纪90年代，工程师出身的意大利经济学家维尔弗雷多·帕累托（Vilfredo Pareto）从理论之争里后退了一步，从数据中寻找模式。他收集了来自英格兰、德国各州、巴黎和意大利城镇的收入和税收记录后，把它们绘制在一张图表上，看到其中显现出一种奇怪的醒目模式。他发现，在每一种情况下，约80%的国民收入掌握在20%的人手中，其余20%的收入分散在80%的人当中。帕累托很高兴：他似乎发现了一条经济规律（时至今日，这仍然被称为帕累托法则）。而且，他还主张，他的数据反复揭示，陡峭的“社会金字塔”必定是人性里固定的事实，再分配的尝试徒劳无益。他总结说，改善最贫困者处境的办法是扩大经济，而富裕者最有可能促成这一幕的发生。

是趋于一致、背道而驰还是永远固定呢？人们对收入不平等的可能走向展开了激烈争论，但 1955 年，故事出现一次关键的转折。国民收入核算的天才发明者西蒙·库兹涅茨把美国、英国和德国的长期收入趋势数据收集到一起，被自己的发现吃了一惊。在这 3 个国家，纳税之前的可测收入不平等，至少从 20 世纪 20 年代（甚至可能早于第一次世界大战）以来就在下降。跟帕累托的静态社会金字塔相反，库兹涅茨相信，自己发现了一条不同的法则：搭载着收入不平等的社会过山车，会先往上走，接着趋于平缓，最终再次下降。

这是一个有趣的发现，但它违背了库兹涅茨对“成功带来成功”陷阱的直觉理解。既然富人拥有更高的储蓄率，而储蓄又能创造更多的财富，他推断说，不平等应该会随着时间的推移增加，而不是下降——所以，这是怎么回事呢？他提出了一个可能的解释：农村人口向城市迁移的过程。库兹涅茨认为，在经济发展的早期阶段，随着工人进入城市，他们抛弃了收入低但基本平等的农村生活，以赚取更高但更不平等的城市工资，因此，随着工业化的推进，不平等现象随之增加。但一旦足够多的工人赚到了更高的城市工资，就开始要求为低薪工人支付更高的工资，不平等逐渐下降，带来更加繁荣和更平等的社会。

这是一个机灵的理论，但它是错的，尤其错在，农村收入实际上远非平均主义——这是个错误的假设，库兹涅茨私下承认“无论如何都没有证据”。但值得称道的是，他在公开这一猜想时十分谨慎，并指出，自己借鉴的“寥寥”数据来自特定的历史背景，不应用作“毫无道理的教条式概括”。他公开承认，这一解释是“接近于纯粹的猜测”，所以，他的结论是“5%的经验信息加 95%的猜测，其中一些可能还沾染了一厢情愿的念头”。

提醒和警告说得也足够多了。他的基本信息（不断加剧的不平等是通往全人类经济成功之旅的必然阶段）是个好得叫人没法起疑的故事。

库兹涅茨在每个经济学家脑海中勾勒出的画面，很快就绘制在了经济学家们的教科书上，并得了“库兹涅茨曲线”的名字。x 轴代表人均收入，y 轴代表国民收入不平等的指标，整条曲线的形状像个倒 U 形，它似乎代表了经济运动定律。它低声倾诉着一条强有力的信息：如果你想实现进步，不平等就不可避免。在变好之前它先会变得更糟，接着，发展让它重新变得更好。又或者，就像施瓦辛格说的那样，“没有付出，就没有收获”。

这条倒 U 曲线迅速成了标志性的经济图表，特别是在发展经济学这一新兴领域。在它的推动下，出现了贫困国家应该把收入集中到富人手里的理论，因为只有富人才会进行足够的投资和储蓄，启动国内生产总值的增长。用这一领域的创始理论家阿瑟·刘易斯（W. Arthur Lewis）坦率的话来说，“发展必须是不平均的”。20 世纪 80 年代，库兹涅茨和刘易斯分别因增长及不平等理论获得诺贝尔经济学奖，世界银行把这条曲线看成是经济定律，并用它来公布中低收入国家贫困水平需要多长时间才能下降的预测。

DOUGHNUT ECONOMICS

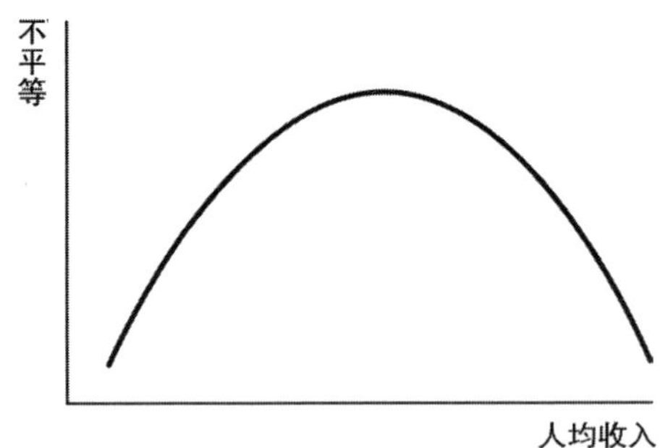

库兹涅茨曲线暗示，随着国家变得更加富裕，
不平等必须先上升，最后才下降。

与此同时，经济学家一直在寻找现实世界里过山车上上下下的例子。由于缺乏单个国家的良好时序数据，他们只能依靠诸多国家不平等的瞬时快照。结果似乎与曲线粗略相吻合（尽管相当松散）：中等收入国家往往比低收入和高收入国家更不平等。但没有任何证据表明有哪一个国家曾翻越痛苦的驼峰，走下去到达了幸福的彼岸。直到 20 世纪 90 年代有了足够的时间序列数据时，人们才得以对库兹涅茨曲线做彻底的检验。结果是什么样的呢？当时的一位顶尖经济学家这样说："模式就是，没有模式。"随着各国从低收入走向中收入再走向高收入，一些国家的不平等走高又走低；另一些国家走低又走高；还有一些国家不停地走高，从不曾走低。就不平等和增长而言，事实证明，一切情况皆有可能。

突出的地区性事件更深入地揭露了曲线的错误。20 世纪 60 年代中期到 90 年代的东亚"奇迹"里，日本、韩国、印度尼西亚和马来西亚等国的经济快速增长，结合了不平等程度低、贫困率下降等特点。这主要得益于农村土地改革带来了小农收入的提高，加上对公共卫生和教育方面的大量投资，以及在限制食品价格的同时提高工人薪酬的产业政策。事实证明，库兹涅茨式过程远非必然，而是可以避免的：实现公平增长确有可能。更重要的是，从 20 世纪 80 年代初开始，许多认为自己已经成功跨越曲线峰顶的高收入国家，收入分配再次扩大，1% 最富裕者收入上涨最多，而绝大多数人的薪酬保持不变甚至下降。

不过，让潜在的故事变得更清晰可见的，还要数经济学家托马斯·皮凯蒂（Thomas Piketty）在 2014 年提出的资本主义制度下的分配长期动态观。他通过探寻谁赚到了些什么，谁拥有些什么，对两种家庭做了区分：一种是拥有资本（如土地、住宅、金融资产，它们可产生租金、分红和利息）的家庭，另一种是只拥有劳动力（因此只带来工资）的家庭。接着，他搜索了欧洲和美国的古旧税收记录，比较这些不同收入来源的增长趋势，得出结论：西方经济体（以及其他类似者）在不平等程度上进入了危险的轨道。为什么呢？由于资本回报率往往比整体经济增长更快，使财富变得更加集中。这种动态又通过政治影响（如企业游说、竞选筹资）得到强化，进一步促进了本就富裕群体的利益。用皮凯蒂的话说，“资本主义自动产生任意的、不可持续的不平等现象，从根本上破坏了民主社会赖以为继的任人唯贤价值观”。

原来，库兹涅茨也说对了一部分：20 世纪上半叶，美国和欧洲的收入不平等甚至财富不平等都有所下降。但皮凯蒂的分析显示，库兹涅茨的研究，是在一个特殊的经济时代进行的。他认为均衡趋势是资本主义发展所固有的逻辑，实际上，这一趋势是两次世界大战和大萧条所造成的资本消耗性影响，再加上战后在教育、医疗和社会保障方面做了前所未有的投资（这些举措，全是靠累进税来获得资金的）所导致的。实际上，库兹涅茨的第一点直觉是正确的：如果财富集中在少数人手中，也即资本回报率超过了经济本身的发展速度，不平等的确趋于上升。“成功带来成功”的规律确然存在，除非政府采取行动来抵消它。

库兹涅茨曲线，还有不平等是进步必要条件的认识，或许已经遭到了拆穿。但一如所有强大的图片，它带给人的记忆迟迟难以磨灭，还为日后的涓滴经济学神话提供了凭据。2014 年，就连国际货币基金组织（IMF）的经济学家也非常沮丧地指出，尽管证据与之相反，但“再分配和发展的权衡观念，似乎已深深地嵌入了决策者的意识”。也许，这就是为什么 2008 年金融危机爆发之后，高盛公司副董事长格里菲斯勋爵（Lord Griffiths）觉得，不妨恢复给手下的股市交易员发放巨额奖金，他这样说：“我们必须容忍不平等，因为它是为所有人实现繁荣和机遇的通途。”

为什么不平等事关重大

不平等或许并非必然，但按照新自由主义剧本，就在前不久，人们都还认为这不值得警惕，自然也并非制定政策时的恰当目标。“在对健全经济学有害的各种倾向中，引诱性最强、在我看来也是毒性最大的一种，是把关注点放到分配问题上。”2004 年，颇具影响力的经济学家罗伯特·卢卡斯（Robert Lucas）写道。过去 20 年的大部分时间，按世界银行的一位顶尖经济学家布兰科·米拉诺维奇（Branko Milanovic）的说法，“就连‘不平等’这个词，在政治上都不可接受，因为它听起来太野性”。还有一些人认为，对社会不平等的接受程度是个人或政治偏好问题——英国前首相托尼·布莱尔（Tony Blair）用英国顶尖的足球选手打趣说：“我没有那么熊熊的斗志，非要让大卫·贝克汉姆少挣些钱。”然而，过去 10 年，随着不平等对社会、政治、生态和经济等产生越发清晰的系统破坏性影响，人们对它的看法也发生了巨大的变化。

收入不平等有可能会对社会造成严重破坏。2009 年，流行病学家理查德·威尔金森（Richard Wilkinson）和凯特·皮克特（Kate Pickett）在《精神层面》一书中研究了一系列高收入国家，他们发现，最影响一个国家社会福祉的是国家不平等，而非国家财富不平等。他们发现，越是不平等的国家，少女未婚先孕、精神疾病、吸毒、囚犯、辍学和社区崩溃的比例越高，此外，人均寿命、女性地位和人与人之间的信任度也相应较低。“不平等的影响并不仅限于贫苦人，”他们得出结论，“不平等损害了整个社会的结构。”更平等的社会，不管是富得更平等，还是穷得更平等，都更健康、更幸福。

当不平等把权力集中到少数人手里，并对市场施展政治影响力的时候，它还会危及民主。这在美国是最明显不过的了，截至 2015 年，美国有 500 多名亿万富翁。“我们现在看到，亿万富翁更为积极地谋求影响选举过程，”政治分析家达雷尔·韦斯特（Darrell West）评论说，他研究了美国最富裕公民的可笑举动，“他们花费数千万甚至上亿美元来谋求个人党派利益，大多数时候还背着美国公众。”美国前副总统戈尔认同这种看法。“美国民主已经被黑化了，”他说，“黑化的门路就是选举经费。”

事实证明，不平等程度越高的国家，往往也伴随着生态恶化的加剧。为什么会这样呢？部分原因在于，社会不平等助长了地位竞争和炫耀性消费，美国有一条常见的汽车贴纸半开玩笑地说，“死的时候有最多玩具的人赢”，也是对此种情况做了总结。但这还因为，不平等侵蚀了构建在社区关系、信任和规范基础上的社会资本，这些又为设定、执行环保立法所需的集体行动所必需。学者们研究了哥斯达黎加家庭用水和美国能源使用情况，他们发现，如果社群里的人认为自己是集体的一分子，那么，敦促人们按社群规范减少使用的集体压力就强大得多。这不足为奇，有研究考察了全美国的 50 个州，发现权力存在更大不平等（从收入和种族方面看）的州，环境政策更无力，生态退化得更厉害。此外，还有一项覆盖了 50 个国家的研究发现，一个国家越是不平等，其版图上生物多样性就越可能濒临威胁。

如果资源集中在少数人手中，经济稳定也会受到威胁。这一点，在 2008 年的金融危机里表现得十分清晰。高收入人士接手了捆绑债务的高风险资产，而捆绑的债务，又来自低收入人士承担着自己本来就供不起的房贷，这样的结果令系统脆弱不堪，金融崩盘。国际货币基金组织的两位经济学家迈克尔·库马霍夫（Michael Kumhof）和罗曼·朗赛尔（Romain Ranciere）对这轮崩盘的前 25 年做了分析，发现它跟 1929 年大萧条之前的 10 年有着惊人的相似之处：这两个时代，富人所占的收入份额都出现大幅增长，金融部门发展迅速，其余人口的债务负担大幅增加——最终导致了金融和社会危机。

那么，很清楚，高度收入不平等会带来许多破坏性影响。对低收入经济体来说，人们原本以为收入不平等所扮演的角色，是为了换取更快的经济增长而做出的一种不幸但必要的权衡，但这个神话，如今也被揭穿了。与发展经济学的创始理论相反，不平等并不会让经济增长得更快：它要么毫无作用，要么只会减缓经济发展的速度。之所以如此，是因为它浪费了大部分人口的潜力：原本可以成为教师或股市交易员，护士或者微型创业家的人，能积极主动地为社群的财富和福祉做贡献，现在却不得不绝望地把时间用在努力满足家庭最基本的日常需求上。如果社会里最贫困的家庭没有钱购买最基本的生活需求，社会上最贫穷的工人就得不到供应它们的工作，于是，市场就停滞在了这些本来最需要其发挥活力的人群当中。

这种直觉推理得到了分析的支持：国际货币基金组织的经济学家找到了有力的证据表明，在相当多的国家里，不平等会削弱国内生产总值的增长。“越是不平等的社会，经济增长速度越慢越脆弱，”进行研究的顶尖经济学家乔纳森·奥斯特里（Jonathan Ostry）写道，“因此，把重点放在经济发展上，让不平等自己去搞定自己，这么想是错误的。”尤其是对当今中低收入国家的政策制定者来说，这是一条非常重要的信息，它显然跟库兹涅茨曲线所表达的“没有付出，就没有收获”的神话相矛盾。

融入网络

随着库兹涅茨曲线的破产，以及不平等的破坏性影响如今已经明朗化，一种新的心态逐渐出现。它的信息很简单：

不要等经济增长来减少不平等——因为不会这样。相反，要创造出按

设计进行分配的经济。

这样一种经济，必须出力把所有人都带到“甜甜圈”的社会基础上。然而，要做到这一点，不仅要改变收入的分配，还要改变财富、时间和权力的分配。貌似是一个离谱的要求？当然是的。但是如果我们带着系统思考的心态，许多可能性就跳了出来。绘制一幅新图像是个很有说服力的出发点，那么，什么样的图能最好地容纳分配设计的原理呢？与帕累托的金字塔和库兹涅茨的过山车相反，它在本质上是一张有着许多大大小小节点的分布式网络，在流动中相互连接。

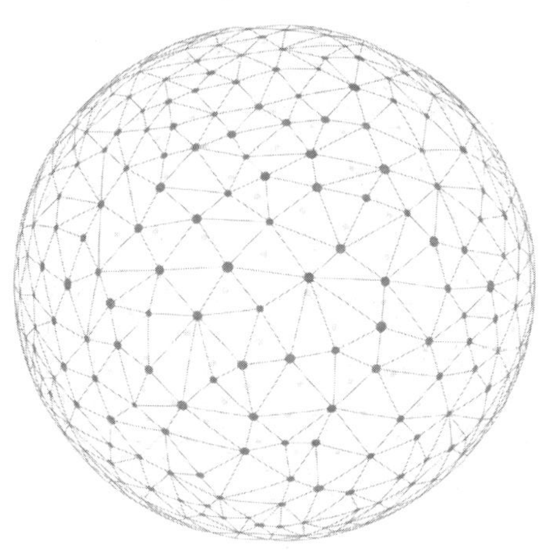

流动的网络：以分布式网络为结构的经济，能够更公平地分配社会创造的收入和财富。

网络在自然的设计里屡屡实现成功，这说明，网络是一种绝佳的结构，能可靠地在整个系统中分配资源。为了更好地理解什么类型的网络能让人类蓬勃发展，网络理论家萨利·戈尔纳（Sally Goerner）、伯纳德·列塔尔（Bernard Lietaer）和罗伯特·尤兰维奇（Robert Ulanowicz）研究了自然生态系统中的分支模式和资源流动。从艾奥瓦州的冷水泉到南佛罗里达州充斥着鳄鱼的湿地，他们发现，答案在于结构和平衡上（它往往如此）。

大自然的网络以分形分支为结构，从若干略大的分支，到许多中等分支，再到无数的小分支，比如河流三角洲的支流，树木的枝丫，身体内的血管，树叶上的叶脉。能量、物质和信息等资源，可在这些网络中流动，在系统的效率和适应性之间实现良好的平衡。当系统将资源流进行精简以实现目标，也就是说，在较大的节点之间直接传导资源，就会带来效率。反过来说，适应性则有赖于网络的多样性和冗余性，也就是说，碰到冲击或变化期，能有充分的替代连接和选择。效率太高，会让系统变得脆弱（全球金融监管机构在 2008 年才意识到这一点，只可惜为时已晚），太多的适应性则会让系统停滞不前：只有两者达到平衡，才能带来活力与稳健。

大自然欣欣向荣的网络教给我们哪些设计原则，来创建欣欣向荣的经济呢？两个词可以概括：多样性和分配。如果大规模的行为主体挤压了中小玩家的数量和多样性，支配了经济网络，那么，就带来了高度不平等和脆弱的经济。考虑到当前许多行业领域企业集中化的规模（如农业综合企业、制药和媒体，以及大而不能倒的银行），这听起来很是熟悉。

正如戈尔纳和同事们指出的那样，这种集中化带来的脆弱性，使我们必须重新理解构成经济网络主要部分的多元化小企业。“因为我们过度强调大型组织，如今恢复稳健性的最好方法，就是重振我们小型公平企业的根系。”他们总结说，“经济发展必须更加注重培养人、社区和小企业资本，因为经济跨尺度的长期活力取决于此。”那么，接下来的问题就是怎样设计经济网络，以求用更为公平的方式分配价值（原材料、能源、知识和收入等）。

重新分配收入——也重新分配财富

20世纪后半叶，国家层面的再分配政策分为3大类：累进所得税和转移支付；最低工资等劳动力市场保护；健康、教育和社会住房等公共服务的提供。从20世纪80年代开始，新自由主义剧本的作者们在每一类政策上都开了倒车。高收入税是否会阻碍高薪人士多工作，高福利金会不会让低收入者彻底放弃工作，相关辩论越发激烈，不断升温。按照新自由主义的脚本，最低工资和工会非但未能保护最贫困的工人，反而成为他们就业的障碍。国家提供优质教育、普及医疗保健和可负担住房方面的作用，被描绘成越来越庞大、鼓励依赖的公共支出。

由于国际公众对不平等差距拉大的愤慨，21世纪初，人们再次呼吁进行更优质的再分配。在高收入国家，不少主流经济学家主张提高边际所得税率，同时增加利息、租金和股息税。世界各地的社会活动家向企业和政府施加压力，要求支付基本生活工资，例如，亚洲基本工资联盟（Asia Wage Floor Alliance）要求全亚洲制衣工人都获得生活工资。为遏制高管的天价高薪，确保企业利润更公平地在劳动力中分配，另一些人要求各公司的最高工资至多为最低收入者工资的20倍到50倍。一些国家的政府现在提供有保障的工作机会。例如，印度的全国性计划承诺每年为全体有需要的乡村家庭提供100天最低工资就业。一些国家的公民（澳大利亚、美国、南非，甚至斯洛文尼亚）正发起运动，要求政府无条件地向全国支付基本收入，以求确保所有人，不管有没有工作，都获得足够的收入满足生活必需。

对得益于此的人来说，这种再分配政策有可能改变生活。但它们专注于重新分配收入，而非创造收入的财富，恐怕仍然未能触及经济不平等的根源。历史学家兼经济学家加·阿尔皮罗维茨（Gar Alperovitz）呼吁对财富的所有权加以民主化，从根源上解决不平等，因为“政治经济制度主要是由拥有和控制财产的方式界定的”。因此，除了对收入进行再分配，经济学家的焦点也转向了对财富来源进行再分配。如果这听起来完全不可行，完全像是在做愚蠢的白日梦，请继续往下读。21 世纪，分配设计出现了一轮前所未有的机遇，可改变财富所有权的动态。我们将从谁控制土地、金钱的创造、企业、技术和知识这五个方面来逐一对机会展开探讨。

其中有些机会取决于国家主导的改革，因此，必须要视为长期变革过程的一部分。但关键的地方是，另一些机会则可以由基层运动发起，自下而上地演化，所以现在就可以开始。没错，许多变革已经上路了。通过改变财富的基本动态，这些创新正帮忙将今天的分裂经济变成分配经济，并在此过程中减少贫困和不平等。

谁拥有土地

第二次世界大战后日、韩等国的经验表明，重新分配土地所有权，在历史上一贯是减少国家不平等现象最直接的方式之一。对于生计和文化依赖土地的人而言，保证土地权利至关重要。有了地权，农民就能够拿到贷款，提高农作物产量，为家庭和社区创造可靠的未来。对农村女性来说尤其如此：倘若拥有稳固的土地继承权，她们的收入所得，几乎比那些没有土地保障的女性多 4 倍。2010 年，在西孟加拉邦的桑迪纳加村，靠着地权组织兰迪萨（Landesa）和政府所设计的低成本土地购买方案，36 户无地家庭结成了土地所有者社群。苏基特拉·戴伊（Suchitra Dey）和她的丈夫、9 岁的女儿就在其中。“人们曾叫我们无根之人，”她说，“但现在，我们拥有了自己的土地，我们感到很自豪。”在他们的微型地块（大致相当于一座网球场的面积）上，他们修了一座房子，种起了蔬菜。卖出吃不完的蔬菜，让全家人的收入增加了一倍，也让苏基特拉为女儿的教育存够了钱。很明显，这是过上更好生活的开端。

麻烦在于，随着人口和经济的增长，土地价格上涨，但可供给的土地并未增加，因此，土地短缺为持有土地的人带来了更高的地租。在19世纪的美国，马克·吐温就看到了这种趋势。“买地吧，”他打趣地说，“它们造不出来。”他同时代的亨利·乔治（Henry George）在19世纪70年代周游美国，亲眼看见了这种设定所固有的不公平，并深感困扰。但他并没有鼓励同胞购买土地，而是呼吁国家征税。基于什么理由征税呢？因为土地的大部分价值，并不来自土地上产出的东西，而是来自大自然的馈赠（如地表下藏着的水或矿物），或是周边环境共同创造的价值：附近的公路和铁路；繁荣的经济，友好的社区；良好的当地学校和医院。这显然解释了房地产经纪人永恒的口头禅：什么决定房价？位置，位置，位置。

1914年，乔治的一位支持者费伊·刘易斯（Fay Lewis）决定用今天所称的“政治表演艺术”来表达这一观点。他在家乡伊利诺伊州罗克福德的一条街上买了一块空地，将它弃置，还竖起巨大的公告牌来解释原因。他甚至把它变成了一张明信片，以求广泛地传播该信息。

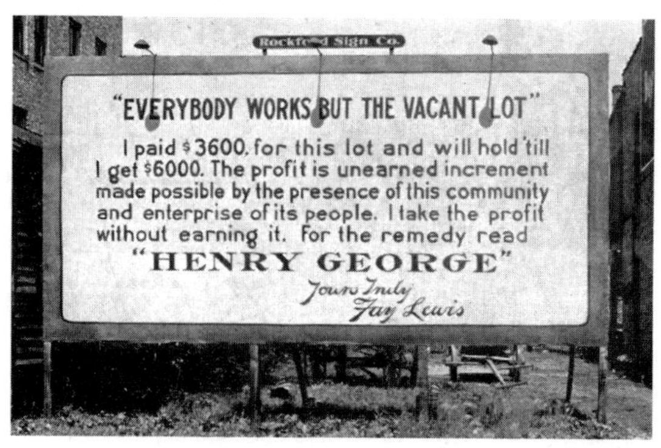

1914年，费伊·刘易斯在伊利诺伊州罗克福德进行的政治表演艺术。

公告牌上的文字内容：

"人人都工作，但空置的土地却不劳动"

我花了3600美元买下这块地，并决心等到地价涨至6000美元再出手。这笔不劳而获的盈余之所以出现，有赖于周边社区和企业。我得手了利润，却并未出力。纠正方法请参考"亨利·乔治"。

费伊·刘易斯

敬上

乔治的地价税主张（每年对潜在的土地价值收税，作为产生公共收入的一种公平方式），与早些时候约翰·斯图亚特·穆勒对"收租地主"课税的主张相呼应，这些地主"睡着觉就越来越富，无须工作，不担风险，不事节俭"。受此种论证启发，如今，从丹麦、肯尼亚，到美国、中国香港、澳大利亚，都采用了稀释形式的低价税。但在乔治看来，从本质上说，收税只是暂时替代了更系统的解决办法：他认为，土地应该由社区共同所有，而不是由地主持有。他写道："所有人平等享有使用土地的权利，就像他们平等地呼吸空气一样清楚明白。"这种观点反对历史悠久的圈占土地的做法。这种做法可追溯到16世纪亨利八世的策略，他解散英格兰的修道院，卖掉其土地。在此后的两个世纪中，新拥有土地的贵族政府将集体放牧的乡村公地集中起来，建立了大量私人庄园，同时创造出大量的无地工人，后者只能在地主的田地上劳作，要么就得去新兴工业中心寻找受薪工作。20世纪60年代，历史学家E.P.汤普森（E. P. Thompson）坦言道："不管怎么诡辩，圈地运动也是足够明显的阶级掠夺的例子。"

英格兰农村的土地掠夺，象征着数百年来国家和市场侵蚀共同土地（先是通过殖民化，后又通过企业扩张）的全球趋势。随着2007—2008年全球食品价格危机引发国际投资者兴趣重燃，这股趋势如今再次高涨。自2000年以来，海外投资者在中低收入国家进行了1200多次大规模土地交易，获得了超过4300万公顷的土地——这一面积比日本还要大。大多数情况下，这些交易是土地掠夺：未经世代居住并集体管理该土地的土著和当地社群事先知情同意，就擅自签了字。投资者承诺创造新的就业岗位，丰富社区基础设施，提升当地农民的技能，但这些承诺一次次地落空。与之相反，很多社区发现，自己失去了产业，流离失所，越发贫困。

亚当·斯密赞美说，自我组织的市场承托着将土地变为私有财产的理由，而这一理由，日后又得到了加勒特·哈丁的强化：他说公地生来就具有悲剧性。但一如我们在第二章中所见，当埃莉诺·奥斯特罗姆开始关注公共品同样强大的自我组织，便对这一观念提出了挑战，还证明哈丁是错误的。她和同事们从南印度到南加州收集了大量关于“共同资源池”用户的案例研究，分析了不同的社群（有时甚至在长达数代人的时间里）是怎样成功地合作收获、照管、维护森林、渔场和水路的。

实际上，不少此类社区中比市场，也比国家发起的类似计划更好地管理着土地及其共同资源池。在尼泊尔，稻农们面临要确保每个农民都有足够灌溉用水的挑战，奥斯特罗姆和同事们比较了国家构建运营的灌溉计划，与农民们自己建造并运营的灌溉计划。他们发现，虽说农民们自己运营的灌溉计划修建得更简陋，但它们获得了更好的修缮，生产出更多的稻米，还在所有成员里更为公平地分配了可用水。这种自组织系统能发挥作用，是因为农民们自己制定了用水规则，在会议和田间经常碰头，设立了监控系统，还惩罚那些违反规定的人。

显然，有很多方法可以更公平地分享我们脚下的财富。然而，奥斯特罗姆很快指出，管理土地及其资源没有灵丹妙药：不管是市场、公地，还是国家，都不可能单独给出万试万灵的蓝图。土地分配设计方法，必须满足地利与人和，如果能将这三种方法全都结合起来，效果很可能是最好的。

谁为你造货币

我们生活在单一的货币文化里，这种文化太熟悉、太牢靠了，我们几乎意识不到它（就像鱼儿永远注意不到水）。我们所知的货币，无论是美元、欧元、卢比还是日元，都是以诸多可能的货币设计里挑出来的一种为基础。这很重要，因为货币不仅仅是一块金属片、一张纸，或是一个电子数字。从本质上说，它是一种社会关系：一种以信任为基础的偿还承诺。货币的设计（它是怎样创造出来的，它被赋予了什么特点，它该怎样使用），都在分配上产生着广泛的后果。那么，我们这些鱼儿，是在什么样的“水”里游动的呢？

在大多数国家，创造货币的特权已交给商业银行，后者每次提供贷款或信贷时都会创造金钱。因此，只有发行更多的计息债务，且债务越来越多地用于购买房屋、土地、股票和股份等活动，才能制造出更多的货币。这类的投资并不创造可产生额外收入以支付利息的新财富，而是抬高现有资产的价格来赚取回报。例如，在英国，97%的资金是由商业银行以发放债务型计息贷款的形式来创造的。它们的预期用途是什么呢？2008年金融危机发生前的10年里，这些贷款中有超过75%用来购买股票或房屋（从而助长了房价泡沫），仅有13%的贷款用于生产型小企业。如果此类债务增加，国家收入中就有越来越大的份额变成了生息投资的回报和银行部门的利润，这样，用于生产型经济中工人劳动生产的产品和服务的收入则相应减少。经济学家迈克尔·哈德逊（Michael Hudson）写道：“一如地主是农业社会里典型的食利者，投资者、金融家和银行家，也是当今金融化经济里最大的食利群体。”

一旦用这种方式来阐释现行货币设计（它的创造、它的特征和使用），就能清楚地看到，对它进行重新设计（涉及国家、公共品和市场）有多种选择。更重要的是，许多不同种类的资金可以共存，并有望将单一的货币文化变成金融生态系统。

首先，想象一下，如果央行收回创造货币的权力，把它下放给商业银行，同时要求商业银行对贷款保留100%的准备金（也就是说，每一笔贷款都将得到其他人储蓄或银行本身资本的支撑）。这必然能将提供货币与提供信贷的角色分开，从而有助于预防信贷泡沫的形成，信贷泡沫助长债务，一旦破裂，将带来巨大的社会成本。这个想法听起来可能有些奇异，但它既不是新生事物，也不是边缘建议。20世纪30年代大萧条时期，欧文·费雪（Irving Fisher）和米尔顿·弗里德曼（Milton Friedman）等当时最有影响力的经济学家率先提出了此建议，2008年金融崩盘后，又得到了国际货币基金组织主流金融专家和英国《金融时报》马丁·沃尔夫（Martin Wolf）的重新支持。

此外，国有银行可以利用中央银行的资金，将大量低利率或零利率贷款转化为投资，着眼于长期转型，如可负担、碳中和的住房和公共交通。这将对所有经济体急需累积的变革性资产起到关键的推动作用，剥夺凯恩斯所说的“食利者……无功能投资者”手里的权力。事实上，他认为，如果国家有意将利率维持在非常低的水平：

> 这将意味着对食利者处以安乐死，也由此令资本家利用资本稀缺价值累积的压迫力量进入安乐死。无须真正牺牲今天的利益，土地的租金亦然。资本所有者可以因为资本的稀缺获得利息，一

如土地所有者可以因为土地稀缺而获得租金。

各国还可以改变衰退期间所用货币政策举措带来的分配影响。在温和的经济衰退中，中央银行通常会通过降低利率的方法刺激商业银行贷款，从而加大货币创造量，提升货币供应。但在严重衰退期，一旦利率削减到极低的程度，央行会尝试从商业银行回购政府债券，也即所谓的“量化宽松”做法，希望后者将额外的钱投资到生产性业务的扩张上，进一步提升货币供应。但 2008 年金融危机后的经验表明，商业银行会利用这些额外的资金购买商品和股票等投机性金融资产，重建自己的资产负债表。结果，粮食和金属等商品，以及土地及住房等固定资产的价格上涨，生产性企业却并未获得更多新投资。

那么，如果中央银行直接向每户家庭发放新资金（作为专门用于偿还债务的“意外之财”，这个概念现在叫作“人民的量化宽松”）来应对此类严重衰退，那会怎么样呢？这种方法不会抬高债券价格（从而令富有的资产所有者受益），更类似针对所有人的一次性退税，有利于持有债务的家庭。此外，税务专家理查德·墨菲（Richard Murphy）认为，中央银行可以将新资金引导到国家投资银行，支持“绿色”和社区基础设施项目（如社区可再生能源系统等），作为迫切需要的长期基础设施转型的一部分（这一设想，如今也叫作“绿色量化宽松”）。

上述由国家主导重新设计货币的构想，乍看起来似乎很激进，但可行性却越来越大。它不光带来了更强的经济稳定性，还将促进平等，有利于低收入和负债的民众，而非银行与资产所有者。

公共品领域也在对货币进行重新设计，不同的社区创建出各自的补充性货币，可与国家的法定货币搭配使用。金融经济学家托尼·格里纳姆（Tony Greenham）解释说：“只要存在未能满足的需求和空闲的资源，我们就能找到创造货币的新方法。”在用户社区内发行的货币有时采用纸质形式，有时采用电子形式，大多是免息的。不管它们的用途是为了促进地方经济，赋予边缘化社区权力，还是奖励传统中的无偿工作，这类货币方案都在蓬勃发展，创造出更有弹性、更公平的地方货币生态系统。

以肯尼亚蒙巴萨郊区广阔的“孟加拉”贫民窟为例。这里资金紧张，商业活动波动性极强，许多家庭经常没有现金购买生活必需品。2013 年当地推出了“孟加币”（Bangla Pesa），供社区内的小企业使用。政府的第一反应是什么？因为担心纸币券颠覆法定货币肯尼亚先令，政府打算逮捕这一方案的发起人，美国社区发展工作人员威尔·鲁迪克（Will Ruddick），还有这种货币最初的 5 名使用者。但等政府官员了解到，“孟加币”是想充当肯尼亚先令的补充品而非与之竞争，便释放了上述人等，并着手支持推广这一计划。

如今，参与这一网络的有超过两百名商人，其中大部分是女性，包括面包师、水果贩子、木匠和裁缝。每名新会员在领取孟加币之前必须找到其他 4 名会员作保，答应以自己的商品和服务为支撑，从而确保整套方案得到全体会员的担保。在方案启动的两年内，主要得益于它带来的经济稳定性和流动性，商户的总收入大幅增加。使用孟加代金券可在网络内进行买卖，这样一来，会员们就可以省下肯尼亚先令支付电力等非得靠硬通货购买的必需品。而且，补充性货币还可缓解社群里现金支出的频繁下滑。2014 年，当地出现了持续三天的停电事故，约翰·瓦查利亚（John Wacharia）的理发店等小生意失去了客户和现金收入。但作为孟加币的会员，他拥有替代交换手段。“在我没法工作的时候，孟加币使我养家糊口，有东西可吃。”他说。

补充性货币不仅适合短缺现金的人。以瑞士的富裕小城圣加仑为例。2012 年，该市推出了时间银行业务，以便为老年人提供更多照料。相关方案叫作“时间供应”（Zeitvorsoge），要求每一位60岁以上的市民帮助当地老年居民解决购物、烹饪等日常事务，同时为之提供陪伴，换取照料时间信用。这对老年人来说是一种理想的“时间养老金”累积方式，日后可用于满足自己的护理和陪伴需求。“时间供应”把初始照料时间信用库存（在本质上就是这一项目的货币）分配给城里最需要的老人，因此，这一方案一开始就具备了社会再分配的性质。每位护理人员可以获得长达750小时的时间信用，由市议会做担保，承诺要是方案失败可将这些信用点数兑换为现金。

到目前为止，这一方案越发受到欢迎。73岁的埃尔斯佩·梅瑟里（Elspeth Messerli）每星期会用一天时间来帮助70岁的雅各布·布拉斯伯格（Jacob Brasselberg），后者因患有多发性硬化症，只能坐在轮椅里。埃尔斯佩为什么要这么做呢？“退休之后的头两年，我享受生活。可没过多久，我又需要新的目标了，”她解释说，“所以，我今天给出去（时间），明天要是有需要，我也会收回来。”当然，像这样的方案（通过提供照料来挣得“照料金”），也会引起人的担心：这是不是在拿金钱（虽然是一种不一样的金钱）换道德——就像花钱要孩子读书一样。随着这类方案的推广，需要对它们的社会影响展开全面的研究，探索怎样设计方案，巩固人照料他人的天性，而不是取而代之。

补充性货币明显可为社区赋予权力，为之带来丰富性，而随着区块链技术的发明，改变游戏规则的补充性货币也逐渐涌现。区块链结合数据库和网络技术，是一种数字点对点去中心平台，可跟踪人与人之间交换的各种价值。它的名字来源于数据块——每一个数据块都是网络中刚完成的所有交易的快照，它们链接在一起，创建成了数据块链条，可逐分钟地记录网络里的数据活动。由于这一记录存储在网络中的每台计算机里，可以充当公共账本，不会遭到更改、损坏或删除，这也就是说，它有望成为将来电子商务和透明治理的可靠数字骨干。

以太坊是一种应用区块链技术快速崛起的数字货币，它的应用前景多种多样，其中之一是促成微型电网的建立，进行点对点的可再生能源交易。这种微型电网能让附近每一户安装了智能电表、自带互联网接入、屋顶装有太阳能电池板的家庭、办公室或机构买卖多余的自发电力，并全部以数字货币的单位自动记录在案。这种分散式网络（可以是邻里街区，也可以是整座城市）能提高社区应对断电的能力，同时减少远程能源传输的损耗。更重要的是，每一笔以太坊交易中嵌入的信息，使网络成员可在微型电网市场里将个人价值观付诸行动，比如选择从最近或最环保的供应商处购买电力，或仅从社区所有、非营利性质的供应商处购买电力。这只是以太坊应用潜力的例子之一。加密货币专家大卫·希曼（David Seaman）说："以太坊是现代的货币。在我们如今无法预料的未来之路上，它将是对社会真正具有重要意义的平台。"

这些迥然不同的例子描绘了重新设计货币的几种可能性，涉及市场，国家和公共品。但每一个例子都清楚地表明，金钱的设计方式（它的创造、特点和预期用途）有着深远的分配影响。认识到这一点，能让我们跳出单一的金钱文化，把分配设计这一潜在可能性，放到全新金融生态系统的核心位置。

谁拥有你的劳动

工资停滞不前，早已是众所周知的故事。过去 30 年，高收入国家大多数工人的工资几乎没有增加，甚至略有下降，与此同时，高管的薪酬却极大膨胀。在英国，自 1980 年以来，国内生产总值的增长速度远远快于一般工人的工资增长，工资差距亦随之扩大，截至 2010 年，一般工人的收入缩水 25%。在美国，2002 年到 2012 年被称为“工资失去的 10 年”：此间经济生产率增长 30%，70% 收入垫底的工人，薪资却保持停滞或有所下降。就连在工会影响远大于产业政策的德国，工资在国家产出中所占的比例，也从 2001 年占国内生产总值的 61%，降到了 2007 年的 55%，达到了 50 年来的最低水平。事实上，放眼各个高收入国家，2009 年到 2013 年工人生产率增长超过 5%，工资却仅上涨 0.4%。

这种不公平的核心，来自一个简单的设计问题：谁拥有企业，并进而获取工人创造的价值？关于收入应该怎样在劳动者、地主和资本家之间分配，经济学的创始之父们未能达成一致意见，但有一件事，他们均表示认同：这是三个截然不同的群体。在工业革命期间（工业家向富有的投资人发行股票，又在工厂门口雇用身无分文的工人），这样的假设是合理的。但什么决定了每一群人各自的收入份额呢？经济理论认为决定因素是三群人的相对生产力，但在实践中，则基本上变成了三者相对权力的较量。股东资本主义的兴起，确立了股东至上的文化，以及如下信念：公司的主要义务是为拥有股份的人带去最大的回报。

这一模式蕴含着深刻的讽刺意味。早出晚归、每天来上班的员工，基本上被描绘成了“局外人”：是需要控制在最低限度的生产成本，是可以随着盈利需求“招之即来，挥之即去”的生产资料。反过来说，股东兴许从未涉足公司的经营场所，却被当成是至高无上的“局内人”：他们狭隘的利益诉求（追求利润最大化）排在最靠前的位置。这不足为奇，在这样的设定下，普通工人一直在亏空，尤其是自 20 世纪 80 年代以来，在许多国家，工会的议价权力又遭到剥夺。

但这种设定，自然只是诸多可能企业设计中的一种。它恰好在 19 世纪和 20 世纪占主导地位，而这并不意味着它必定还将在 21 世纪占主导地位。分析师玛乔丽·凯利（Marjorie Kelly）以理解不同企业设计（从财富500强企业到地方非营利机构）的影响为事业着眼点。她认为，要让企业自然地分配创造出来的价值，有两条设计原则尤为关键：**牢固的成员资格和利益相关人群融资**，两者结合到一起，从正面颠覆主流所有权模式。想想看，如果企业由员工所有，劳动力不再是可消耗的局外人，而变成至高无上的局内人，那会是什么样呢？再想想看，如果这类企业不靠向外部投资者发行股票来筹集资金，而是靠向内部的利益相关者兼投资者发行债券，承诺给予其公平的固定回报（而非企业所有权的一部分），那会是什么样子呢？事实上，你甚至无须想象：这样的企业正在飞速发展。

长久以来，员工持有的公司和会员持有的合作社，一直是分配式企业设计的基石，它诞生于19世纪中叶英格兰开展的合作运动。这场运动向成员提供更优厚的薪酬、更可靠的工作保障，以及企业管理发言权。这种模式在今天蓬勃发展，比如俄亥俄州克利夫兰运营温室、洗衣店和太阳能安装服务的常绿合作社（Evergreen Cooperatives），还有坦桑尼亚朗博（Rombo）的玛姆瑟拉农村合作社，社员们种植高品质咖啡、管理苗圃。它们属于一股不断壮大的势力：2012年，全球300家规模最大的合作社（涉及农业、零售、保险和医疗保健等行业）创造了2.2万亿美元的收入——相当于全球第七大经济体。英国的约翰路易斯合伙公司是一家有着近百年历史的顶尖零售商，拥有9万名永久员工，名为业务“合伙人”。2011年，公司要求员工和客户购买5年期债券，换取每年4.5%的股息外加2%的店铺优惠券，筹集了5000万美元的资金。

如今，其他全新企业设计也正纷纷加入这一悠久历史的模式，以创建出名副其实的企业生态系统。在很大程度上，这一切的发生，得益于创新企业家和律师联手拟定新型企业及公司章程，实际上，这些章程就是公司的用户手册，规定了它们的目标、结构以及员工或成员的权利及义务。对章程的重新设计，就是在重新设计企业的DNA。从非营利组织到社区利益公司，自下而上的企业重新设计实验带来了另类企业网络的兴起，这些另类的企业，与老式的主流企业并行运作。“一场所有权革命已经在路上了，”发起重新撰写公司章程运动的美国创新律师托德·约翰逊（Todd Johnson）说，“它希望把经济权力从少数人扩大到更多的人手里，把人们的心态从社会冷漠转变到社会利益。”一场活力十足、鼓舞人心的运动正以此为基础，但也有批评人士指出，在股东至上思潮的推动下，主流的企业实践仍然占据主导地位。“归根结底，我们需要改变大公司的核心操作系统，”凯利承认，“但如果从那里着手，我们会失败。要从可行的、具有启发意义的地方着手——立意高远的东西，才能赢得未来。”

谁将拥有机器人

美国知名人机交互创新家道格拉斯·恩格尔巴特（Douglas Engelbart）说过：“数字革命比写作甚至印刷的发明还重要得多。”他很可能是对的。但这场革命对工作、薪资和财富的重要意义，取决于数字技术的拥有和使用方式。到目前为止，它们已产生了两种背道而驰的趋势，其影响也才刚刚浮出水面。

首先，一如我们在第二章中协作公共品的蓬勃发展所见，数字革命带来了协作边际成本几近为零的网络时代。在本质上，这就引发了一场分配资本所有权的革命。凡是可以接入互联网的人，可以在世界各地获得娱乐、信息，进行学习或是传道解惑。每户家庭、每所学校、每一家企业的屋顶都可以生成可再生能源，若经区块链货币的支持，还可将剩余电量在微型电网里出售。使用3D打印机，任何人都可以下载或自创设计方案，按订单打印自己需要的工具或小玩意儿。这种横向技术是分配设计的精髓，它们模糊了生产者和消费者之间的分野，让每个人都成为产消合一者（prosumer），也就是说，在点对点经济中，每个人既是制造者，也是用户。

以上是赋予权力的趋势。但另一个并行的过程是，“赢家通吃”的势态也在发展。互联网强大的网络效应（所有人都希望加入其他人参加的网络）非但未能带来网络企业和信息供应商的多样化，反而把少数供应商（如谷歌、YouTube、苹果、Facebook、eBay、贝宝和亚马逊）变成了数字垄断巨头，成了网络社会的核心。如此一来，这些企业为了自己的商业活动有效地运行着全球的社会公共品，同时积极地用专利来武装自己，捍卫这一特权。全球如今还没有可监管上述发展趋势的治理方法，但很明显，为了逆转21世纪最具创造力的公共品迅速走向封闭的局面，这显然至关重要。

除此之外，数字革命还带来了第二股集中趋势。一如它以几近零边际成本的生产力赋予人们力量，它也正在以近乎对人类零需求的生产力取代人。随着人工智能（可以模仿人且超过人的机器）的兴起，数以百万计的工作岗位危在旦夕。具体而言，是哪些工作岗位呢？任何包含了程序员可编写软件来执行其任务（无论这些任务对技能有多高的要求）的工作岗位，不管是仓库堆垛机、汽车焊接工，还是旅游中介、出租车司机，甚至律师助理文员和心脏外科医生。虽然数字自动化这一浪潮仍处于起步阶段，但它显然已经导致了数字经济专家埃里克·布林约尔松（Erik Brynjolfsson）所称的生产与就业“大脱钩”，美国在这方面表现得最为明显。从第二次世界大战结束到2000年，美国的生产和就业密切相关，但千禧年之后，两者开始各走各路：虽然生产率一直在上升，但就业水平却下降了。

诚然，技术从前就在取代工人，如果它能把人们释放出来，使人们参与其他生产性活动，可能会给社会带来更宽泛的好处。1900年，在超过2000万头马匹的协助下，美国一半的劳动力从事农业工作。一个多世纪后，由于机械化的发展，只有2%的美国工人从事农业劳动，马匹几近消失。但是经济分析师担心，今天的人工智能正迅速取代极广泛产业和服务领域的就业岗位，其他领域创造出来的岗位根本跟不上它的步伐。数百万在2007年到2009年经济衰退中丧失的中等技能工作岗位并未回来，因为它们已被软件取代了。与此同时，经济衰退后恢复的就业机会多为低端岗位，使整个经济呈沙漏形状，少量高技能岗位加大量低技能岗位，介于两者之间的岗位几乎没有。分析家预测，到2020年，全球15个主要经济体的500万个就业机会很可能会遭到人工智能的淘汰。这是一股全球趋势，机器人市场发展最快的地方是中国。拥有大约100万员工的电子制造巨头富士康正打算创建一支“百万机器人大军”，光是在一家工厂，它就已经用机器人代替了6万名工人。

那么，分配设计如何帮助预防技术正在推动的经济隔离呢？把对劳动课税转为对不可再生资源的使用课税，是显而易见的出发点：它将有助于削弱企业投资机器（可抵税费用）而非聘用工人（不可抵扣的工资税）获得的不公平税收优势。与此同时，要对能正面抗击人工智能的技术人员做更大的投资：投资他们的创造力、同理心、洞察力和人际接触能力——这些是多类工作必不可少的技能，包括小学教师、艺术总监、心理治疗师、社会工作者和政治评论员。一如埃里克·布林约尔松和合著者安德鲁·迈克菲（Andrew McAfee）所言：“人类有一些只能靠其他人类来满足的经济需求，这让我们不大可能走上马匹被淘汰的老路。”

为一部分人提供人类专属的工作，为所有人提供收入保障，是应对人工智能兴起的明智起点，但它也会令低薪工人和没有工作的人年复一年地进行游说，要求维持这种高水平的再分配。更可靠的做法是，让每一个人都可分享到人工智能技术带来的收益。那会是什么样的情形呢？受阿拉斯基永久基金（该基金通过该州宪法修正案，授予每一位阿拉斯加公民按年分得该州从石油、天然气行业中所获收入的一部分，2015 年，每一居民的红利超过 2000 美元）的启发，有人提出了“机器人红利”设想。

这种模式应该也适合机器人，但考虑到现行的税收漏洞和回报私有文化，许多国家（包括美国）尽管对数字经济赖以为基础的研究、开发和底层设施投入了可观的公共资金，但从这一价值数十亿美元的经济中所赚到的直接收入却少得吓人。经济学家玛利亚娜·马祖卡托（Mariana Mazzucato）认为，这种状况需要改变：如果国家承担风险，就理应获得回报，并可以通过公私共有专利带来的版税或国有银行持有使用机器人技术（这些技术以公共资助的研究为基础）企业的重要股权等形式收取。考虑到机器人崛起有可能会对人们的工作和收入造成极大破坏，为确保机器人生产力创造的财富得到更广泛的分配，必须提出更多此类创新主张。也就是说，就技术控制而言，现在是跳出传统市场与国家二元选择视角的时候了。协作公共品有潜力改变对知识的控制，因此应当把着眼点放在这一领域的创新上。

谁拥有点子

几百年来，国际知识产权制度极大地塑造了知识的控制和分配。故事的开始很清白：15 世纪，威尼斯开始奖励该国著名的玻璃吹制工 10 年专利，保护他们的新作品不被后来者效法。法律承诺，告诉我们你是怎么做的，那么，10 年里将不会有人获允复制你。这是威尼斯这个城市国家奖励独创性的一种聪明法子，但随着该国工匠移民欧洲各国，也把对专利的需求推广到了整个欧洲和不同的行业里。

专利，以及其后版权和商标的崛起，创造了知识产权制度，它最初激发了工业革命，但随后，传统知识公共品开始扩张，越来越多的专利试图垄断集体开发出来的专有技术。具有极大讽刺意味的是，业界普遍承认，知识产权法的大范围过度使用和滥用，正在扼杀最初创建这一制度时有意呵护的创新。如今，专利已延续20年，并颁发给了各种各样“寄生”的发明，比如亚马逊的“一键式”采购美国专利，医学公司“巨数遗传”（Myriad Genetics）的癌症相关基因专利。在许多高科技行业，获取专利常常是出于阻止或起诉竞争对手的战术目的。经济学家约瑟夫·斯蒂格利茨（Joseph Stiglitz）写道：“我们设计了一套昂贵且不公平的知识产权制度，它的运作更有利于专利律师和大公司，而非促进科学和小型创新人士的进步发展。”

主流经济理论认为，没有知识产权的保护，创新者就没有将新产品推向市场的动力，因为他们无法收回成本。但在协作公共品领域，数百万的创新者违背了这一既定认识，共同创造和使用免费开源软件和硬件。物理学家、密苏里州农民马尔钦·雅库博夫斯基（Marcin Jakubowski）便体现了上述精神：他因为成本极高的农业机械反复出故障而倍感沮丧，于是决定自己设计机械，并把他不断改进的设计方案在线免费分享。他的设想很快发展成了“全球农村建设项目集合”（Global Village Construction Set），旨在一步步地演示怎样从无到有地制造出50种通用性极强的机器，包括拖拉机、制砖机、3D打印机、锯木机、面包炉和风力涡轮机。迄今为止，这些设计方案已经由印度、中国、美国、加拿大、危地马拉、尼加拉瓜、意大利和法国的创新者做了二次改进。基于这些成功，雅库博夫斯基与协作者们创办了“开放建筑研究所”（Open Building Institute），向所有人提供无须接入大型电网、符合生态要求的经济适用住房开源设计。“我们的目标是对生产去中心化，”他解释说，“我说的是高效企业的商业案例，它淘汰了传统的规模概念。我们的新规模概念是要广泛分配经济权力。”

免费开源硬件领域的顶尖学者兼工程师约书亚·皮尔斯（Joshua Pearce）说，开源设计还有望为各国的政府资助机构带来巨大的社会效益，极大地节约成本。他对开源硬件制造经济学的研究发现，使用开源 3D 打印机和设计方案来生产重要的科学设备（如实验室和医院里广泛使用的精密注射器）可大幅降低成本，让此类设备在全球范围内变得更廉价、更易于找到。皮尔斯说，“由此带来的必然结论是，免费开源硬件的开发，由有意最大化公共投资回报的组织来提供资金，尤其是与科学、医学和教育相关的技术。”

很明显，数字革命已经启动了一个协作式知识创造时代，它有可能从根本上分散财富的所有权。但公共品理论家米切·鲍文斯（Michel Bauwen）认为，没有国家的支持，它很难发挥这一潜力。长久以来，公司资本主义（corporate capitalism）都依赖政府政策、公共资金和商业立法的支持，同样的道理，公共品也需要“合伙国度”（Partner State）的支持，以促成公共价值创造为目标。国家怎样着手帮助知识公共品发挥潜力呢？有以下五个关键方面。

第一，在世界各地的学校和大学里传授社会企业家精神、解决问题和协作，对人的独创性进行投资：这些技能可以让下一代在开源网络里创新，超越历代前辈。第二，通过合约授权准许所有公共资助的研究可用于知识公共品，使之成为公共知识，不让专利和版权把它禁锢在私人商业利益之下。第三，减少企业知识产权索赔造成的过度影响，以防止虚假专利和版权申请侵犯知识公共品。第四，公共资助建立社区制造空间——也就是说，创新者可以在这些地方碰头，用共享 3D 打印机和制造硬件不可缺少的工具进行实验。第五，鼓励民间组织（合作社、学生团体、创新俱乐部或邻里协会）的传播，因为它们的互通有无，可转换成节点，让此类点对点的网络活跃发展。

走向全球

尽管解决国家内部不平等现象十分重要，但全球收入不平等也引发了极大担忧。自2000年以来，全球收入不平等略有缩小（这主要得益于中国贫困状况的缓解），但整个世界比任何一个国家内部都更加不平等。全球收入的极度扭曲，会把人类推出“甜甜圈”的上下边界。几百年以来，社会氛围都鼓励我们首先把自己定位成单个的国家，每个国家有各自的经济，把边界以外的地方看成是“他国”。如果我们要迈出21世纪不可避免的那一步，把自己视为全球社区的一部分，在相互依存的多层次经济中互通互联，那么，有可能出现什么样的全球再分配设计呢？

国际再分配的传统工具是海外发展援助（也叫政府开发援助，ODA），但全球从富国到穷国的转移行动，历来不乏短视的失败案例。在1970年的一项联合国决议中，高收入国家承诺将其年收入的0.7%用于政府发展援助，最迟将于1980年履约。但到2013年（超过截止日期已经30年），援助比例仅达0.3%，不到每年承诺的一半。如果使用得当的话，这些未能到位的资金本可以让全球最贫困的社区在孕产妇健康、儿童营养和女童教育方面实现数十年的进步：它将赋予妇女权力，改变生活状况，促进国家繁荣，同时还有助于稳定全球人口。

既然高收入国家违背经济再分配的承诺，全球范围内出现了移民潮。这些移民把收入寄回家乡，相应的汇款如今成了许多低收入国家最大的外部财政来源，超过了政府发展援助和国外的直接投资。在尼泊尔、莱索托和摩尔多瓦等国家，海外劳工的汇款约占国内生产总值的25%，是其国内经济和人道主义危机期间抵御能力的重要源头。这就让移民成为减少全球收入不平等的一种最有效途径。但它的长期成功，有赖于东道国防止内部出现大范围的收入不平等，以及社区联系和社会资本的建立。如果没有这些条件，经济上落后的当地社区非但不会欢迎移民带来的多样性和活力，反而常常对移民横加指责。

高收入国家大多为自己对政府发展援助的微薄贡献找借口，认为大量的援助非但没能用对地方，反而遭到腐败的领导人侵吞，或者浪费在了设计不佳的项目上。严格的评估表明，海外援助实际上在解决贫困问题上非常有效，但不可否认，滥用的情况确实存在。那么，如果把政府承诺的发展援助直接分配一部分给贫困国家的贫困人口，会是什么样呢？它将成为基本收入，让每个人都能接触市场，把市场视为满足其需求的一种手段。更重要的是，由于手机在全球的迅速普及，以及移动银行业务的成功，这样的方案真的运转起来了。

自2007年推出M-PESA移动货币服务以来，肯尼亚一直是移动银行业务的开拓者。不到6年，肯尼亚所有成年人中有3/4使用了这项服务，其中70%来自农村地区，而且，肯尼亚的国内生产总值，有数量惊人的40%通过M-PESA传输。2018年，全球预计有55亿人使用手机，而手机银行就是手机提供的所有便利中的一部分。实际上，创建一份全球“最底层10亿人口”的电话簿，并向他们直接发送数字现金的做法，很快就将具备可行性。有人担心，保障基本收入会让人变懒，鲁莽无畏，但对现金转移方案的跨国研究却并未表现出这样的效应。与此相反，要是人们知道自己有了可靠的保障，往往会更努力地工作、抓住更多的机会。说到为世界最贫困人口提供基本收入，问题不再是“究竟要怎么做？”而成了“见鬼，为什么不这么做？”

美国慈善机构“GiveDirectly”正着手在肯尼亚对这类方案进行规模最大、运行时间最长的试点实验。在接下来的10年到15年，肯尼亚最贫穷的6000人将定期获得足够满足其家庭基本需求的保障性收入（通过电话发送而来）。通过运行这样一项大范围试点方案，慈善机构希望给予受助人足以改变其长期生活决策的保障，证明普遍基本收入的设想已经到了可实现的时代。要当心的只有一点：私人收入不能代替公共服务。解决不平等和贫困问题时，市场为国家、公共品做补充时，效果最好，但不能取而代之。搭配免费教育和初级保健服务，这一基本收入将直接投资于每一名妇女、男人和儿童的潜力，大幅推动所有人达到甜甜圈社会基础的前景。

本着全球再分配的精神，该怎样筹集更多的资金（在0.7%的政府发展援助之外）呢？首先，对最极端的个人财富进行全球征税。目前，超过2000名亿万富豪正生活在美国、中国、俄罗斯，乃至土耳其、泰国和印度尼西亚等20多个国家和地区。每年征收仅相当于个人净值的1.5%的财富税，就可筹集到740亿美元：这笔钱，足以填补资金缺口，让每个儿童都能上学，并在所有低收入国家提供基本卫生服务。如果再加上一套全球企业税制度，把跨国企业视为一个统一的公司，堵上税收漏洞和避税天堂，为全球的公共目的提升公共收入。其他的辅助措施还包括对破坏稳定的行业收税，如全球金融交易税以遏制投机交易，对石油、煤炭和天然气的生产征收全球碳税。没错，现在有些税收建议听上去不可行，从前也有过许多不可行的设想——比如争取女性投票权、结束种族隔离、保护同性恋权利——可是经事实证明，这些都是不可避免的大势所趋。在地球一家亲的21世纪，全球税收的概念也会有实现的一天。

如果普遍的市场进入、公共服务获取将成为21世纪的规范，那么，全球公共品获取（尤其是共享地球生命系统和全球知识公共品）也应达到同等地位。

考虑到我们现在对地球边界的认识，生命世界的完整性显然深刻地符合所有人的共同利益：清洁的空气和干净的水，稳定的气候和蓬勃发展的生物多样性，是全人类最重要的“共同资源库”。生态思想家彼得·巴恩斯（Peter Barnes）写道：“21 世纪的伟大任务是建立一个至关重要的全新公共品领域，它可以抵抗市场的封闭和外化，保护地球，更公平地分享我们共同继承品带来的果实。”他提出，实现这一目标的方法之一，是设立一系列公共品信托基金，每一笔基金信托都拥有产权，使之能够保护、代管特定领域的地球公共品——比如地方的分水岭，全球的大气，造福所有的地球公民和后代。为了在地方或地球的生态界限内持续使用这些公共品，每笔基金信托都将对总使用量设定上限，向用户收费（比如企业从含水层中获取水，将温室气体排放到天空），更广泛地分享收益。与之类似的国家信托基金已经存在，但考虑到贫富人口及国家之间巨大的不平等，设计全球规模的信托基金会是一项大挑战：哪些人需要付费，哪些人分享利益，怎样偿还历史生态债务？只要我们认识到地球生命系统是人类的共同遗产，那么，这些棘手的事务，就是我们要迎头解决的治理问题。

相比之下，创建全球知识公共品领域的实施可行性更强，很大程度上，这是因为它已经切实地上路了。但它的潜力几乎尚未打开。想象一下，一套全球化的免费开源设计网络，对从中获益最大的社区创新者可能意味着什么。2002 年，在旱灾肆虐的马拉维，由于父母无法继续支付学费，农民之子威廉·卡姆万巴（William Kamkwamba）被迫辍学。他去了当地的图书馆，读了一本能源教科书，不顾朋友和邻居的嘲笑，开始自己动手造风车。当地的废物回收站是他寻找材料的唯一指望，于是，他用一台老旧拖拉机风扇、PVC 管、一辆旧自行车架、废弃的瓶盖和一台发电机，组装出了约 5 米高的风车，连上了电线。风车真的转起来了，还产生了足以为家里 4 枚灯泡、两台收音机供电的电力。没过多久，门口挤了一大群想为手机充电的人，还有一连串报道他精彩发明的记者。过了整整 5 年，威廉受邀到坦桑尼亚的阿鲁沙参加 TED 演讲，第一次用上电脑。“我从来没有见过互联网，”他后来回忆说，“太神奇了……我搜索了风车，找到了太多太多的信息。”

卡姆万巴无疑有着非同寻常的聪明才干，但每个社区都已经有不少创新者和实验者，通过互联网、知识公共品和制造空间，复制、修改和发明技术，解决各自社区最迫切的需求，不管是收集雨水、被动式太阳能住房，还是农具、医疗设备以及风力涡轮机。但还是缺少一个专门的全球数字平台，让他们能跟世界各地的研究人员、学生、企业和非政府组织合作，开发免费的开源技术。

想象一下，要是这种点对点的平台基于所有构成高质量协作网络的特点构建起来：“资源配方”，罗列出复制每一项目所需的工具、材料和技能；用户对每一设计方案的打分和评价；跟踪这些设计怎样演进的照片和图表；类似社区的门户（如太阳能资源丰富的城市贫民窟、容易发生干旱的村庄），方便他们从彼此的失误和成功里学习。

威廉·卡姆万巴和他的风车。

约书亚·皮尔斯说，创建这样的平台将产生颠覆性，“它将成为自工业革命以来一直在文明中占主导地位的技术开发范式的真正对手”。但它需要启动资金，不管是来自基金会、政府、联合国，还是通过众包筹集。此外，它还需要新的开源许可形式，以确保旧有的知识产权主张（专利、版权和商标）不会侵占新生的知识公共品。

威廉拿到了奖学金，到美国一所大学学习，现在，他 28 岁，已经毕业，计划在马拉维成立一所针对学校和大学生的制造空间和创新中心。他解释说：“许多年轻人聪颖有才干，思路独特，但因为找不到能培养他们的机构，无法把自己设想的潜力完全发挥出来。”我问他，这种知识公共品数字平台能为他家乡未来的创新者做些什么，他有些什么看法。他立刻做了回答。“这会让他们在解决非洲各地的问题时获得更多创意，”他告诉我，“因为他们可以互相学习，不断改进自己的设计。”提高全球知识公共品的接触便利性，将成为 21 世纪财富再分配最具变革性的一种方式。

这些跟阿诺德的健身房口号有什么样的关系呢？ 20 世纪 80 年代，医生常常提出警告，反对“没有付出，就没有收获”这一训练思路。他们指出，要是训练让人感觉疼痛，常常会让人受伤，人就不会获得健康。经济学家受错误的库兹涅茨曲线误导了数十年，经历了更长时间的探索，才终于得出了同样的结论，但总算击中了要害。公平的经济不会在不可避免的经济阵痛过后出现：它们是靠有意识的设计模式创造出来的。就经济而言，阵痛业已消失，分配设计正在推进，经济学家的思维方式由此发生了根本转变。让我们同传说中的过山车道别，投身网络吧。

21 世纪的经济学家不会徒劳等待增长来实现更大的平等，而是要从一开始就把分配设计到经济互动的结构当中。他们不会光聚焦于收入的再分配，还会力争财富——控制土地、创造金钱、企业、技术或知识的力量——的再分配，他们将借助市场、公共品和国家等来促成这一切的实现。他们不再坐等自上而下的改革，更将与自下而上、业已推动再分配改革的网络合作。更重要的是，一如下一章的探讨，他们会把分配经济设计的这场革命，跟同样强大的再生经济设计革命相结合。

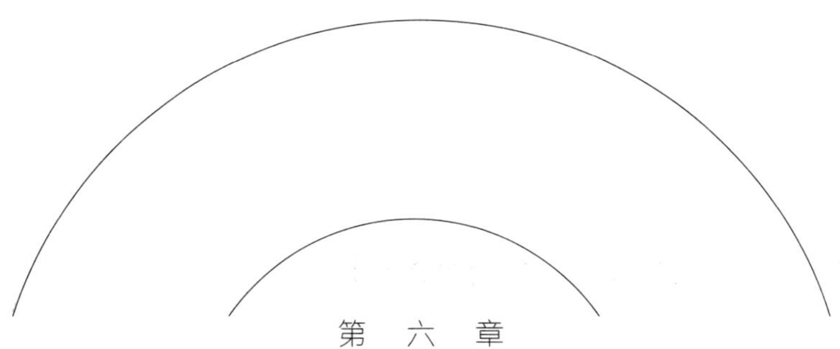

第 六 章

Doughnut Economics

创造再生

从“增长自然会清理”到再生设计

2015 年，我到欧洲各地旅行，遇到了来自印度的学生普拉卡什，他正在德国攻读高级工程学位。我问他会不会主动去了解生态智能技术，他摇摇头，回答说：“不，印度有其他更重要的事情要考虑——我们还不够富裕，担心不到这一步。”我很惊讶，我说，印度有近一半的土地已经退化，全国的地下水位也正迅速下降，空气污染在全世界最为严重。他的脸上闪过一丝认可的表情，但他最终笑了笑，重复了他的话：“我们还有其他更重要的事情要考虑。”

在一场简短的交谈里，普拉卡什概述了几十年来流传的经济故事：贫穷国家太贫穷，无力环保。而且，它们也不需要环保，因为经济增长最终将清除它造成的污染，替代它耗尽的资源。这个故事似乎一度得到数据支持，此外还有一幅标志性的图表，嵌入它的信息。但是，尽管它仍然钳制着政客和公众的想象力，但在印度和世界其他地方一样，它却成了神话。世界银行高级环境经济学家穆斯库马拉·曼尼（Muthukumara Mani）指出：“印度的经济表现非常突出，但这并未反映在它的环境成果里。‘现在先增长，以后再清理’实际上并不管用。”

对各个国家来说，生态退化并不是“何不食肉糜”的奢侈考量，不可以指望暂时搁置，等到足够富裕以后再给予关注。我们不能坐等增长来清理环境（因为并不会），更为明智的做法是，创造在设计上就能再生的经济，恢复、更新局部到全球的生命循环，因为这是人类福祉赖以维系的东西。现在是时候扫除余音不绝的旧有范式的影响力了，用21世纪的再生经济设计视角取而代之了。

涨上去的，恐怕不会降下来

20世纪90年代初，美国经济学家格涅·格罗斯曼（Gene Grossman）和阿伦·克鲁格（Alan Krueger）发现了一种引人注目的模式。他们对比研究了40个国家的国内生产总值趋势数据与当地空气及水污染的数据，发现随着国内生产总值增加，污染率先是上升，接着下降，呈本页所绘的倒U形。因为它跟第五章著名的不平等曲线有着莫名的相似之处，这幅新图很快就有了个名字，叫作“环境库兹涅茨曲线”。

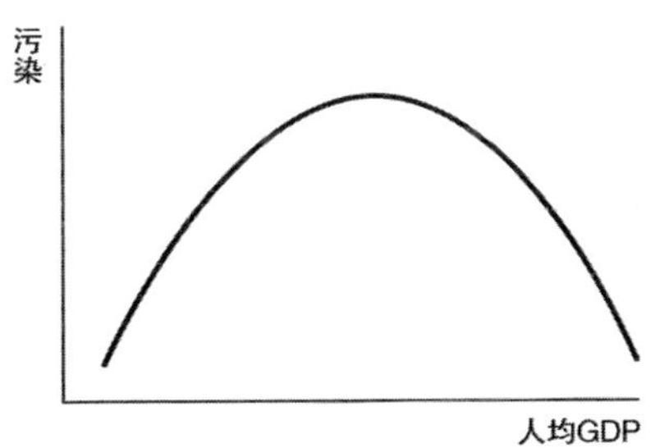

环境库兹涅茨曲线，认为增长将最终修复它造成的环境问题。

因为又发现了一条明显的经济运动规律，经济学家克制不住冲动，使用统计模型来确定曲线发生神奇转弯的收入水平。他们发现，对河流中的铅污染，国民收入达到每人 1887 美元（以 1985 年的美元币值计算，这是当时标准的尺度）时，污染达到峰值并开始下降。空气中的二氧化硫呢？收入达到每人 4053 美元时，它似乎会下降。还有黑色的烟雾呢？等国内生产总值超过人均 6151 美元，它就开始变干净了。总体而言，他们称，在各国达到人均 8000 美元的标准（相当于今天的 17000 美元左右）时，增长就开始清理空气和水污染了。

很难忽视这个讽刺的地方：随着库兹涅茨曲线遭到揭穿，淡出经济焦点，它的环境表又登上了中央舞台。但格罗斯曼和克鲁格像前辈库兹涅茨一样，对自己的发现谨慎地提出了警告。他们承认，自己只掌握了局部空气和水污染物的数据，并未考虑全球温室气体排放、生物多样性丧失、土壤退化和森林砍伐等问题。他们指出，国家成果取决于当时的政治、技术和经济。他们还指出，观察到的经济增长与污染减少之间的相关性，并未表明是增长本身导致了清理。但是，和大多数认为自己发现了经济运动规律的经济学家一样，他们还是情不自禁地得出了以下结论：对大多数环境指标而言，“经济发展最初带来了恶化阶段，但紧随其后的是改进的阶段”。

尽管两位经济学家提出了这些谨慎的警告，可他们的假说很快就成了广为引用的经济箴言，在世界各地的政策简报、报纸专栏和经济讲座一次次地重复：就污染而言，增长就像个训练有素的孩子，做完事之后自会打扫。有些人，如亲市场的经济学家布鲁斯·扬德尔（Bruce Yandle），将这一信息转化为更强有力的主张，认为“经济增长有助于消除早年造成的损害。如果经济增长对环境有利，刺激增长的政策（如贸易自由化、经济结构调整、价格改革）亦应对环境有利”。是的，“没有付出，就没有收获”经济学重新卷土而来，这一回它是为生命的世界推荐了一条违背常情的健身体系。如果你想要干净的空气和水，健康的森林和海洋，那就来做笔生意吧：它会先变糟，再变好——增长会让它变得更好。来吧，咬紧牙关，感受那灼热的刺痛。

有了曲线和方程在手，每当环境评论家提出经济增长严重恶化了地球的土壤、海洋、生态系统和气候状况的时候，主流经济学家就嘲笑他们，说这是“危言耸听”。但主流经济学家也承认，没有证据表明经济增长与环境清理之间存在直接联系，所以提出了三种说得通的解释。首先，他们认为，随着国家的发展，公民逐渐有了经济能力，开始关心环境，要求更高的标准；其次，该国的工业也逐渐有了经济能力，负担得起使用更清洁的技术；最后，这些行业将从制造业转向服务业，把烟囱换成呼叫中心。

它们乍听起来像是真的，但这些对曲线先扬后落的解释经不起仔细的审视。首先，公民不必等待国内生产总值增长带给自己要求清洁空气和水的愿望和力量。马里亚诺·托拉斯（Mariano Torras）和詹姆斯·K. 博伊斯（James K. Boyce）把用来生成环境库兹涅茨曲线的跨国数据与公民权利的测量数据进行匹配，得出了这一结论。他们发现，在相当多的国家（尤其是低收入国家），如果收入分配更公平，人民识字率提高，公民权利和政治权利获得更高的尊重，当地的环境质量会更好。因此，是人的力量而非经济增长的力量，在保护着当地的空气和水的质量。同样的道理，是公民的压力而非收入的增长，逼得政府和公司采用更严苛的标准，各行业转为使用更清洁的技术。其次，从制造业转向服务业，清理了本国的空气和水，但并不能消除污染：国家会把污染送到海外，让其他地方的人感受污染的后果，国内的人则进口回包装整齐的制成品。这意味着，不是所有国家都能效法这种环境清理战略，因为最后，污染会没地方可供外包。

由于缺乏更广泛的数据，格罗斯曼和克鲁格无法调查环境库兹涅茨曲线升降是否适用于更宽泛的生态影响，如温室气体排放、地下水枯竭、森林砍伐、土壤退化、农用化学品的使用和生物多样性的丧失。他们也无法评估每个国家给海外造成的环境影响如何。但多亏了计算这些数据的自然资源流核算领域的飞速进步，它们讲述了一个迥然不同的故事。

高收入国家境内的地球资源的提取和加工确实在减少，整个欧盟和经合组织都发出胜利的欢呼，并认为资源生产率在提高，资源使用与国内生产总值增长脱钩，是“绿色增长”梦想的初期证据。但欢呼得太早了。“这些趋势让发达国家显得更具资源效率了，”顶尖国际资源流动分析专家汤米·威德曼（Tommy Wiedmann）警告说，“但它们实际上仍深深地锚定着其下的物质基础。”

最近汇编的国际数据揭示，如果把一个国家的全球物质足迹（global material footprint）——也就是制造该国进口产品所用到的世界各地所有生物能量、化石燃料、金属矿石和全世建筑矿物——考虑在内，那么，成功的故事似乎就烟消云散了。从1990年到2007年，随着高收入国家国内生产总值的增长，其全球物质足迹也在增加。而且，增加幅度可不是一点点：在这段时期，美国、英国、新西兰和澳大利亚的足迹增长了30%以上；西班牙、葡萄牙和荷兰各增长了50%以上。与此同时，日本的足迹增长了14%，德国增长了9%：它们明显比其他国家要低得多，但仍在增长。这些数据非但未显示污染状况会像环境库兹涅茨曲线暗示的那样先涨后跌，反而指向令人不安的不断上涨的方向。

不过，计算全球物质足迹是一件复杂的事情，有些人并不同意上述发现。例如，资源分析师克里斯·古道尔（Chris Goodall）为英国汇编了另一套数据，发现该国的资源消耗量（包括进口在内）似乎已经达到顶峰，并稳定下来，甚至有所下降。但即便这些不同的数据更为准确，问题仍然存在：英国的消费顶峰高到了不可持续的程度。如果其他国家想效法其后（相信增长最终会达到类似的顶峰并下降），那就需要至少3个地球的资源，推动全球经济超越地球边界的极限。换言之，就算环境库兹涅茨曲线真的存在，它也是一座人类无法攀登的山峰，因为我们无法在它的顶峰生存。

直面退化的线性经济

别再想着寻找揭示增长的国家产出最终将带来生态健康的经济定律，是时候放下这个执念了。事实证明，经济学不是一门寻找定律的学科：究其本质，这是个设计问题。为什么就连世界上最富裕的国家也仍然让我们感到灼痛呢？原因在于，过去200年的工业活动都建立在线性工业体系上，它的设计有着固有的退化性。这一工业体系的实质是提取、生产、使用和损失的无所不包的制造供应链：提取地球矿物、金属、生物能量和化石燃料；把它们制成产品；把产品卖给消费者——而消费者，或迟或早，会把产品扔掉。如果按最简单的形式绘制，这就像是一条工业毛毛虫：从一端摄入食物、咀嚼食物，又从另一端排出废物。

这一普遍的工业模式为大量企业带来丰厚的利润，也在此过程中让许多国家实现了财政富裕。但它的设计存在根本的设计缺陷，因为它与生命世界背道而驰，后者是靠着反复循环利用碳、氧、水、氮和磷等生命基石而欣欣向荣的。工业活动打破了上述自然循环，消耗大自然的资源，在它的沉降系统里倾泻了过多的废物。从陆地和海底提取石油、煤和天然气并燃烧，把二氧化碳排入大气。将氮和磷转化为肥料，又将废水（通过农业径流和污水）倾倒到湖泊和海洋。将森林连根拔起，挖掘出金属和矿物质，先将其生产为消费用品，接着这些消费用品就被扔进电子废物垃圾场，而其中有毒的化学物质侵入土壤、水和空气。

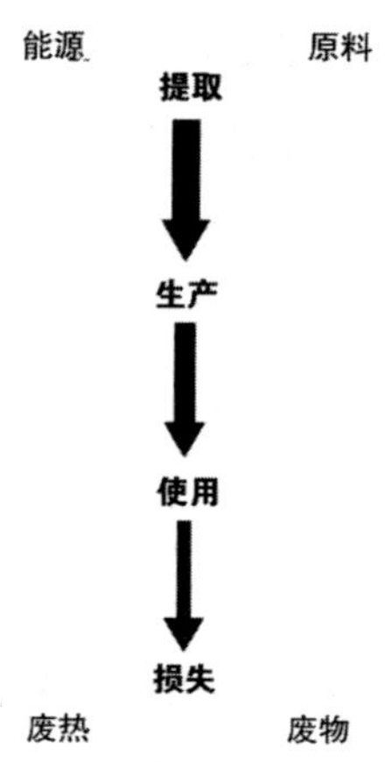

退化性工业设计的毛毛虫经济。

经济理论意识到工业的这种潜在破坏效应（负面外部性），并采用它偏爱的以市场为基础的工具来加以解决：配额和税收。理论建议，为了内化这些外部性，要对总污染设置上限，对产权施加配额并允许市场交易对污染权进行定价。要不然，就征收一种类似污染“社会成本”的税，让市场决定它能排放多少污染。

这些政策可以产生重大的影响。从1999年到2003年，德国的生态税提高了运输、取暖和电力所用化石燃料的价格，同时降低了等量的工资税：燃料消耗减少17%，碳排放减少3%，汽车共享增加70%，创造了250000个就业机会。加利福尼亚州于2013年启动的碳限额与交易方案，希望让该州的温室气体排放量在2020年降低到1990年的水平。它会把大部分的配额，免费分配给行业，但它有意降低总配额，并随着时间的推移，对总配额里更多的部分进行拍卖，同时使用价格底线来避免许可证价格的崩溃（这种情况在欧洲的同类碳交易计划里发生过）。

分级定价也采用得越来越多，以求保证人们用得越多，付费越高。从加利福尼亚州圣达菲到中国各地缺水城市，为了让不同收入的家庭合理用水，政府采用了分级定价。每户家庭要支付的初始日常供应（饮用、淋浴、洗碗、洗衣服等生活必需用水）的费用很低。除此之外，不管是洗车、灌溉草坪还是灌游泳池，进一步用水的费率就按基准的 3 倍到 4 倍收取。水市场专家罗杰·格伦诺（Roger Glennon）解释说："分级定价的优点在于它不会阻止人们使用水，也不依赖于政府法规。但它主张，除了基本人类需求，你为草坪额外用水，就该多花钱。"南非城市德班认为获取水资源是一项宪法人权，每天的基本供应免费向所有低收入家庭提供，超过基准水平才开始收费。

税收、配额和分级定价显然可以帮助缓解人类对地球资源和沉降系统的压力，但要是相信它们能搞定所有工作，这就麻烦了。在实践中，它们发挥的作用往往还不够，很少达到所需水平：公司会大力游说，拖延上述措施的实施，或争取降低税率，增加配额，不经拍卖就获得免费许可。反过来说，因为担心国家失去竞争力，所属政党失去企业支持，政府往往也会让步。这些政策在理论上也不尽如人意：从系统思维的角度来看，旨在限制库存、减少污染流量的配额和税收，确实是改变系统行为的杠杆点——但它们是低杠杆点。改变能引发系统目标的范式，可以产生更大的杠杆力。

当工业以提取—生产—使用—损失的退化线性设计为基础，价格激励措施缓解其消耗效应的作用是极为有限的。有远见卓识的景观设计师约翰·T. 莱尔（John Tillman Lyle）清楚地认识到这种设计所固有的局限性。20 世纪 90 年代，他写道："最终，单向系统会摧毁它赖以维系的景观。时钟不停在走，流到哪怕流不动了也始终在追赶时间。从本质上讲，这是一种吞噬自身生计来源的退化性体系。"人们迫切需要一种再生设计的范式来取而代之——这种范式如今正逐渐浮显，引发了一系列迷人的商业反应。

我们可以在“甜甜圈”里做生意吗

当企业开始意识到退行性工业设计给地球行星边界施加的压力程度，它们会怎么做呢？过去5年，我把“甜甜圈”的概念呈交给形形色色的商业领导，包括财富500强公司的高管，以及社区企业的创始人。他们的回答也各有不同，反映出从退行性到再生性设计之旅的诸多阶段——我可以把它们概述为所谓的“企业待办事项清单”。

第一种回应（也是最老派的回应）很简单：什么也不做。他们的理由是，我们的商业模式在今天能带来强劲的回报，为什么要改变呢？我们的责任是追求利润最大化，在环境税或配额的引入改变眼下的激励之前，我们会照老样子继续下去。我们正在做的事情（基本上）是合法的，如果遭到罚款，我们大多会把它视为经营成本。几十年来，全球大多数公司都采取这种态度，将可持续发展视为不必要的好事，因为它对股价没有任何影响。但时代正在飞速发展。许多依赖全球供应（如棉花和咖啡种植户、酿酒师和丝织工）的制造商现在意识到，自己的产品供应链很容易受全球气温上升和地下水位下降的影响，所以，他们知道，什么也不做再也不是一种聪明的策略。

这就是为什么接下来的第二种回应变得最为常见的原因：做有回报的事情，采用可削减成本、提升品牌的具有生态效益的举措。减少温室气体排放和减少工业用水是典型的效益措施，在实施过程（尤其是初期阶段）中一般能提高企业利润。这也就是说，一些公司显然认为，作弊是物有所值的：2015年，大众汽车为旗下的数百万辆柴油汽车安装了“失效保护器”软件，可在测试时将发动机转为低排放模式，从而大幅减少对外宣称的氮氧化物和二氧化碳排放量。此事曝光后让大众汽车名誉扫地。还有一些企业追求“绿色”产品品牌的名声，吸引愿意为环保产品支付溢价的消费者。在这种绿色定位的驱动下，这些公司会以自己的进步作为标杆，跟同行竞争对手做比较：没错，这是个开始，但它展示的无非是“我们做得比竞争对手要多”，或者是“我们做得比去年更多”。而这跟真正需要的环保举措，说不定相去甚远。

第三种回应（现在变得严肃多了）是，在实现向可持续发展的转换过程中，按公平的份额出力。值得肯定的是，采取这种态度的公司至少承认变化所需的规模（如温室气体排放、化肥使用、取水的减少总量），是基于地球系统科学家的推荐或是国家政策对准的要求。南非的莱利银行（Nedbank）是个用心良苦的例子，2014 年，它承诺将商业融资的“公平份额”（相当于每年 4 亿美元）引导到将促进 2030 年国家目标（如人们负担得起的低碳能源服务，人人享有可持续的清洁饮水和卫生设施）的投资上，“‘公平份额 2030’计划是为了我们想要的未来而努力。”该银行的首席执行官说。的确如此，但它还是会叫人想到：银行其余的钱又在做什么呢？此外，凡是在餐馆做过侍应生的人都知道，一旦就餐者投下了自认为是公平份额的消费，就几乎再也不会涨价了。自己判断的公平份额几乎从来办不成事，一如世界各国政府的表现：各国自行判断要降低多少温室气体排放量，却总是无法履行承诺。

更令人担忧的是，“按公平份额出力”的想法，很容易滑坡成“按公平份额拿走”。在第一次遇到“甜甜圈”时，许多企业似乎都会关注行星边界的外圈，把它看成是一块有待切好分派的蛋糕。而且，和所有参加生日聚会的孩子一样，每一家企业都希望获得自己的“公平份额”。许多人仍然沉浸在退化的线性行业思维模式里，他们的头一个问题是：分给我们的这块生态蛋糕有多大？我们可以排放多少吨二氧化碳？我们可以抽取多少地下水？答案可能远比企业的现行水平要低，所以自然能提高雄心的门槛。但“拿走公平份额”强化了这样的观点：“污染权”是一种值得争抢的资源。而一说到要竞争有限资源，我们人类很容易因此大打出手，游说政策制定者，愚弄系统，从而大大增加了此过程中践踏边界的风险。

第四种回应（也是真正的转变前奏）是，不为害。这一雄心也叫作“零使命”（mission zero），也就是设计旨在实现零环境影响的产品、服务、建筑和企业。有志于实现这一目标的例子包括，西雅图布利特中心的“零能耗”建筑（虽说该市出了名的多雨），它使用太阳能电池板来产生一年所需的能量。同样，“零用水”工厂不向公共供水系统提出任何需求，举例来说，雀巢在墨西哥哈利斯科州所建的乳品厂，通过凝结牛奶蒸发的蒸汽来满足自己所有的工业用水需求，不再持续从该地区供水压力严峻的地下水资源抽取淡水。

对环境零影响的志向，真正脱离了退行性工业设计的老套路，给人留下了深刻印象。而如果企业的目标不仅仅是在水或能源使用上零环境影响，更是在公司运营环节所有与资源相关的方面零影响（这是个更为遥远的目标），那就更令人印象深刻了。它也是资源利用效率极高的标志，但一如建筑师兼设计师威廉·麦克多诺（William McDonough）所说，光是热衷追求资源效率还远远不够。他说：“不太坏并不意味着好。它还是坏，只是程度稍微轻一些。”

而且，如果你仔细思考的话，对工业革命来说，追求“零使命”其实是个古怪的愿景，就如同面对更具变革意义的事业，故意停在了门槛上。说到底，如果你的工厂能够生产尽可能多的能源和清洁用水，为什么不让它再生产得多些看看会怎么样呢？如果你可以消除生产过程中的所有有毒物质，为什么不再进一步，推出有利于健康的东西取而代之呢？工业设计不光要瞄准“少为害”，还可以通过不断补充（不再是缓慢消耗）生命世界来“多为善”。既然你明明能够给予，为什么只停留在“不索取”这一阶段呢?

这就是第五种企业回应的本质：创造在设计上就可再生的企业，慷慨回馈我们参与其中的生命系统。它不仅仅是办事清单上的一项行动，也是融入世界、照料生物圈的一种途径，我们要意识到：人有责任把生命世界变得更美好。它呼吁创建以重建自然循环为核心业务、尽量多奉献回馈的企业——因为，只有回馈式设计，才能让我们重新回到“甜甜圈”的生态天花板之下。仿生领域顶尖思想家、实践者贾尼娜·贝尼斯认为，这一慷慨回馈的概念，业已成为一项永恒的设计使命。她告诉我：

> 我们是有着大号大脑的动物，但我们也是这个星球上的后来者，还像襁褓里的婴儿一样，指望大自然母亲跟在我们身后打扫清理。我希望，我们能够承担起这项设计任务，完全地参与大自然的每一种循环。从碳循环开始——让我们学习停止工业碳污染“呼气”，接着，模仿植物，学习将二氧化碳“吸入”产品当中，把它们放在肥沃的农业土壤中存储数百年。只要我们在碳循环事宜上懂得了收敛，就可以把这些学到的知识应用到磷、氮和水循环中。

她建议，为了找到慷慨设计的本质，不妨把大自然当成我们的榜样、指标和指导。以自然为模型，我们可以研究并模仿生命接受和给予、死亡和更新的循环过程，一种生物排出的废物，变成了另一生物的食物。以自然为衡量指标，它将设定可用来判断人类创新可持续性的生态标准：这些创新符合标准吗？是否适合融入自然的循环？以自然为指导，我们不要问自己能提取些什么，而要问我们能从它38亿年的实验里学到些什么。

企业待办事项清单里的每一个勾选框，都可以视为再生设计道路上的一个阶段：对个别企业来说，你现在处于什么位置，跟你想要朝着什么方向前进同样重要。但没必要一步步地实现这种价值转变（时间也来不及了）：要彻底地转型到慷慨回馈的设计思路上，就如同毛毛虫变成了蝴蝶。

循环经济飞速发展

工业制造业已经通过所谓的“循环经济”，开始从退化到再生设计的转型。循环经济在设计上就是可再生的，它利用太阳能的无尽流入，不断地将材料转化为有用的产品和服务。向线性工业经济毛毛虫道别吧，它将在你眼前化身为蝴蝶——以艾伦·麦克阿瑟基金会创建的一张图为基础。和真正的蝴蝶一样，它的亮点在于多了一对翅膀。

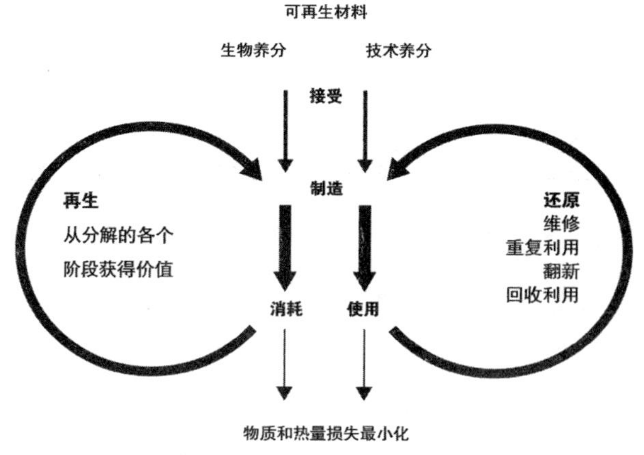

蝴蝶经济：通过设计实现再生。

什么样的设计特点，让这一工业蝴蝶能飞起来呢？首先，着眼于线性经济传统的从摇篮到坟墓心态，是它引发了20世纪大量开采矿产资源、进行石油钻探、燃烧废物。毛毛虫（提取—生产—使用—损失的一次性经济）仍然从上到下贯穿图表的中心。但多亏了循环经济的从摇篮到摇篮的思维，它变成了蝴蝶。它利用可再生能源（来自太阳能、风能、生物质能和地热），消除所有有毒化学物质，最关键的是，从设计上就避免排出废物。它认识到“废物就等于食物”：一种生产过程的残留物（不管是食物残渣还是废金属）无须走向垃圾填埋场，而是成为另一种生产过程的原材料。实现这一步的关键在于，要把所有材料都视为属于两种营养循环的任意一种：土壤、植物和动物等生物养分，以及塑料、合成材料和金属等技术养分。这两种循环变成了蝴蝶的翅膀，原材料永远不会“耗尽”并扔掉，而是通过重复使用和翻新循环被一次又一次地使用。

在生物这一侧的翅膀上，所有的养分最终会通过土壤来消耗、再生。无尽使用它们的关键是：保证收获速度不会快于自然翻新的速度，随着它们在生命循环里的降解，利用其多种价值来源，并按照能回馈自然的方式来设计生产。以咖啡豆为例：不到1%的咖啡豆变成了咖啡，剩下的咖啡渣含有丰富的纤维素、木质素、氮和糖。把这种有机宝贝直接扔进堆肥堆或是垃圾桶（这更糟糕）里未免太蠢了，可世界各地的家庭、办公室和咖啡店都是这么做的。事实证明，咖啡渣是种植蘑菇的理想培养基，之后可用作牛、鸡和猪的饲料，最后还能以粪肥的形式返回土壤。从这微不足道的咖啡豆里，可以想象把这一原理应用到所有的食物、作物和木材上，让每一户家庭、农场、公司和机构都采纳它：它能把我们古老的林业和食品工业转变为再生产业，依赖生命系统中收获价值并再生。

相比之下，由金属和合成纤维等技术养分制成的产品无法自然分解，因此要从设计上让它通过维修、重复利用、翻新、回收利用（这是最后手段）来还原它。以手机为例，它全身上下都充满了金、银、钴和稀土金属，但通常只使用两年。欧盟每年销售的手机超过1.6亿部，但到2010年，只有6%的旧手机获得了重复利用，9%的被拆解用于回收利用，其余的85%都倒进了垃圾填埋场，还有少量扔在抽屉的一角。在循环经济中，手机会被设计得易于收集和拆解，便于翻新和转售，所有零件都可重复利用。将这些原则扩大到所有行业，你就可以把20世纪的工业废物转化成21世纪的制造材料。

这样的前景鼓舞人心，但不要因为蝴蝶有了翅膀就得意忘形，因为，真正的循环经济（circular economy）概念，跟永动机的幻想没什么两样：更准确的名字应该是轮生经济（cyclical economy）。没有任何工业环路可以对材料进行100%的回收和再利用：日本能对国内的金属做98%的回收，已经很惊人了，但这一环路里仍有2%神秘地消失了。再说，如果时间足够长，所有技术材料，不管是金属也好，塑料也好，都会生锈或腐烂。但如果我们把每一种物件，不管是18世纪的建筑还是21世纪最新款的智能手机，都当成储存宝贵材料和能量的电池，那么，我们就能把焦点放到保留或改造该存储价值上。再加上，我们无比幸运，有着永不停息的太阳能之河，我们可以（就跟所有生命一样）巧妙地驾驭这一实时能量，将我们创造出来的东西还原，重新为生命世界注入活力，并在其中蓬勃发展。

在退化性工业经济中，价值体现为货币，并通过寻找更低的成本和更大的产品销量来创造：于是，它带来的典型结果是密集物质直流（throughflow）。在再生经济中，物质直流转化为环流（round-flow）。但真正的转变来自对价值的新认识。1860年，约翰·罗斯金（John Ruskin）写道："没有财富，只有生命。"他的话富有诗意，但也如同预言。经济价值并不来自产品和服务的直流，而来自其循环源头的财富。这既包括人造资产（从拖拉机到房屋）所体现的财富，也包括人（从个人技能到社区信任）、繁荣的生物圈（从森林到海底）及知识（从维基百科到人类基因组）所体现的财富。然而，就算是这些财富形式，最终也会灰飞烟灭：拖拉机生锈；树木腐烂；人会死；思想遭到遗忘。只有一种形式的财富永恒存在，那就是太阳驱动的生命再生力量。罗斯金显然是一位倡导再生的先驱。

欢迎来到慷慨城

工厂和工业可以通过设计实现再生，城市景观同样可以。贾尼娜·贝尼斯正将自己的愿景付诸实现，创造出她所谓的“慷慨城”：栖居在生命世界里的人类定居点。在这个过程的第一步，她观察一个城市的地方本土生态系统，如附近的森林、湿地或热带大草原，记录下它收获太阳能、隔离碳、储存雨水、施肥土壤、净化空气等的速率。随后，她将这些指标设定为新的城市标准，向建筑师和规划师发出挑战，鼓励他们创造出“如同隔壁野地般慷慨的”建筑和景观。在屋顶种粮食，收集太阳的能量，并欢迎野生动物。路面吸收雨水，缓慢地释放入含水层。建筑物隔离二氧化碳，净化空气，处理自身排出的废水，并将污水转化为肥沃的土壤养分。所有这些都与基础设施网络相连，并跟野生动物走廊及城市农业交织在一起。这样的设计前景，着眼于再生而非退化问题。“别再问，我能拿走的公平份额是多少？”贝尼斯解释说，“你要问：我们还可以在这里插入什么样的福祉，才能更多地馈赠分享？”

想象一下，如果这座再生之城还从设计上就着眼于分配问题，那会怎么样。可再生能源微型电网将使每户家庭变成能源供应者。专用的公共交通路线连接经济适用住房，最廉价的出行方式也最为快速。邻里企业枢纽把工作场所和家庭拉得更近，方便家长们更好地照料孩子。一如贝尼斯所说，考虑到生命再生的基础设施是“高度接触性的”，它需要人不断地关心、照料和维护其再生能力，并在这一过程中创造出有意义的、高度技能化的就业岗位。

如今的世界地图上还找不到这样的城市，但已经有企业和项目希望把它的设计原则应用到各大洲的实践当中了。荷兰的“公园 20/20”就是一个按照“从摇篮到摇篮”原则设计的商业园区，采用可回收材料修建，并附有综合能源系统、水处理设施和收集太阳能的屋顶，它可以储存和过滤水、阻隔热量，还提供野生动物栖息地。在加利福尼亚州，新光科技公司（Newlight Technologies）收集奶牛的甲烷排放，将其转化为生物塑料和制成品（如瓶瓶罐罐和办公椅）。经独立检验，这些材质在其整个生命周期当中，均为碳负值，可隔绝温室气体排放。在南澳大利亚干旱的海岸，日落农场（Sundrop Farms）使用海水、阳光来种植西红柿和辣椒。它先进的温室利用太阳能淡化盐水，产生热量并发电，并将之用于种植作物。“我们不仅仅是解决能源问题或水问题，”日落农场的首席执行官菲利普·萨维德（Philipp Saumweder）说：“我们正同时解决这两个问题，以可持续的方式，依据丰富的资源生产粮食。”

一座城市怎样才能变得像森林般慷慨？

低收入和中等收入国家的乡村、城镇和城市也开始采用再生设计原则。孟加拉国希望成为第一个以太阳能为动力的国家，它着手训练成千上万的女性成为太阳能工程师，以便她们可在自己的村庄安装、维护和修理可再生能源系统。在埃塞俄比亚的提格雷州，由于农业社区兴建了梯田，种植了灌木和树木，超过22万公顷的荒漠化土地获得新生。他们将一度荒芜的山坡变成苍翠繁茂的谷地，为周围的村庄和城市提供谷物、蔬菜和水果，同时隔离碳、蓄水和重建土壤。在肯尼亚，Sanergy等社会企业为贫民区修建卫生厕所，100%地将人类排泄物转化为沼气和有机肥料，销售给当地农场，改善人类健康，创造急需的就业机会，同时减少氮污染，提高土壤肥力。类似地，在巴西，初创公司ProComposto从城市的餐馆、公寓楼和超市收集有机废物，转化为肥料，用于有机农业。该公司把生物材料从垃圾填埋场挽救回来，减少了甲烷排放量，用碳来丰富土壤，创造就业机会。

这些先驱案例鼓舞人心，但仍引出了重要的问题。例如，“公园20/20”的建筑物采用可回收材料制成——但它们真的会有实际回收再利用的一天吗？日落农场的温室主要由太阳提供动力，但碰到阴天，偶尔也会依赖备用的燃气锅炉：如果没有它，温室还能成功吗？如果新光公司的甲烷塑料产量大幅增加，会不会带来不可预见的生态影响？到目前为止，有太多乡村层级的太阳能举措是以面板年久失修、无人维修而告终的：能否扭转这一趋势？企业能不能把食品废弃物转化为有机堆肥，赚取足够的收入来提供体面的工作，同时还达到规模要求？像这样的新兴技术和企业需要随着规模的扩大不断检验和调整，但它们还需要获得经济系统的助力，使之变成可行的投资（这非常重要），而这正是21世纪经济学家可以发挥关键作用的地方。

寻找慷慨的经济学家

尽管循环制造和再生设计极具潜力，但今天的前卫工业和城市设计师仍面临巨大的挑战：跟仍然卡在退化性经济思维和指标里的企业、金融业、政府合作。贾尼娜·贝尼斯亲身体验过这一挑战带来的挫败感。她跟一家大型商业土地开发商合作对某大城市郊区做改造设计，提议建筑物外墙使用仿生植物墙，隔绝二氧化碳，释放氧气，过滤周围的空气。开发商的第一反应是什么？“我为什么该为城市的其他地方提供干净的空气呢？”

这个问题问得理所当然，暗示了当代资本主义设计带来的近乎无处不在的商业思维。这种设计心态与慷慨正好相反。它只侧重于为一个利益群体（股东）创造价值的一种形式（财务价值）。尽管再生设计师如今会自问：“我们可以在这里面容纳多少种不同的福祉？”主流企业还在问：“我们可以从中获取多少财务价值？”当然，这两种心态或许会有重叠的部分（因为再生有时候也能带来很高的利润），但如果重叠的部分就是企业打算追求的一切，那么，再生设计将远远无法发挥出其所有潜力。

许多主流企业对再生设计持有保留的支持态度，从它们将循环经济思想付诸实践的方式方法里就清晰可见。锻造“循环优势”的企业利益正飞速提高，领跑的公司采用了循环经济技术里的一小部分，比如：旨在实现零废弃的制造技术；销售服务而非产品（如提供计算机打印服务而不是打印机）；对自有品牌商品翻新、重新出售（不管是拖拉机，还是笔记本电脑）。这些都是高效资源再利用的绝佳策略，而且也能带来优厚的利润。重型机械设备公司卡特彼勒回收自己产品的关键零部件并再加工，将产品线的毛利率提高了50%，而水和能源的使用率降低了90%左右。这令人印象深刻（它们显然应该把名字从“卡特彼勒”改成“蝴蝶”了）[6]，其他许多循环经济企业举措推进得也很不错。

问题在于，它们走得还不够远。为什么会这样？原因很清楚。为了适应既定公司利益，如今的循环经济策略往往是：从上到下，以大企业为推动；在公司内部开展，争取对自家的二手产品进行控制；在专利材料和专属技术下保持不透明；分散在行业内部和行业之间的不连贯环节。这绝不是建立再生能源的坚实基础，要想建立分配性工业生态系统，那就更别想了。举一个例子：越来越多的制造商都在争取回收自家旧产品，比如汽车、服装，以对零件和材料翻新再利用。但西方人平均拥有来自世界各地制造的超过10000件物品，这种分而治之的方法成功的可能性极小，而且，它还会让企业高度集中化地控制经济体内的材料环流。因此，事情的症结在于：

只有以再生经济设计为基础，才能完全实现再生工业设计。

……而这一点，当下完全缺失。促成它的实现，需要重新平衡市场、公共品和国家的角色。它需要重新定义企业目标和财务的职能。它需要可辨别、奖励再生成功的指标。对21世纪的经济学家来说，承担起这一重新设计的任务，无疑是令人兴奋的机遇之一。此外，如你所料，在复杂的、不断演变的经济中，重新设计的过程不来自教科书的理论，而来自试图实现它的人所进行的创新实验。

---

[6] 译注：卡特彼勒的英文原文是“Caterpillar”，既有“履带车”的意思，也有“毛毛虫”的意思。

循环的未来是开放的

循环经济的再生潜力与企业狭隘的效率导向实践之间存在让人咋舌的差距，这激发了“开源循环经济运动”（Open Source Circular Economy, OSCE）的兴起。它遍布全球的创新者、设计师和活动家网络，希望追随开源软件的脚步，通过创造知识公共品来发挥循环制造的全部潜力。为什么它们选中了知识公共品呢？因为，一如开源循环经济运动所指出的，光靠个别公司在自己的工厂里努力，是无法达到循环生产的全部再生潜力的。这样的基础，对创造循环经济来说，既不合乎逻辑，也不具可行性。

就像贝尼斯发起的仿生运动一样，开源循环经济运动也以自然作为学习的榜样：土壤中的种子长成一棵树，日后分解成为新树的土壤——但光靠一棵树，无法实现这一切。它取决于诸多生命周期丰富而持续的互动，从真菌、昆虫到降雨、阳光，所有这些因素的相互作用创造了森林自我更新的生态系统。在工业领域，道理也一样：如果每家拖拉机、冰箱和笔记本电脑制造商都尝试在物质流的专有周期内，只针对自家品牌的产品做恢复、翻新和重售，就永远不可能实现系统层面的再生潜力。

开源循环经济运动的策动者之一，山姆·缪尔海德（Sam Muirhead）认为，归根结底，循环制造必须是开源的，因为开源设计背后的原则最适合循环经济的需求。这些原则包括：模块化（用易于组装、拆卸、重新调整的零件制造产品），开放标准（按通用的形状和尺寸设计元件），开源代码（对材料的组成和使用方法，公布完整信息），以及开放数据（记录材料的位置和可用性）。说到底，透明度是关键。“不管是谁在产品使用结束时拥有它，配方都应该是开源的，这样，任何人都可以看到怎样重复使用它的材料，”由于公开的配方让任何人都可按需改进或调整产品，缪尔海德告诉我，“它意味着你拥有一支遍布全球的分布式研发团队，由各地维修店、定制专家和创新设计师等专业用户构成。这些原则带来了一整套哪怕开源也可行的循环商业模式，事实上，这一模式之所以可行，恰恰是因为开源。”

那么，新兴的开源循环经济到底是怎么循环起来的呢？AXIOM 是早期的开拓者，这是一种针对电影导演的开源摄影机，由 Apertuso 制造（其中的“O”就代表开源），使用标准化组件，因此可由用户社区定制、重新组装，并不断改造。还可以看看发展迅速的 OSVehicle，这是纯电动汽车的开源未来，其零件可以快速组装成机场摆渡车，高尔夫球车，甚至智能城市用车。

OSVehicle 是硅谷开发的，但在一些出人意料的地方，开源循环制造同样蓬勃发展。在多哥首都洛美，建筑师塞内姆·阿波吉诺（Sename Agbodjinou）及其同事于 2012 年成立了 Woelab，这是一家“低端高科技”工作坊，利用被倾倒在西非的淘汰计算机、打印机和扫描仪零部件，设计开源 3D 打印机。阿波吉诺说：“我们想用手头的资源自己制作 3D 打印机，电子垃圾其实就是我们在非洲的主要材料。”该项目正在探索 3D 打印最有用的本地应用方式。“医生告诉我们，要是设备有极小的部分坏掉了，也至少要用两个月才能从欧洲或美国进到货，”他解释说，“有了 3D 打印技术，如果我们能掌握的话，就可以自己制造这些零件，更迅速地修好设备，或许有助于拯救不少生命。”

这些开源创新给人留下了深刻的印象，但仍属起步阶段，在很多人看来，这场运动仍然像是没有可行性的乌托邦。所以，请记住，1991 年，21 岁的芬兰计算机学生林纳斯·托瓦兹（Linus Torvalds）出于爱好写出了一套开源操作系统的内核，它很快演变成了 Linux，这是如今全世界使用最广泛的计算机操作系统。当时，微软首席执行官史蒂夫·鲍尔默（Steve

Ballmer）把 Linux 称为“肿瘤”，但如今，就连微软也在自己的产品里使用 Linux。“开源软件的故事，有一点像是通往我们未来的小小门户。”缪尔海德告诉我，他很乐观。“一旦你把东西放进公共品领域，就没法把它夺走了。”他解释说，“每一天，知识公用品都在成长，变得越发有用。一旦人们意识到这一点，看到循环经济的潜力，就会真心希望为之创造解决方案。”

本着同一种构建知识公共品的精神，贾尼娜·贝尼斯推出了 Asknature.org 网站，以开源的形式，向所有人揭示了大自然长久以来保守的材料、结构和过程的奥妙，比如，壁虎怎样不用胶水而获得黏性，蝴蝶怎样不用颜料制成颜色，贻贝怎样把自己附着在湿乎乎的岩石上。自 2008 年建站以来，约有 200 万名用户，从学设计的高中生到研究科学家，在该网站学习了知识并做了贡献。网站数据库里每多一点贡献，都有助于阻止个人和公司把大自然数十亿年前构思出来的创新说成是自己刚想出来的新东西，以求获得虚假专利。贝尼斯向我解释说，建立 Asknature.org 的最终目标是把大自然的天才保留在公共领域，让生活教给我们怎样自行修建、觅食、旅行、发电，甚至制造，进而提升人生质量。她说：“有了以大自然为灵感的结构蓝图，我们可以为地球上最常见的聚合物，比如纤维素、角蛋白、甲壳质和木质素增加非凡的功能。这些是开源循环经济的基石。”

再生设计的开源基础当然令人叹服，但如果主流商业公司不可能充分发挥其潜力，什么样的企业才能努力让它运转起来呢？有远见卓识的企业家历尽磨难才认识到，设计业务的方式固然很多，但有些方法却有着更为强大的再生能力。

重新定义公司的业务

“企业的社会责任就是增加利润。”1970年，米尔顿·弗里德曼（Milton Friedman）提出了这一说法，主流商业界也乐于相信他。但安妮塔·罗迪克（Anita Roddick）对此有着不同的看法。1976年，她着手创办一家从设计上具有社会和环境再生性的企业——虽说当时还没有发明这些词汇。她在英国的海滨小镇布莱顿开办了美体小铺（The Body Shop），出售天然植物化妆品（从未在动物身上做过检测），使用可重复充填的瓶子和回收外包装（为什么明明可以反复使用，却偏偏要扔掉？），同时向世界各地生产可可脂、巴西坚果油和干草药的社区支付公平价格。随着产量的扩大，公司开始回收利用产品的废水，并很早就开始投资风力电能。在这期间，公司的利润转到了美体小铺基金会（The Body Shop Foundation），并将钱馈赠给社会和环境事业。总之，这是一家相当慷慨的企业。罗迪克的动机是什么呢？“我想为一家为社区做贡献、是社区一员的公司工作，”她日后解释说，“如果我不能为公共利益做点什么，那我到底是在干什么？”

这种由价值观驱动的使命，就是分析师玛乔丽·凯利所称的“企业的生命目标”——改变“公司的业务就是做生意”这一新自由主义的剧本。罗迪克证明，在公司创办之初就为之嵌入慈善价值观和再生用意，企业能做的远超于此。“我们在公司章程——在英格兰，这就是对你公司目标的法律定义——里专门规定，要倡导人类权利，要关注社会及环境变化。”2005年，罗迪克这样解释，“所以，公司所做的每一件事都是有崇高目标为掩护的。”

当今最具创新力的企业也受到相同设想的启发：公司的业务是为繁荣的世界做出贡献。还有越来越多新出现的、设计上有意关注分配性的企业结构——包括合作社、非营利组织、社区利益公司（community interest companies）和社会利益导向型公司（benefit corporations）也在同样通过设计实现再生性。在企业宗旨中明确地做出再生承诺，并将之纳入公司治理，哪怕领导层更换，也可以捍卫“生命目标”，免于“任务蠕变”（mission creep，也叫“使命偏离”）的命运。事实上，对任何公司来说，企业责任最明显的行为，就是重写公司章程，根据生命目标，扎根于再生和分配设计，对自己重做定义，之后践行它，并为之努力。

金融为生命服务

建立在生命目标上的企业，或许有着强大的基础，但没有符合其价值观的融资来源，它恐怕无法生存发展起来。再生性企业需要来自金融合作伙伴的支持，后者希望通过长期投资产生各种价值（包括人类、社会、生态、文化和物质上的）和正当的财务回报。但当前的金融文化仍然侧重于通过股票回购或增加股息等方法提升短期金融价值。

安妮塔·罗迪克当然是通过艰难的实践发现这一点的。1986 年，美体小铺第一次发行股票时，她很快遇到了以再生精神经营企业与股东融资狭隘需求之间的冲突。“我犯的最大错误之一就是上市和进入股票市场。”10 年后她回忆说，“我认为金融机构附着了法西斯主义，只看得到财务底线，非常缺乏想象力。利润是商业法则：当然要考虑，但不能以牺牲人类权利、环境标准和社区作为代价。”罗迪克遭遇的挫折无疑与许多志同道合的企业家产生了共鸣。因为再生性企业能不能实现其生命目标，在很大程度上取决于其融资方式。因此，弄清楚怎么做，是等着 21 世纪经济学家重新设计的另一项重大挑战。

另一位承担下这一设计任务的金融思考者，是人们不大可能想到的人物：摩根大通（JP Morgan）的前董事总经理约翰·富勒顿（John Fullerton）。2001年，他直觉地感受到，华尔街的工作方式存在重大错误，便离开了这里，开始广泛阅读。他说，渐渐地，“我认识到经济体系实际上正是生态危机的根源，而金融是推动这一经济体系的幕后动力。身为从业20年的金融资深人士，我需要做一些反思”。他从8项关键原则入手，他认为，这8项原则，支撑了所有的复杂生命系统，包括：对财富采取整体观；投入“正确的关系”；寻求平衡；等等。富勒顿开始用它们来设计旨在为生命效力的金融——“再生性金融”。

他解释说，当金融与整个经济处于“正确关系”时，它不再起推动作用，而是起支持作用，把储蓄和信贷转化为能传递长期社会和环境价值的生产性投资。这意味着，首先，我们所知的全球金融体系需要缩小、简化、多元化和去杠杆化——这样的转变能让金融体系变得更具韧性，而不是永远倾向于投机的泡沫和崩溃。富勒顿建议，朝着这个方向前进的政策包括：将客户的存款账户与证券公司的投机活动分开；引入税收和监管，让规模过大、杠杆太大和过于复杂的做法变得无利可图；对高频交易争取全球金融交易税。

短期来看，遏制投机性金融是关键的开始，但同样重要的是，要用长期投资性金融取而代之。为具有长远眼光的投资（如可再生能源技术、公共交通系统等）提供“耐心资本”，国家主导的开发银行在这方面扮演着显而易见的角色。但私人投资者，不管是个人储蓄者，还是养老基金、捐赠基金等机构投资者，也有一定的作用。社区银行、信用社和道德银行听上去像是小玩家，但其实在这方面已经先人一步了。以荷兰“行善”银行（Triodos）为例，它的使命（或生命目标）是“把资金运用于积极的社会、环境和文化变革”。该银行在欧洲各地有超过50万客户，也就是认同这些价值观和目标的储户和投资者。还可以看看佛罗里达州第一绿色银行

（First Green Bank），该银行于2008年经济衰退的深渊中建立起来，立志要成为一家“再生性银行”，在富勒顿及其智库资本研究院（Capital Institute）团队的支持下，探索可以采取哪些举措促成这一目标。

然而，为生命服务的金融跳出了重新设计投资的范畴，来到了重新设计货币的环节。我们在第五章看到，货币（它的创造、特点和预期用途），既可以按照设计在社区内分配，也可以具有对生命世界的再生性。比利时补充性货币大师伯纳德·列塔尔（Bernard Lietaer）喜欢这种挑战。“给我一个社会或环境问题，”他曾告诉我，“我会设计一种货币来解决它。”本国的一座城市邀请他到根特破败的地区拉波特去一展所长。“他们给了我一项不可能完成的任务：全弗拉芒大区最糟糕的社区，”他眼睛亮闪闪地描述该区域：人口密集的塔楼式住宅群，里头住着各种各样的第一代移民，周围是破旧的公共空间。挑战是什么？“我们能不能创造出一个适宜居住的美好社区，人们见了面会彼此问候，而且，还符合城市倡导‘绿色’的优先考量？”

列塔尔的第一步是向拉波特的居民询问他们真正想要什么。人们给出了一个响亮的答案：可种植食物的小块土地。于是，列塔尔很快把一座占地5公顷的废弃工厂变成了可供出租的地块，租金只能用新货币“托里克”（Toreke，意思是“小塔”，以该地区常见的塔楼为名）支付。“托里克”可以通过志愿收集垃圾、补植公共花园、修复公共建筑，或使用共享汽车、改用绿色电力来赚取。除支付小块土地的租金，“托里克”还可用于搭乘公交、购买电影票，或在当地商店购买新鲜农产品和节能灯泡，借此提升其吸引力。但它们的社会价值还要更高。“当人们看到经常受指责污染了城市的移民们正帮忙清理街区，任何人都会觉得这是一个积极信号。”主管拉波特卫生和福利的负责人盖伊·雷内比（Guy Reynebeau）说，“这种行为无法用欧元甚至‘托里克’来标价。”

想象一下，从慷慨城市的设计阶段，就整合补充性货币，把这个概念带入更高的层次。如同血液在人体内流淌，好让所有器官保持健康，也可以设计补充性货币来驾驭人类活动的流动，让城市的基础设施欣欣向荣。它们可以用来奖励居民和企业开展种种再生行为——比如收集、分类、回收废物，到维护城市建筑的绿色外墙——同时还鼓励社区购买本地作物，搭乘公共交通工具出行。实际上，补充性货币可以帮助城市居民完全参与到大自然的循环中去，一如贝尼斯的设想。

国家要发挥合作伙伴作用

国家的作用，是终结老一套退化性经济设计的关键。它可以采用多种方法积极推动再生替代方案，包括重组税收和法规，充当转型投资人，为公共品的活力赋权。

从历史上看，政府往往乐于对自己能征税的东西征税，而不是对应该征税的东西征税。以英国 18 世纪和 19 世纪的状况为例，对窗户课税，人们就会修建黑乎乎的房子；以今天许多国家的现状看，对雇主课税，就会面临无业可就的经济。之所以出现这种情况，一部分是因为 20 世纪遗留的不正当税收政策，（通过工资税）对雇用人员的企业收取费用，却又（通过可抵扣的资本投资）对购买机器人的企业提供补贴，而对土地和不可再生资源的使用分文不取。2012 年，欧盟 50%以上的税收来自对劳动力的征税。在美国，这一比例还要更高。这不足为奇，产业界的反应就是专注于提高劳动生产率（每名工人的产出），用自动化机器代替尽量多的工人。

倡导多时的实现对劳动力课税转为对不可再生资源课税，可以通过对可再生能源和资源节约型投资提供补贴来推动。这些举措能让产业界把注意力从提高劳动生产率转向提高资源生产率，同时大幅减少新材料的使用，创造更多就业机会。例如，不再拆除建筑物从头建造，而是翻新建筑物，在消耗能源大致相当的情况下，这往往能带来更多的就业机会，并使用少得多的水和新材料。欧洲新近的一项研究考察了通过可再生能源、提高能效举措来促进循环经济的效果，据估计，它们在法国可创造 50 万个就业岗位，在西班牙创造 40 万个，在荷兰创造 20 万个。

如我们所见，税收和补贴可以推动市场，但从退化性到再生性行业设计的转型，同样需要得到监管支持。用最简单的话来说，它意味着逐步淘汰使用“危险名单”上的化学品和污染生产工艺，分阶段采用对生命友好的化学品，以及净零排放和正向环保产业标准。世界上最进步的企业已在力求达到这样的标准：在整个经济体范围执行此类规范，要求再生性设计帮忙把雄心勃勃的相应企业实践，从罕见的特例变成行业标准。

经济学家玛利亚娜·马祖卡托认为，推动市场当然很重要，但这还不够。这对清洁能源革命来说尤其如此，它是再生性经济的关键动力来源。马祖卡托解释说：“我们不能依赖私营部门来实现合乎需要的激进经济再造。只有国家才能提供实现此种决定性转变所需要的耐心资助。”中国政府明确表达了对国家充当风险合作伙伴这一观点的立场：过去 10 年，它对各种创新型可再生能源公司投资数十亿美元，不仅支持其研发成本，还支持相应的示范和部署。与此同时，中国国家开发银行和国家电网，也正在部署迄今为止全世界规模最大的风能及太阳能光伏园并提供资金。

如果国家可以成为创造再生性经济的变革合作伙伴，它会在什么地方发生呢？迄今为止，它在散布全球的城市级举措中最为明显。俄亥俄州的奥伯林就是一个例子，该城位于美国后工业衰退的“锈带”。2009 年，城市行政当局与奥伯林学院及市政电力公司合作，目标是通过封存更多的二氧化碳，跻身美国第一批“气候积极”城市。该举措还希望种植本地70%的食物，保存2万英亩的城市绿地，恢复当地的文化和社区，尽一切可能创造急需的企业和就业机会。到2015年，学院和城市运营的大厦，90%都靠可再生能源提供动力，城里的大学、高中、医院和政府办公室的食物，也有越来越大的比例来自本地种植户。得益于该市绿色艺术区的一座全新表演艺术中心，文化生活逐渐复苏，环境教育也列入公立学校的课程体系。“我们的目标是全方位的可持续性，”奥伯林项目的执行总监大卫·奥尔（David Orr）解释了项目设计背后的系统思维，“我们需要按照生态系统的运作方式，以及它们的实际再生能力，对繁荣之道重新校准。”

生活指标的时代

只有得到能反映其使命的指标支持，才能对再生性经济设计的转变加以监控。仅靠货币指标将远远不足以反映再生性经济创造的价值，如果经济的目标是在欣欣向荣的生命之网里促进人类的繁荣，那么，财政收入就只是经济生成价值极为狭隘的一小部分。货币指标的垄断已经结束，是时候改用更全面的生命指标了。新的衡量标准不再专注于货币价值的流动（这是国内生产总值GDP的设计用意），而是将专注于监控价值流中的多种财富来源——人类的、社会的、生态的、文化的和物质的。

生命指标在许多尺度上飞速发展。奥伯林就是走在前列的城市之一。它提出了明确的生命目标“提高社区的韧性、繁荣和可持续性”，开始创建监控该目标所需要的指标。奥伯林架设了“环境仪表板”网站（Environmental Dashboard），教育、激励城市社区并为之赋权，改变其生态影响。城市图书馆、公共建筑和网络上都会显示公开数据，说明城市的实时用水量、用电量和河流的健康状况。7 月的一天晚上，我在距离该城 5600 多千米以外的英国家里访问该网站，可以逐分钟地跟踪奥伯林的地方生态流动：该城每人每小时产生的实时碳排放量，饮用水使用量和废水处理量，甚至城市附近梅溪（Plum Creek）水里的含氧量。实时数据是调动社区关注的一种吸引人的有趣方式，但更深刻的见解，不少来自监控其年度动态趋势。按奥伯林的宏伟志向看，我敢打赌，一旦数据可用，该市就会扩大“环境仪表板”的显示，不光说明奥伯林的全球物质足迹，还会用它来监测城市全面可持续发展的长期宏观目标。

如果说，奥伯林在城市生命指标上领先一步，企业生命指标的情况又将怎样呢？幸运的是，企业现在可以采用更为多样化的关键绩效指标，摆脱财务回报率的狭窄会计暴政。若干领先举措，比如“共同利益经济”（Economy for the Common Good）、“B 型公司环境影响报告”（B Corp's Impact Reports）和“多重资本计分卡”（MultiCapital Scorecard）都为企业提供了一套对其可持续发展性进行评分的矩阵。由于这些矩阵是公开独立打分的，其得分结果可以为消费者赋权，让企业主动支持再生型企业，如通过降低税收、优先公共采购等方式，对高分加以奖励。

从衡量重要之事这一角度看，所有这些商业计分卡都将企业雄心推向了正确的方向，但它们基本上仍然是跟“零影响”挂钩的——比如，如果公司实现了纯粹的零碳排放，就在气候影响上给它们打满分。此类商业指标的下一飞跃是超越“不为害”的可持续性，对慷慨设计加以奖励。当企业的生命指标跟贾尼娜·贝尼斯的城市生态绩效标准的高远志向相契合时，企业不光会问：“我们该怎样不为害？”还会问“我们的企业怎样才能像一片巨大的红杉森林那样生机盎然呢？”等问题，企业、城市和国家的志向跨入这一步，我们不光能无害于大自然的循环，还会成为生命再生的有益参与者。

“彩虹之上，天空蔚蓝。”《绿野仙踪》里的多萝西这样唱道。这是一个迷人的想法，彩虹型环境库兹涅茨曲线的完美主题歌。不断前进，不断成长，总有一天，空气会再次清新，河流会恢复清澈，对生命世界的亵渎将不再上演。但多年来，从全球数据集合和数百万人惨痛经历中所积累的证据，无疑清楚地表明：增长不会自己打扫留下来的烂摊子。相反，它还会把烂摊子越弄越大：到目前为止，随着国家经济规模的扩展，全球物质足迹也在增加，施加着越来越大的气候变化、水资源短缺、海洋酸化、生物多样性变化、化学污染等压力。我们继承了退化性工业经济：现在，我们的任务是从设计上把它们转化为再生性经济。不可否认的是，这是一项非同寻常的挑战，但这一挑战，也能激励下一代工程师、建筑师、城市规划师和设计师大展身手。我希望能继续听到本章开头印度学子普拉卡什的消息，因为印度，还有整个世界，需要他的加入。

显然，经济学家是时候放弃对经济运动定律的愚勇寻求了。走到设计桌跟前，抽上一把椅子，跟那些引领再生设计革命的创新建筑师、工业生态学家和产品设计师坐下来谈谈。一定有空位在等着大家，因为经济学家要在这里扮演关键角色：为企业和金融，为公共品和国家，设计经济政策和制度创新，释放循环经济和再生设计的非凡潜力。如果再辅以分配设计，那么，我们一定会进入“甜甜圈”的安全和公正空间。但既然“甜甜圈”本身就是一台生活指标的全球仪表盘，这对早已声名狼藉的国内生产总值（GDP）指标，又意味着什么呢？它的未来将会怎样？是上涨，下跌，还是不可知？

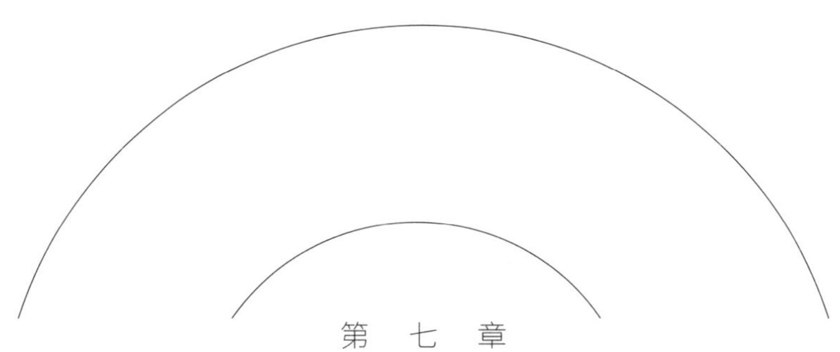

第七章

Doughnut Economics

对增长持不可知态度

从对增长上瘾到对增长持不可知论

每年，我都会教一堂课，打破朋友间的一团和气，对峙意识形态，向所有人发起挑战，改变我们的想法。我会提前进入教室，把原本排得整整齐齐的椅子分成两列，中间隔着长长的过道，就像飞机上的座位那样。随着学生们逐渐到来，他们会看到屏幕上的一个问题：绿色增长能做得到吗？是或者不。我按照他们的答案分配座位：回答是的，请坐靠窗的一列；回答不的，请坐门边的一列。不准站在中间的过道里。

那些希望毕业后进入大型咨询公司工作的人很快坐到“是”区，有些干脆靠在了窗沿上。其他人徘徊在中间，对突然的公开表态略感失措，接着坐进了“不”区，警觉地张望着由此可能引发的反应。等大家都坐下来，学生们就开始隔着过道彼此张望，惊讶地看着自己的好朋友居然坐得那么远，诧异于这从未说出过的观点鸿沟。

就跟学生们很快发现的一样，我们对经济增长的信念几乎成了宗教信仰：性质上是个人的，结果上是政治的，受私人把持的，少有讨论的。因此，随着我们讨论的展开，我请他们想一想怎样才能让他们改变立场，并用诗人泰勒·马利（Taylor Mali）的话提醒说：“改变主意，是判断你到底有没有主意的最佳方式之一。”课间休息过后，我建议他们到走道对面找个位置坐下，尽量理解另一方的观点。

我得承认，我的问题问得不公平，因为它引发了其他许多问题：增长的是什么？为了什么增长？还有，什么是“绿色”？也许，我强迫学生们去面对它，其实是为了方便自己重新审视内心对经济增长未来的纠结。早在 2011 年，我受乐施会的委托，撰写一份政策文件，帮助该组织判断，在高收入国家，是应该推广“绿色增长”的概念，还是应该支持鼓吹“去增长”这一概念的群体。我抓住了这个机会，因为它让我回到了宏观经济思维的核心。但当我一头扎进辩论，兴奋很快就变成了瘫痪，我发现，双方都有一些有力的论据，但也很快就遭到了对方例证的驳斥，双方都拿不出一个令人信服的答案。我一边努力为乐施会拟定明确的政策立场，一边越来越觉得说不准，仿佛肠子打了结，喉咙越发紧缩，几乎没法呼吸了。这个时代最具存在意义的经济问题，把我给弄瘫痪了。于是，我打电话给项目经理，解释了情况。“好的，”她说，“你打算怎么办？——多宽限两个星期？”

我打算不再从正面回答这个问题。如果希腊英雄珀耳修斯是我的项目经理，他一开始就会提醒我，切莫面对这一任务：他知道，永远不要直视恶魔美杜莎的脸，因为任何这样做的人，都会变成石头。相反，要用亮光闪闪的盾牌把她的目光反射回她自己身上，同时小心翼翼地靠近女妖，一刀砍掉她的脑袋。或许，对于怎样最好地思考经济增长的未来，这是一次很好的教训。

回到第一章，我们把 GDP 增长的布谷鸟目标踢出鸟巢，但这并不意味着它从故事里消失了。为什么呢？难题在这里：

> 没有经济增长，任何国家都无法终结人类的匮乏。没有经济增长，任何国家也无法终结生态退化。

如果21世纪的目标是，结束匮乏和退化，同时进入“甜甜圈”，这对GDP增长有着什么样的言外之意呢？思考这一问题，我们需要站到一个新的高度，重新思考增长。不再使用GDP作为衡量国家经济成功的主要指标是一回事，国家克服其对GDP增长的金融、政治和社会上瘾，就完全是另一回事了。本章接受了这一挑战，并提出观点：要创造出对增长持不可知论的经济。所谓的不可知，我不是指不关心GDP是否增长，也不是指拒绝衡量GDP是否增长。我说不可知的意思是，设计出能够促进人类繁荣的经济，不管GDP是上涨、下跌，还是保持稳定。

不可知态度，听上去像是在逃避，是袖手旁观的极端案例，但请接着读下去，因为它的含义极为激进。20世纪遗留给我们的经济，不管能不能让人蓬勃发展，都需要增长，而我们，正承受着这一遗产带给我们的社会和生态影响。21世纪的经济学家，特别是当今高收入国家的经济学家，如今面临新的挑战：创造出不管是否增长，都能让人类蓬勃发展的经济。一如我们要做的探讨，持有这样的不可知态度，需要改变我们业已习惯了的期待、需求和依赖增长的金融、政治与社会结构。

画出来太危险

如果你发现自己跟一群经济学家在一起，并且想打破僵局，你可以玩一个有趣的游戏，只需要一张纸和一根铅笔就行。请一位经济学家为你绘制经济增长的长期路径。如果你好奇他们将会在纸上画出什么形状，别急着去翻教科书，因为那里没有答案。听起来或许显得很奇怪，但尽管各国均把国内生产总值的增长视为经济政策的事实性目标，教科书却从不曾清楚地描述它在长期内会怎样发展。没错，有些图表会显示各种各样的经济周期，比如 7 年到 10 年的繁荣与萧条商业周期，还有技术创新引起的 50 年到 60 年的大波浪——学名叫作“康德拉季耶夫长波”（Kondratieff waves），但你其实很难看到一张图绘制了过去几百年里国内生产总值的增长情况。能暗示未来数百年 GDP 会怎么发展的图，更是少见至极。

是因为答案太明显，不值得教科书花心思吗？恰恰相反。这个问题太具挑战性，它们不敢画：国内生产总值增长的长期前景（经济理论中的女妖美杜莎）危险得根本没法画，因为它迫使经济学家面对有关增长最深层的假设。但如果你有幸找到一位愿意来玩这个小游戏的经济学家，说不定能一窥女妖最可怕的化身。

把你的铅笔和纸张交给过去 50 年里任何一位主流经济学家，他们最可能画出的是跟我们在第一章里见过的那幅图一样的形状：一条不断上升的曲线，也就是指数增长曲线，图中，GDP 在各个时期，都按自身规模的固定百分比（不管是 2% 也好，9% 也好）不停增长。不过，这位经济学家会本能地把曲线的尖端悬在半空，如同过程中断。

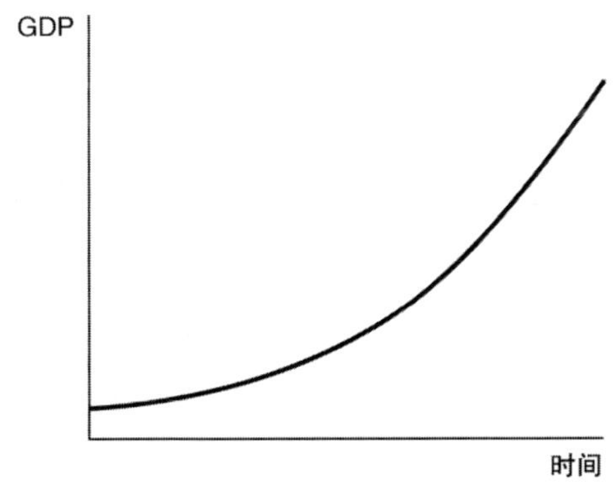

重新审视指数增长曲线。

可对绘制出这幅图的经济学家来说，麻烦的地方就在于那悬在半空的曲线带来了一个显而易见的问题：接下来会发生些什么呢？基本上分为两个选项。要么，这条曲线无限期地不断上升，迅速腾起到纸的最高处；要么，它逐渐趋缓，最终变成一条直线。对主流经济学家而言，第一个选项令人尴尬，第二个选项不合情理。原因如下。

不受抑制的指数增长（第一个选项），按照自身的逻辑，会始终朝着无穷大发展，而且速度比我们想象中要快得多。事实上，由于我们的大脑很擅长加法，而对复合运算一塌糊涂，它出了名地会悄然降临。这可不光是个新出道数学家要担心的问题：核物理学家阿尔·巴特利特（Al Bartlett）就警告说："人类最大的缺点就是，我们无法理解指数函数。"这是因为，如果某种东西呈指数级增长，不管是池塘藻类、银行债务，还是一个国家的能源使用量，它都会比我们预料的要快得多。10%的增长率意味着，每7年规模翻倍。3%的增长率听起来虽然很温和，但每隔23年，仍会实现翻倍。

这对GDP增长意味着什么呢？2015年，世界GDP（也称为世界总产值）约为800亿美元，全球经济每年增长约3%。如果这种速度无限期地持续下去，到2050年，全球经济将会增长近3倍，到2100年，将增长10倍以上，到2200年，更是会惊人地增长将近240倍。请注意：这种价值增长，没有一分钱是通货膨胀造成的，它纯粹是出于符合增长的逻辑。

跟我们其他人一样，大多数经济学家都难以设想比例如此惊人和繁荣的全球经济，尤其是考虑到人类活动已经给这个星球带来的沉重压力，所以，他们更乐意将它的潜在含义抛诸脑后。对这种方法体现得最生动、最一板一眼，而且影响力也最为深远的，是美国经济学家沃尔特·W.罗斯托（Walt W. Rostow）。1960年，他出版了自己的开创性著作《经济成长的阶段》(*The Stages of Economic Growth*)，并在其中提出了著名的经济发展动态理论。他声称，每个国家都必然会经过 5 个发展阶段，才能“享受复利行军开启的祝福和选择”。这 5 个阶段具体如下：

1. 传统社会。
2. 起飞的先决条件。
3. 起飞。
4. 实现成熟的动力。
5. 高级大众消费的时代。

这趟旅程始于传统社会，农业和手工业技术为经济的生产力设定了上限。从这里开始，是为起飞建立先决条件的关键过程。罗斯托说：“不仅有可能实现经济进步，而且经济进步是达成其他更佳目的(不管是国家的尊严、私人利润、整体福祉，还是儿童的更好生活)的必要条件——这样的理念要扩散开来。”开办银行，企业家开始投资，修建运输和通信等基础设施，适应适合现代经济需求的教育，关键的是，罗斯托说，出现了一个行之有效的国家，“认同新的国家主义”。

所有这些变化为“现代社会生活中的分水岭”铺平了道路：起飞阶段，“随着机械化工业和商业化农业在经济中占主导地位，增长成为正常状态。”罗斯托解释说，“复利融入了它的习惯和制度结构，经济的基本结构，以及社会的社会与政治结构都发生了转型，因此，可以长期维持一个稳定的增长率。”这个关键阶段带来了通往成熟的动力，在后一阶段，不管国家的基础资源如何，都将建立起一系列广泛的现代产业。而这一阶段，反过来又引发了罗斯托所说的第 5 个也就是最后一个阶段：大众消费的时代，在这个时代，增长为家庭提供了足够的剩余收入，可以购买耐用消费品，如缝纫机和自行车、厨房用具和汽车。

罗斯托的经济航班，连同起飞前程序检查和高度（代表了经济增长率），是这个故事中不容忽视的比喻。但它跟其他所有航班在一个关键方面有所不同：这架飞机从不着陆，而是以恒定的增长率巡航，飞入消费主义的落日黄昏。罗斯托暗示自己对未来可能存在的问题并不确定，他简要地承认："此后的问题，历史只给我们留下了一鳞片爪：当实际收入的增长失去了魅力，该怎么办呢？"但他并未顺着自己的提问继续探究，原因也可以理解：那是 1960 年，约翰·肯尼迪凭着年增长率达到 5% 的竞选承诺当选总统，罗斯托即将成为总统顾问，让飞机继续在天空翱翔，不去思考它将在什么时候、以什么方式降落，不失为明智之举。

舞台上的错位明星

古典经济理论的创始之父们或许从没见过飞机，没听说过国内生产总值（GDP），但他们有一种直觉的认识：增长的事物必然趋缓到停止。他们本着复杂的感觉，认为经济增长的结束不可避免，但他们对什么会带来经济增长的结束（或者，用系统思想家的话来说，对哪些限制因素最终将抵消 GDP 的增强反馈）有着不同的看法。亚当·斯密认为，所有经济最终都会达到"静止状态"，因为它"所有的财富"最终是由"土壤、气候和环境的性质"所决定的。与此相对，大卫·李嘉图认为，静止状态是地租和工资上涨的成本挤压了资本家，使后者利润几近于零所造成的，他担心，如果技术进步和对外贸易无法抵挡这些成本，静止状态很快就会到来（在 19 世纪初）。

其他人则更加乐观。例如，约翰·斯图亚特·穆勒巴不得静止状态赶紧到来，认为它将迎来现在许多人说的“后增长型社会”。1848 年，他写道：“财富的增长并不是无限的。资本和人口的静止状态，并不意味着人类进步的静止状态。各种精神文化、道德和社会进步的范畴繁多，当意识不再局限于增长的艺术，生活艺术进步的空间就越大，改善的可能性也越多。”而且，仿佛是为了证明他从来不是 GDP 的热衷者（早在 GDP 发明近一个世纪之前），他补充说，“那些不把当前人类进步的最初阶段视为其最终类型的人，对能让普通政客欢欣鼓舞的经济进步——单纯的生产和累积增加——持有相对漠然的态度，也就可以理解了。”整整一个世纪之后，约翰·梅纳德·凯恩斯回应穆勒的情操，（满怀希望地）断言说：“经济问题坐到本就该属于它的后座去，我们真正的问题——生命与人类关系的问题，创造、行为和宗教的问题——占据或重新占据心与脑的舞台，这一天并不遥远。”

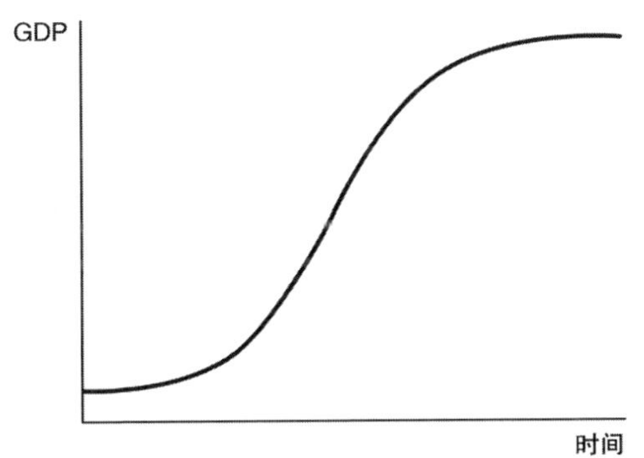

S 形增长曲线。早期的经济学家承认经济增长最终必将达到极限，可他们的大多数接班人却忽视了这一点。

那么，为回应绘制 GDP 增长长期路线图的要求，这些最著名的经济学家手里拿着笔，会画出什么样的形状呢？如果给他们看当今主流经济学家画的悬在半空的指数曲线，他们最有可能选择前端逐渐趋于平缓（经济受到这样或那样的因素限制所致）的曲线，他们手里的笔一挥，指数增长就变成了经济之旅的过渡阶段，年均 GDP 因为规模太大，成熟得无法继续增长。换句话说，他们会画出所谓的“逻辑斯蒂增长”，简单地说，也就是 S 曲线。

它或许并未出现在教科书里，但这一S曲线在经济学剧场可并非新人：它实际上是剧中所有演员里最古老也最错位的一个。1838 年，它初登经济舞台，比利时数学家皮埃尔·弗朗索瓦·韦吕勒（Pierre Verhulst）用它描绘人口增长的轨迹，认为人口不会像托马斯·马尔萨斯（Thomas Malthus）牧师相信的那样呈指数增长，而是受食物等资源的承载能力或可用性所决定的有限集合。这是一个非常天才的洞见（足以配得上一尊经济学奥斯卡奖）——但几乎没有人注意到 S 曲线的明星特质，因此，在长达一个多世纪的时间里，它都不曾出现在演员阵容里。

在后台凋萎期间，生态学家、生物学家、人口统计学家和统计学家却发现了 S 曲线的天赋，他们意识到，它非常适合描述自然界的许多增长过程——从孩子的脚丫、全世界的森林，到培养皿里的细菌、体内的肿瘤——自此以后，他们就开始用它。然而，经济学家却还是对 S 曲线不闻不问，直到 1962 年，它作为表现技术扩散（从早期接受者，到稍后的落后分子）的一种工具重登舞台，这一角色为它赢得了世界声誉，尤其是在营销行业。主流经济学家从来没有想过同一条 S 曲线扮演长期 GDP 的主角。不过，1971 年，它碰到了幸运的突破，生态经济学家尼古拉斯·乔治库斯 - 罗根（Nicholas Georgescu-Roegen）大胆地为经济之剧写出了不同的第三幕。他并未把 S 曲线真正地画在纸上，而是让它扮演 GDP 本人，陷入了一场让全球经济跟地球承载能力正面相斗的阴谋。主流经济剧团早就拒绝了它，但这部外传剧本如今正影响着正在撰写的新经济故事。

S 曲线很可能是一场突破，但和扎根它内部的指数曲线一样，它也不完整，因为它同样会叫人提出接下来会发生些什么的问题：当 GDP 增长最终停止时，GDP 是会在高原上永久维持不变，还是说，衰退将不可避免？大自然的经验至少能部分地让人感到宽慰。在外部能源的帮助下，活的有机体显然可以自我维持，成熟、稳定、复杂的系统可以存在极长的时期。孩子的脚丫到了 18 岁以后停止生长，但可以再保持 80 年没病的健康状态；大片的亚马孙热带雨林可以再繁荣 5000 万年。但从青少年的脚丫到热带雨林，没有什么能够永存不朽。尽管如此，我们也无须即刻提心吊胆。地球上的生命还有机会再活 50 亿年，届时，连我们的恒星——太阳，也将逐渐走向死亡。如第一章所述，只要我们人类能学习在人类世界里穿梭导航，不把我们的地球推进一个更热、更干燥、更敌对的状态，地球的全新世状况有望再持续 5 万年。如果明智地给予管理，我们创造的经济也可能继续蓬勃发展——不是增长，是蓬勃发展——上千年。

如果我们现在意识到，S 曲线描绘的是 GDP 增长的一种理想长期路径，那么，另一个更有趣的问题便会随之出现：不再是“无限的经济增长可能吗？”而是，“我们现在处于增长曲线的哪一部分——仍然靠近底部，还是已经快到顶了？”其实，我们可以玩一玩小孩子的经典聚会游戏“钉驴尾”，请经济学家们按自认为的本国经济发展位置，在 S 曲线上确定一个点。19 世纪的英国经济学家阿尔弗雷德·马歇尔——就是绘制了供给和需求曲线剪刀相交的那一位——要是还活着，大概会乐于参加，他会坚定地把别针戳在 S 曲线指数的上斜部分。“我们正年复一年地以更快的速度增长，我们猜不到它将在什么地方停止，”1890 年，他写道，“似乎没有充分的理由去相信我们会接近静止状态。”如果马歇尔今天还在场，他还将坚持这一观点吗？他恐怕会发现一些可堪信服的理由而改变想法。

自20世纪50年代“大加速”以来，世界GDP增长了5倍以上。根据主流经济预测，至少在不久的将来，经济还将以每年3%到4%的速度持续增长。但全球经济增长由大约200个增长率差异极大的国家经济体构成。柬埔寨和埃塞俄比亚等低收入国家每年以7%到10%的速度飞快发展，而法国和日本等高收入国家则维持在每年0.2%的低迷状态。因此，在不同国家，驴尾巴大有可能会钉在S曲线中非常不同的地方。

在许多低收入而高增长的国家，其国内经济显然处于罗斯托所说的起飞阶段（S曲线的低端部分），增长带来了对公共服务和基础设施的投资，它对社会的益处是很清楚的。在低收入和中等收入国家（国民收入低于每人每年12500美元），较高的GDP往往会极大地提高国民出生时的预期寿命，5岁以前夭折的儿童数目会大大减少，更多的儿童可进入学校。鉴于世界上80%的人口生活在这些国家，其绝大多数国民年龄都在25岁以下，因此，大幅GDP增长为之迫切所需，也很可能会到来。在充分的国际支持下，这些国家可以抓住机会，跳过从前浪费而又污染的技术。如果它们通过设计，把GDP增长引导到创造分配和再生性经济上，就能逐渐把所有国民带到“甜甜圈”的社会基础之上，却又不超过其生态天花板。

然而，在当今的高收入低增长国家，增长辩论最为紧迫，一些人开始怀疑，S曲线到顶是否已经近在咫尺。这些国家里有不少人口增长已经非常缓慢，有些国家（如日本、意大利和德国）到2050年，人口规模预计将会出现下降。与此同时，近几十年来，许多高收入国家GDP增长缓慢，收入不平等却加剧了。此外，所有这些国家的全球生态足迹已经远远超过了地球的负担能力：如果全世界所有人想过上像瑞典、加拿大和美国一样的生活，需要4个地球才够用；想过上像澳大利亚、科威特一般的生活，需要 5 个地球。这是否暗示，在力争进入“甜甜圈”的同时，高收入国家应该放弃追求 GDP 增长，接受它可能无以为继的前景呢?

这不是一个想起来叫人舒服的问题。小说家厄普顿·辛克莱（Upton Sinclair）说过一句名言：“如果一个人就是因为不理解某件事才拿得到薪水，那就很难让他弄明白这件事。”经合组织的一些工作人员显然正为此纠结不已，因为无论增长能不能变得“绿色”又平等，在世界上最富裕的一些国家，增长似乎都无法出现了。经合组织的 13 个长期成员国，平均 GDP 增长率从 20 世纪 60 年代初的 5%以上，降到了 2011 年的 2%以下。研究者就此种状况提出了多种看法，包括人口萎缩和老龄化、劳动生产率下降、债务高悬、财富不平等、商品价格上涨、应对气候变化带来的成本增长等。不管每个国家具体是什么理由，GDP 增长率长期走低，恐怕提出了一个八九不离十的可能性：这些经济体在 S 曲线上大概已经接近顶部，增长渐渐放缓。

但这样的前景，又有违经合组织的使命。该组织的创始目标之一就是追求经济增长，它最出名的一份年度报告就叫《力争增长》（*Going for Growth*），它还有希望启动绿色增长的旗舰战略。这趟航班上的乘客（外加世界银行、国际货币基金组织、联合国、欧盟，以及世界各地的几乎所有政党）很难接受以下观点：一些国家大概是时候开始思考经济飞机着陆的问题了。

这兴许正好解释了为什么经合组织悄悄地调整了最新的长期增长预测，好让它的信息使成员国们听起来更顺耳。2014 年，该组织公布了全球经济增长截至 2060 年的长期预测，显示了全球经济的“平庸”前景，德国、法国、日本和西班牙等成员国的年增长率将降至 1%，偶尔有些年份还会是零。然而，预测还在模型的细节里隐藏了一些关键：这一平庸前景得以实现，在很大程度上是因为它假设全球温室气体排放量在 2060 年将增加一倍，而其中 20% 的增量来自经合组织成员国。GDP 微小增长的承诺，竟然必须以接受灾难性的气候变化为代价，这就像是为了养活布谷鸟，直接把鸟巢给拆掉了。

不过，自此以后，经合组织和各大金融机构的首席经济学家们在讨论未来增长前景时，都会谨慎斟酌措辞。2016 年年初，英国央行行长马克·卡尼（Mark Carney）警告说，全球经济恐怕将陷入“低增长、低通胀、低利率均衡状态”的困境。国际清算银行对此表示认同，指出“全球经济似乎无法恢复到可持续的均衡增长……前面的道路相当狭窄”。国际货币基金组织同时表示，“我们的预测将随着时间的推移继续持较不乐观态度……政策决策者们不应该忽视为不利结果做好准备的可能性”。经合组织自己也认为，世界处于“低增长陷阱”，高收入国家的增长放缓。极具影响力的美国经济学家拉里·萨默斯（Larry Summers）宣称，我们进入了“长期停滞的时代”。这些言论听起来很像是在说，一些经济体已经接近了 S 曲线的顶端。

我们还能继续飞吗

在这种背景下，就当今高收入国家经济增长的未来问题，争论出现两极分化：有人呼吁“继续飞行”的绿色增长，有人倡导后增长经济体“准备着陆”。双方之间的分歧似乎取决于一些技术问题。太阳能的成本会降低到足以提供丰富的可再生能源吗？循环经济的资源效率如何？数字经济将带来多少经济增长？按照我的观察，分歧的真正源头其实更为深入，政治性强于技术性。

我碰到美杜莎问题左右为难了好几个月之后，去参加了一次大学同学会，偶遇了从前的一位经济学教授。我们寒暄了几句，问候了一下彼此的家庭和事业，接着，我问他是否认为 GDP 增长能永远持续下去。“当然了！”他想也不想地断言，“它必须这样！”我吓了一跳，不仅仅是因为他的信念如此坚定，也因为他得出这一信念所做的推理。他确信经济增长将永远持续，因为它必然将永远持续。这短暂的交流把我带回了美杜莎女妖身边。是什么让他觉得 GDP 增长必将永远持续？如果 GDP 增长不能永远持续，那会怎样？最叫人担忧的一点是，为什么在我修读经济学课程整整 4 年时间里，我们未曾涉及这些问题里的任何一个？

从那时起，我开始更仔细地聆听这场辩论双方背后更深刻的支撑信念，也开始听出他们的分歧源头。为了明确这些差异，假设这场辩论里的所有人都坐在罗斯托的航班上，隔着过道左右相对。从本质上说，许多人的信念分歧可归结为：

> 持继续飞行立场的乘客：经济增长仍然是必要的——所以它必须永远持续。
>
> 持准备着陆立场的乘客：经济增长已不再可能——所以它肯定不是必要的。

双方在这里都触及了一些要点，但他们所得出的结论往往过于乐观，所以，让我们来探讨一下他们的论点。

持继续飞行立场的乘客在一件事上很明确：经济增长是每个国家在社会和政治方面的必要条件。1974 年，经济学家威尔弗雷德·贝克曼（Wilfred Beckerman）写道：“如果放弃把增长视为政策目标，那么就不得不放弃民主政治……从社会所需要的政治和社会变革角度看，故意不增长将带来天文数字般庞大的代价。”贝克曼影响深远的作品《捍卫经济增长》（*In Defense of Economic Growth*）尖锐地回应了罗马俱乐部所做的《增长的极限》报告，立刻成为一本支持增长的经典之作。今天许多经济学家和公众评论员仍然认同他对增长政治必要性的信念。本杰明·弗里德曼（Benjamin Friedman）在《经济增长的道德意义》（*The Moral Consequences of Economic Growth*）中指出，是不断增长的收入（而非单纯的高收入），促进了“更多的机会，对多元化的容忍，社会流动性，对公平的承诺，对民主的恪尽职守”。经济学家丹比萨·莫约（Dambisa Moyo）对此表示认同。“如果增长放缓，”2015 年，她在 TED 讲演中提醒观众，“人类进步的风险、社会和政治不稳定的风险就会加大，社会将变得更为黯淡、粗俗、规模更小。”

既然在持继续飞行立场的群体认为经济增长是政治必需品（不管一个国家已经多么富裕都必须继续增长），不足为奇，他们坚持认为高收入国家有可能进一步增长，因为它即将到来，而且可以实现在环境上的可持续性。首先，埃里克·布林约尔松和安德鲁·迈克菲等技术乐观人士认为，增长已经上路了：随着数字处理能力的指数级增长，我们正在进入“第二次机器时代”，机器人快速增长的生产力将推动 GDP 的新一轮增长浪潮。

而且，联合国、世界银行、国际货币基金组织、经济合作与发展组织和欧盟等绿色增长的倡导者认为，未来的增长，可以通过 GDP 与生态影响的脱钩而变成“绿色”。换句话说，一方面，GDP 持续增长；另一方面，相关资源的使用（如淡水使用、化肥使用和温室气体排放）却可能下降。但就进入“甜甜圈”所需的规模而言，要脱钩到什么程度才能让增长变成“绿色”呢？这是一桩难度很大的任务，用图片显示最为合适。

下图显示，GDP 随着时间的推移而增长，并伴随 3 种不同的资源使用途径。如果 GDP 增长速度快于资源使用的增长速度（如节约水和能源的措施），这叫作相对脱钩——也是当今许多低收入国家视为重点的“绿色增长”。但高收入国家的消费水平长期超过地球所能承受的水平，这显然还不够。这些国家的GDP再有任何进一步的增长，都至少需要伴随绝对脱钩，也就是说，随着GDP的增长，资源使用的绝对值将下降。

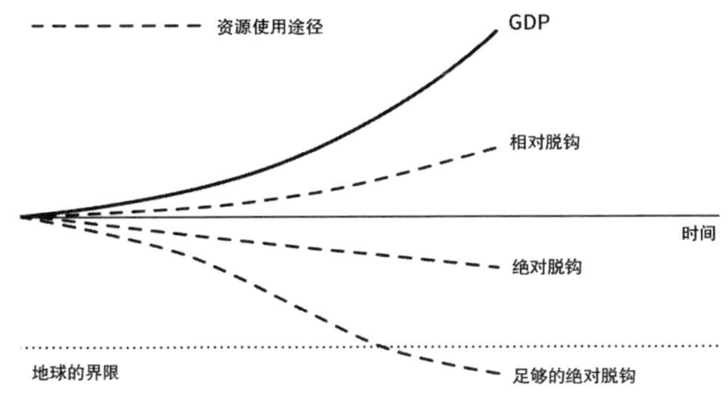

脱钩的挑战。如果高收入国家的GDP继续增长，其相关资源的使用不仅要下降，还必须在绝对值方面下降到足够的程度，回到地球的界限之内。

说到二氧化碳排放（这是解决气候变化的关键），迄今为止，包括澳大利亚和加拿大在内的许多高收入国家迄今仍未能实现绝对脱钩。但也有些国家似乎表明，就算把国家进口产品中的排放量考虑在内，绝对脱钩，至少在部分时候，是做得到的。根据现有的国际数据，2000年至2013年，德国的GDP增长了16%，而基于消费的二氧化碳排放量则下降了12%。同样，英国的GDP增长了27%，排放量下降了9%；美国的GDP增长了28%，排放量则下降了6%。

如果这些数据是准确的，那么，和过去相比，这是惊人的突破，但还远远不够。虽说已经实现了一定程度的绝对脱钩，可这些国家的排放量下降得还不够快。一些顶尖气候科学家估计，为了帮忙把全球经济带回地球的界限之内，高收入国家排放量的下降速度如今至少应该达到每年8%到10%。但实际上，它们的下降速度最多仅为每年1%到2%。为突出这一差距，需要设定一种更为相关的标准——“足够的绝对脱钩”（足够回到地球界限所需的规模上），这一点，在绿色增长的辩论中常常遭到忽视。

那么，足够的绝对脱钩跟不断增长的 GDP 能保持一致吗？在持继续飞行立场的人群看来，没错，而且有 3 条大路。首先，将能源供应从化石燃料迅速切换到太阳能、风能和水能等可再生能源——随着可再生能源（尤其是太阳能光伏发电）成本的快速下降，这种趋势正在提速。其次，创建一套资源节约型循环经济，物质在地球的资源和沉降能力内循环流动。最后，扩大数字产品和服务促成的“无重”经济，靠“思想而非物质、头脑而非肌肉、理念而非东西”来带动将来的 GDP 增长。然而，有必要指出，所需的脱钩并非一次性阶段：如果 GDP 继续增长，脱钩速度必须年年超过 GDP 增速。

持继续飞行立场的人群是否确信，这些举措能够在高收入国家实现足够的脱钩，使其增长尽量绿色呢？许多人承认挑战的规模叫人望而生畏，但仍然相信它有可能做到，更何况，大多数政府还根本没有开始实施所需政策。换句话说，按经济学家亚历克斯·鲍文（Alex Bowen）和卡梅伦·赫本（Cameron Hepburn）的说法，“现在排除绝对脱钩还言之过早”。

不过，另一些人却不这么确定。我跟来自政府、学术界、国际机构和企业的代表多次进行了此类对话，想要找出他们对绿色增长愿景的明确信念源头，这一愿景如今无处不在：嵌在他们的职位头衔里，印在他们的名片上，写在他们的组织战略里。一位联合国高级顾问在跟我进行的对话中，总结了这种欲说还休的不确定感。新近召开的一次绿色增长会议中，我趁着席间休息问他，是不是真的相信全世界最富裕的国家能实现绿色增长，而且绿得足够把我们带回地球界限之内？其他代表陆陆续续往会议室走，他落在队伍后面，沉静肃穆地回答：“我不知道，目前还没有国家做到，但我们必须这么说，让所有国家都参与进来。”我佩服他在私下里表现出来的诚实，但我也希望，这些会议能留出更多的空间包容此类怀疑的声音，因为它们显然需要得到倾听。

那些坐在通道另一侧的人，也即准备着陆的乘客，很乐于公开表达这些疑虑，因为他们相信，在高收入国家，根本做不到足够绿色的增长。他们的意见，远非排除脱钩言之过早，而是认为，光是秉持“它总能实现”的信念，已经为时已晚。他们认为，真的采取了足够的行动以回到地球界限之内，还相信它将伴随持续增长出现就不够现实了。为更好地理解这是为什么，我们必须重新思考一个长久以来的假设：到底是什么在推动 GDP 增长？

早在 20 世纪 50 年代，经济增长理论之父罗伯特·索洛就尝试确定是什么原因导致了美国过去半个世纪的经济增长。他的开创性增长模型（跟循环流向图有着相同的理论基础）认为，生产力的提高，是劳动力和资本更高效地共同运作带来的。但当他把美国的数据置入模型的方程式，却惊讶地发现：每名工人的资本投入，仅能解释美国过去 40 年经济增长的 13%，他只好把剩下找不到原因的 87% 的增长归结到“技术变革”上。这么大的剩余量找不到解释，委实令人尴尬，跟他同时代的摩西·艾布拉莫维茨（Moses Abramovitz）自己计算时也出现了类似的巨大解释性差距，无奈地承认这一剩余量其实“暴露了我们对经济增长原因的无知”。

自此以后，经济学家一直在为 GDP 增长寻找更好的解释，试图发现神秘的剩余量里到底藏着什么。如果比尔·菲利普斯选择另一种动力源来泵动“莫尼亚克”机器里的水，答案说不定几十年前就找到了。如果他不是靠电力，而是靠人踩踏板来提供动力，那么，每次做演示时，他的身边都会有一个气喘吁吁的学生在踩自行车踏板。这样的话，他和同行经济学家们就很难忽视外部能源在维持经济运转中所扮演的角色了。另外，如果菲利普斯或索洛看到了经济的宏观图景（如第二章的“嵌入式经济图”所概括），他们的经济模型打从开始恐怕就把答案包含在内了。

2009 年，物理学家罗伯特·艾尔斯（Robert Ayres）和生态经济学家本杰明·沃尔（Benjamin Warr）决定构建一套新的经济增长模型。他们为传统的劳动力和资本二重奏增加了第三种生产要素：能源，或者更确切地说，是效用能（exergy），也即用于有用工作（而非作为废热损失掉）的总能量比例。他们把美国、英国、日本和奥地利 20 世纪的增长数据放到这套三要素模型里，发现它可解释这 4 个国家绝大部分的经济增长：索洛的神秘剩余量，长久以来一直以为反映的是技术进步，到头来却发现反映的是能源越来越高效地转换为有用工作。

言外之意是什么呢？过去两百年高收入国家非凡的经济增长，主要归功于有廉价化石燃料可用。把它分解开来你就明白了：一加仑石油中的能量相当于 47 天的辛苦人力劳动，也就是说，当前的全球石油产量，相当于数十亿无形奴隶的日常工作。那么，如果我们必须要创造出不再依靠化石燃料的未来，这对 GDP 意味着什么呢？艾尔斯和沃尔提出警告：“我们必须预料到存在经济增长放缓甚至转为负数的可能性。总之，GDP 的未来增长不仅没有保证，甚至还可能在几十年里就结束。”

尽管如此，可再生能源的前景如何呢？它的价格可能会快速下降，但一如系统中的所有存量，太阳能、风能和水能发电设备都需要时间来安装。准备着陆群体里的不少人都相信，可再生能源的安装速度，无法满足经济对能源的需求，尤其是化石燃料若按所需速度分阶段淘汰的话，新能源就更跟不上了。更重要的是，相较于 20 世纪容易获取的石油、煤炭和天然气储量，能源产业为了生成更多可再生能源，自己消耗能源的比例会大得多。页岩气和焦油砂等能源就是如此。一些分析师认为，这将给经济带来严峻影响。美国能源经济学家大卫·墨菲（David Murphy）总结道：“现在该重新审视不惜一切代价追求经济增长的做法了。我们应该预期，未来100年的经济增长率跟过去的100年不会是一个样子。”

此外，准备着陆的群体里还有些人怀疑，考虑到物质和能源密集型基础设施是即将到来的数字革命的基础，无重经济是不是真的能够做到“去物质化”。与此同时，还有人怀疑，无重经济对GDP增长所做的贡献，不如对增长持乐观态度的人设想的那么多。软件、音乐、教育和娱乐等大量在线产品及服务近乎完全免费提供，因为多亏了互联网，它们可以按几近于零的边际成本创作和复制。杰里米·里夫金等分析师认为，今天正在浮现的可再生能源生成及3D打印横向网络将扩大这一趋势。倘若真是如此，它就能使从前可以在市场上贩卖获得利润的大量经济价值，以低成本或无成本的形式在合作公共品领域分享。

共享经济也在增长，所有权文化（每个家庭都配备自己的洗衣机和汽车）将让位于使用权文化（各家庭共享洗衣设施，按小时数从当地汽车俱乐部租用汽车）。越来越多的人将不再购买新衣服、书籍和儿童玩具，而是跟朋友和邻居物物交换。在这样的经济当中，人们喜欢的产品和服务仍然能创造大量经济价值，但在市场交易里流通的总价值会减少许多。这些不同的趋势，对GDP增长有什么潜在含义呢？里夫金总结说：“随着社会转入一种充满活力的新经济范式，并以全新的方式衡量经济价值，未来的GDP将稳步下降。”

这是一个有趣的观点，但它将给未来的经济增长带来什么不同吗？毕竟，一些持继续飞行立场的人认为，归根结底，人类福祉重要的是经济活动的总价值，这些价值是否通过GDP里的市场交易来获得，并不重要。对家庭而言，照料工作的价值，无须金钱转手，就可直接给予或获得（而且，标准GDP计算也并未将之考虑在内），上述意见或许成立。对投身公共品领域的人来说，他们通过重新创作来收获价值（不管价值来自灌溉稻田，还是在开源设计里进行在线协作），同样没有金钱转手，上述意见也成立。

但经济价值是否通过市场实现货币化，对金融、对企业、对政府来说极为重要。只有依靠具备市场价值的经济价值，金融家才能以利息、租金或股息的形式赚取回报。只有当价值通过销售体现成货币形式，企业才能以收入和利润的形式获得价值。政府发现，对来自市场交换经济价值的公共收入课税更容易。所有这三个领域（金融、企业和政府），从结构上就期待和依赖货币收入的不断增长：如果 GDP 不再增长（哪怕总经济价值继续增长），这些期待也需要发生重大改变。

对于那些准备登陆的人群来说，所有这些趋势的结果是，高收入国家未来将难以实现绿色增长——现在是时候全面转绿但不增长了。可这也是他们太过乐观的地方：没错，无止境的 GDP 增长或许并不现实，但许多人就此匆忙认定这不必要，还把所谓的“伊斯特林悖论”视为更高收入不能让我们更快乐的证据。

美国经济学家理查德·伊斯特林（Richard Easterlin）发现，1946 年至 1974 年，美国人均 GDP 增长显著，但人口自我报告的幸福水平（以 0 分到 10 分计）却保持不变，在 20 世纪 60 年代甚至有所下跌。可这些发现一直遭到了另一些研究的质疑，后者发现，一个国家越是富裕，人口自我报告的幸福水平增长就越是缓慢，但不管怎么说，它总是在提高的。即便我们原样接受伊斯特林的数据，相信人们收入提高但自我评估的幸福水平保持不变，这也并不能证明收入保持不变，人们的幸福也将持平。另外，一如近年来许多高收入国家发生的情况，要是工资停滞不前，本国居民会一味指责移民，仇外心理和社会冲突加剧。跟我们的经济一样，我们的社会也逐渐变得期待增长，依赖增长：我们似乎不知道，没了它该怎样生活。

2007 年，英国最受尊敬的一位金融记者马丁·沃尔夫（Martin Wolf）

在2007年迈出了罕见的一步，他越过辩论的过道，在减少全球碳排放将给经济造成什么影响上认同准备着陆群体。然而，他在英国《金融时报》的专栏中，怀着极大的不安承认："如果排放受到限制，增长可能也会受到限制。但如果增长真的受到限制，我们世界的政治基础就会崩溃。激烈的分配冲突必将重新出现——实际上，在各个国家之间，在各个国家内部，它已经冒头了。"对GDP增长保持这种看法（虽不再可能却仍然必要），显然叫人感到十分不适。而这样的言论，恰恰来自一个敢于正面直视美杜莎的人。

我们到了吗

不管我们的经济航班是将继续巡航，还是即将停在半空，有一点显而易见：它如今正驶向我们不希望到达的目的地，那是一个退步而且深深分裂的终点。如果我们想要重新转向到想要抵达的经济目的地，也即通过设计实现再生和分配的经济，那么，有关增长的新问题就冒了出来。随着我们转向后一目的地，GDP可能会出现什么样的情况？等我们到达那里，GDP又可能会怎样？随着高收入国家创造出再生和分配性经济，让家庭、市场、公共品和国家都参与其间，很难绝对准确地预测GDP是会增加还是减少。

到达我们渴望的彼岸，许多部门都需要转型，包括采矿、石油和天然气、工业化畜牧生产、拆除和填埋，以及投机性金融等行业的有力收缩，对可再生能源、公共交通、以公共品为基础的循环制造、建筑翻新等长期投资的快速持续扩张——这一收一放互为抵消。它需要对所有价值流动的财富来源（自然的、人类的、社会的、文化的和物质的）进行投资，不管它们是否货币化。这开启了机会，让市场、国家和公共品在满足我们需求所扮演的角色上得到重新平衡。

把这些无法确定的转变结合起来，经济中买进卖出的产品和服务的总价值到底会发生什么样的变化，是根本说不清的。它兴许会先上涨，后下降。它兴许会先下降，后上涨。又或者，它兴许会大致稳定地小幅起伏。在向“甜甜圈”的安全和公平空间进行前所未有的转变时，我们无法确定GDP会做出怎样的响应和演变；等我们抵达了甜甜圈空间并在其间蓬勃发展，我们也不知道GDP会有怎样的表现。正是出于这一点，我们碰到了问题。因为，一如罗斯托所说，在过去几个世纪里，资本主义经济已经重建了法律、制度、政策和价值观，好让自己能够预期、需求和依赖于持续的GDP增长。让我们重温一下人类面临的难题：

> 我们的经济需要增长，不管它能不能让我们蓬勃发展。而我们需要能让人类蓬勃发展的经济，不管它能不能增长。

这对经济航班之旅意味着什么呢？如果罗斯托仍然在世，不再是志得意满的总统顾问，而是这趟航班里怀着关注之心的同胞公民，或许，他会更新自己的理论，意识到故事不可能这样结束——飞机永远朝着增长的日落前进。飞机不光要有飞行的能力，还必须具备降落的能力，具有即便增长结束，也能蓬勃发展的能力。所以，他大概会同意对自己的书做以下修订：

1. 传统社会。
2. 起飞的先决条件。
3. 起飞。

4. 实现成熟的动力。

5. 准备着陆。

6. 到达。

当然，如果罗斯托真的提出这些新的章节标题，主流经济学将会发生一场革命。而对他（也对我们）来说，知道在飞行手册里缺失的两章里写些什么，则完全是另一场革命，因为之前从未有人尝试过这样的控制下降。每一架真正的客机都配备了安全着陆装置：襟翼可以产生阻力，放缓速度却又不停下；起落架带有坚固的轮子和减震器，可为触底的瞬间做好准备；刹车和反向推力可让飞机平稳停止。但是罗斯托在20世纪60年代向往的经济飞机不是为着陆制造的：事实上，它们的装置锁定在自动驾驶仪上，期待以大约3%的速度巡航，并且还打算一飞上天就永远这么做下去。

在实际已接近成熟的经济体里试图维持GDP增长，有可能令政府采取孤注一掷的破坏性措施。它们对金融放松管制（或重新管制），希望能释放出新的生产性投资，结果却释放出了投机性的泡沫、房价高峰和债务危机。它们承诺企业简化“手续”，结果却取消了保护工人权利、社区资源和生命世界的法律规章。它们把医院、铁路等公共服务私有化，把公共财富变成私人收入来源。它们把生命世界当成“生态系统服务”和“自然资本”，为之分配跟价格像得可怕的价值，加入国家账户。尽管承诺要让全球变暖“远低于2℃”，许多此类政府却追逐着焦油砂和页岩气等“廉价”能源，忽视了清洁能源革命所需的转型公共投资。这样的政策选择，就好比飞机燃料即将耗尽，为了多飞一会儿而扔下机上宝贵的货物，却不肯承认它很快就该下降着陆了。

学习怎样着陆

高收入经济体做好着陆准备，以便能够安全下降，等到了合适的时候，转变成蓬勃发展、不再依赖增长的经济体，这是什么意思呢？线索来自罗斯托的起飞前提条件：“传统社会的每一个主要特征，都为经常性增长做了转变：除了经济，还有它的政治、社会结构，和它的价值观（价值观的转变是有程度之分的）。”那么，做好着陆准备，就需要把经济从增长自动驾驶的状态切换出来，对将增长视为“常态”（罗斯托语）的金融、政治和社会结构重新进行设计。当然，这非常棘手，因为经济学家们没有接受过训练，更没有相关的经验，可让这架飞机着陆，可能会创造出不管是否增长都蓬勃兴旺的经济。但一些富有创新精神的经济思想家，开始思考这个任务，用生态经济学家彼得·维克托（Peter Victor）的话来说也就是，我们能不能“依靠设计，而不是因为灾难，放缓速度呢？”甚至，用不可知论的态度来说，该怎样对经济加以设计，才能让它可以不带着向往、也不依赖地应对 GDP 增长，不苛求于 GDP 的增长却又能投入其怀抱呢？

这是一趟漫长的航程：该着陆了吗？

一如既往，本书第四章中提出的系统思想核心概念会是一种有用的工具。GDP 增长，跟所有的增长一样，源于增强反馈循环，这一循环最终会碰到抵消的限制条件，也即调节反馈循环，后者最有可能是源自经济所根植的更大的系统。基于目前所掌握的证据，这一限制条件似乎来自生命世界的承载能力。两者的相遇是会导致崩溃，还是说，我们可以抢先一步，把经济从在不稳定的轨道上不断增长，转变为在稳定的范围内不断振荡，从而避免这样的未来？系统思想家们会提出什么样的建议？

我们已经按照唐纳拉·麦道斯的明智建议去寻求高杠杆点，比如改变目标，把鸠占鹊巢的 GDP 增长赶出去，以进入“甜甜圈”为新目标。其他强有力的杠杆点包括：寻找方法来削弱增长的增强反馈循环，加强调节反馈循环。从这一镜头往外看，很明显，经济学思想上的很多创新都以此为目的，我们在下面就会看到。最突出的是，许多旨在促成经济与增长脱钩的政策，也有望帮助经济朝着分配和再生设计的方向转型。

那么，当今的高收入经济体是怎样对 GDP 增长变得这么依赖的呢？它们又怎样才能学会不管有没有增长都蓬勃发展呢？能费心（或是敢于）当众提出这些问题的经济学家很少，直到最近才有人这么做。赫尔曼·戴利（Herman Daly）是 20 世纪 70 年代的一位早期先驱，他极富先见之明地呼吁创造“稳定状态”的经济，但那时候的政治家们根本不愿意听。今天，在高收入国家，越来越多的政府将面临未来数十年 GDP 缓慢甚至根本不增长的切近前景，有些政府甚至头一次私下里向经济学家打听，该怎样去投入来应对这样的现实。对此类想法的支持，从最出人意料的地方冒了出来，比如极具影响力的美国主流经济学家肯尼斯·罗格夫（Kenneth Rogoff），他的职业生涯横跨国际货币基金组织、美联储和哈佛大学。2012 年，他写道：“在经济存在极大不确定的时期，怀疑增长的必要性似乎有点不合适。但还是那句话，危机或许正是重新思考全球经济政策长期目标的时机。”

让我们抓住这次漫长危机的机会，着手分辨当今高收入经济体（以及效法这条道路的其他经济体）固执追求 GDP 增长并为之上瘾的种种方式（金融上的，政治上的，社会层面的，等等）。从这些地方，我们可以开始思考该怎样才能让经济与 GDP 增长脱钩，到底有没有一些创新方法能阐明可行的选择。当然，这一切没有简单的答案。考虑到这个问题酝酿了如此之久，我们很可能会花上几十年时间来尝试和体验，才能找到明智的解决方案——出于这个原因，这个问题值得给予更多的关注和分析。对于经济学家飞行手册中长期缺失的“准备着陆”篇幅，以下内容做了一番初步的勾勒尝试。

金融上瘾：得到些什么

让我们从事情的核心开始：金融对经济增长上瘾。因为金融界的每一个决策都围绕同一个基本问题展开：回报率是多少？这个问题引发了对“收益”的追求。自 19 世纪资本主义经济在英国崛起之后，对收益的追求就是它的动力。20 世纪 40 年代，卡尔·波兰尼（Karl Polanyi）写道：“收益动机所引发的机制，其效力只有历史上宗教高烧最狂热爆发时才可堪比较。人类世界的整整一代人，都受到了它原汁原味的影响。”波兰尼绝非第一个认识到对利益的追求打开了无尽积累大门的人：这个设想，他是从马克思那里继承的，马克思把资本描述为“能生出货币的货币”，反过来说，马克思又是从亚里士多德那里得到了这个想法，我们在第一章提到过，色诺芬把经济学视为管理家务的高尚艺术，区别于积累财富的有害艺术理财学。公元前 350 年，他写道：“金钱是为了交换而用，而不是为了增加利息……获取利息，在所有获得财富的模式里，利息是最有违自然的。”

金融系统深处对GDP持续增长的依赖性，正是来自对收益的追求（它驱动着股东回报、投机交易和计息贷款）。在从华尔街出走的银行家约翰·富勒顿看来，这就是问题的根源。他说：“我们已经得出了这一扩张主义经济范式的逻辑结论。除非我们能够实现神奇的脱钩，否则，我们就是在地球封闭系统上加了一个指数函数……然而，金融系统没有内置的稳定水平，它无法‘成熟’——金融专家们甚至想都没想过这一点。”

出于这个原因，富勒顿和同事蒂姆·麦克唐纳（Tim MacDonald）开始考虑怎样让再生性企业摆脱来自股东持续不断的增长压力。他们提出了长荣直接投资（Evergreen Direct Investing，EDI）的概念，它能提供来自成熟低增长或无增长企业的可接受的、有弹性的财务回报。企业永久性地向投资者支付一股收入流，而不是向股东偿付利润分红。这种设置，能让有利润但不增长的企业吸引到眼光长远的财富托管人的稳定投资。“EDI能让企业表现得像一棵树，”富勒顿向我解释说，“一旦成熟，它就停止生长，结出果实，而果实，跟增长同样有价值。”

不过，股东回报压力仅仅是财务收益驱动增长的一种表现方式。事实上，这种收益期待太根深蒂固了，我们几乎不会注意到它最反常的特点：它违背了我们世界的基本动态。随着时间的流逝，拖拉机会生锈，庄稼会腐烂，智能手机会坏掉，建筑物也会崩塌。但金钱呢？有了利息，金钱永远累积。这就难怪它本身成了一种商品，极少投资到创造生产性资产（可再生能源系统、循环制造过程等，它们是支撑再生性经济需要的根基）中去。

那么，什么样的货币能与生命世界达成一致，促进再生性投资，而不是追求无尽的累积呢？自带滞留费的货币或许是一种可能性，滞留费指的是一笔持有货币的小额费用，持有货币的时间越长，不会带来价值的收益，反而会带来损失。滞留费（demurrage）是个不为常人所知的术语，光是这一事实就足以表明，我们有多么习惯于搭乘不断上升的自动扶梯——就像是只知道“上”的概念却不知道“下”，只知道“多”却不知道“少”。但滞留费是一个值得了解的词语，因为它说不定会是金融未来的一部分。

滞留费概念最初由德国－阿根廷商人西尔维奥·盖塞尔（Silvio Gessel）提出，1906 年，他在《自然经济秩序》（*The Natural Economic Order*）呼吁引入一种纸币，要定期付费盖戳，才能保证持续有效性。今天，使用电子货币就能更简便地达到相同的效果，只需要设定电子货币将随着持有的时间推移而收取费用即可，这样，就减少了囤积货币不断积累价值的用途。盖塞尔说，只有“像报纸一样会过期，像土豆一样会腐烂，像铁一样会生锈”的货币，才可用来交换同样会衰败的物体，“……如果我们希望把货币变成更好的交换媒介，就必须让它跟商品一样，会逐渐变得更差”。

这些设想乍听起来会显得古怪而不切实际，但历史已经证明它们其实非常适用。20 世纪 30 年代，德国和奥地利为振兴地方经济，曾成功地在城市规模应用过自带滞留费的纸币作为补充货币。1933 年，这种纸币还几乎在美国全境推出过。但每一次，显然是受到了这一举措自下而上成功的威胁，并考虑到国家有可能对创造金钱的权力失去控制，国家级政府都叫停了相关实践。然而，凯恩斯对盖塞尔留下了深刻的印象，他把后者称作“被过分忽视的先知，”因为滞留费货币能重启经济支出（这是大萧条时代的重中之重），凯恩斯对盖塞尔的提议很感兴趣。

不妨想象一下，如果可以设计出一种自带滞留费的货币，那么，它就不会推动今天的消费，而是推动明天的再生性投资。它将改变财务预期的景观：从实质上看，对收益的追求，将被对保持价值的追求所取代。保存存储财富长期价值的最佳方法之一，是把它投资到长期的再生性活动当中，比如森林再造计划等。如果回报率接近零的投资也比持有资金所承担的成本更可取，那么，银行就会考虑向投资回报率接近零的企业借贷：对可以带来社会和自然财富，以及适度经济回报的再生和分配性企业来说，是个好兆头。此外，自带滞留费的货币将有助于把经济从无尽积累的预期中解放出来，从而断绝对发展的金融上瘾。

滞留费对现代金融市场而言看似相当怪异，但它跟负利率（其实就是对持有储蓄资金的人收费）的区别也没那么大。负利率已经成为当代金融伴随的一部分，自 2014 年起，日本、瑞典、丹麦、瑞士和欧洲中央银行相继以之作为紧急措施。这些国家的目标各不相同，有些是为了恢复 GDP 增长，有些是为了管理汇率，还有的是为了提高通货膨胀率，但不管怎么说，它们打破了利率不能低于零的神话。

当然，把滞留费设计到货币中的设想，会为金融系统提出许多挑战性的问题，比如它对通货膨胀和汇率、对资本流和养老基金有什么样的影响，它怎样在刺激消费和增加投资之间实现平衡等。但是，这些正是现在重塑金融，使它为繁荣经济（而非不断增长的经济）出力的过程中很值得探讨的问题。而且，正如近年来负利率的运用所表明的那样，乍看起来不可行的激进做法，会惊人快速地变成切实可行的举措。

政治上瘾：希望、担忧和权力

政治对增长无处不在的锁定又是怎样一种情形呢？我们在第一章中看到过，到了 20 世纪中叶，谋求国民收入增长，无声无息地从一种政策选择变成了政治上的必需品。在政治家的考量里，有三个原因最为突出：希望在不加税的条件下筹集收入；对失业水平的担忧；跻身G20家族大合照里的权力。

希望在不加税的条件下增加收入。政府依靠公共资金投资公共用品，但他们非常讨厌加税。也难怪这么多人把希望寄托在GDP无休止的增长上，因为它承诺提供不断增加的税收，却不需要提高税率。让低增长或不增长的经济体在财政上具备可行性，能克服这种政治上瘾吗？

首先，重新框定税收的目的，帮助社会对高税收、高回报的公共部门建立共识，在许多斯堪的纳维亚国家已经证明是成功的。记住，言语认知专家乔治·莱考夫（George Lakoff）建议，要明智地选择你的措辞：不要说“反对税收减免”，而要讨论税收正义。同样，那些反对公共支出的人，常常用这个概念唤起人对铺张浪费的联想。然而，公共投资则聚焦于公共利益，如高品质的学校和高效的公共交通，它们是奠定集体福祉的基础。

其次，结束税务漏洞、离岸避险场所、利润转移和特殊豁免等极其不公平的待遇，让世界上许多富裕的人、规模很大的公司（从亚马逊到Zara），在其生活并开展业务的国家只需支付微不足道的税款。至少有18.5万亿美元被富裕人士藏匿在全球避税的天堂，导致了每年1560亿美元以上的税务损失。这个数目，能解决极端收入贫困两次有余。与此同时，跨国公司每年会将大约6600亿美元的利润转移到荷兰、爱尔兰、百慕大和卢森堡等税收几乎为零的行政管辖区。全球税收公正联盟（Global Alliance for Tax Justice）是一家专注于解决类似问题的组织，它在世界各地争取更大的企业透明度和问责制，公平的国际税收条例，累进的国家税收制度。

最后，把个人税和公司税从税收来源转为税收累积财富（如房地产、金融资产），削弱GDP增长在确保税收充足方面发挥的作用。当然，像这样的累进税改革可能会很快遭到企业游说的阻击，还会产生国家无能和腐败的传言。这一切，无不强调了公民大力参与促进和捍卫政治民主的重要性，从而让国家承担责任。

对失业水平的担忧。人类心灵手巧：我们擅长量入为出，物尽其用。1913 年，亨利·福特为密歇根州的汽车厂引进了移动装配线，汽车产量几乎一夜之间提高了 5 倍，要不是 T 型车的市场增长，他需要的工人将大幅减少。在不断扩张的经济中，被一家企业裁减的工人有望在其他地方找到工作，但要是整个经济的需求跟不上生产率的提高，便会导致大范围的失业。历史反复表明，这很快就会导致排外、不宽容和法西斯主义。大萧条时期无尽的失业率，令约翰·梅纳德·凯恩斯确信，20 世纪 30 年代的经济应该以充分就业为焦点，而解决方法来自 GDP 的持续增长。然而，自 T 型车革命以来的一个世纪，机器人接管的就业岗位，远远不仅限于汽车生产。指望 GDP 增长率跟上自动化带来的预期裁员规模，已经不切实际，而这又为推出全民基本收入提供了更强的例证。但还有一些变化，也能改善“增长不可知”式经济中有偿工作的分配。

凯恩斯预计，随着技术带来劳动生产率的提高，典型的工作周将缩短：他做出了有名的预言，认为 21 世纪每星期工作 15 小时就足够了，社会将努力“让有待完成的工作尽量大范围地分摊出去”。至少在这一点上，他猜错了，但时间会证明他是正确的。他肯定会率先支持英国新经济基金会的提案，将高收入国家的标准受薪工作周从 35 小时缩短到 21 小时，通过这一途径解决失业和工作过度。当然，这将是一轮极具挑战性的转变，不先改变就业经济学就不可能发生。“我们需要在税收和保险体系中摆脱不正当的激励举措，”发起该提案的社会政策专家安娜·库特（Anna Coote）解释说，“鼓励雇主多雇用工人，而不是因为他们多雇用了工人反而多课税。”

如果雇主本身就是工人，此类缩短工作周的举措就更有可能发生：事实证明，从大萧条到2008年的金融危机，由工人所有的合作社更擅长避免裁员：它们往往会让所有社员共享缩短的工作时间——这是面对需求波动时做出适应性就业反应的精彩案例。但改变传统企业的就业情况，同样有办法。广为推荐的从对劳动力课税到对资源使用课税的转型，能把人类的聪明才智，从让少数人制造更多东西，转向让更多的人用更少的东西修理、再造更多的东西上。这些政策显然有助于让经济变得更具分配性和再生性，但它们是否有助于让经济变得既提供足够的就业又不再依赖于增长呢？还需要进行什么样的调整？这正是有必要多展开创新实验和研究的地方。

跻身G20家族大合照里的权力。每年，全世界上最强大诸国的国家领导人在G20峰会上会面时，都会拍摄官方集体照。我喜欢把它称作G20的家族合照，因为，就跟当代许多家族一样，成员的位次偶尔会重新排列。这就怪不得每一位政治领导人都会小心谨慎地守护他们在照片里的位置，借此象征其国家的地缘政治势力。历史学家保罗·肯尼迪（Paul Kennedy）在他影响深远的作品《大国的兴衰》（*The Rise and Fall of the Great Powers*）一书中总结说，决定国家在世界舞台上势力强弱的是一国的相对而非绝对财富。20世纪50年代拉开的美苏对抗，成了一场所有国家都无法松懈的地缘政治竞赛：为了保持自己在家族合照里的位置而不断增长，要不然，你就会被新兴的强国踢出相框。

这是一个国际集体行动的困局，因此也是一种难以解决的发展上瘾。系统思想家认为，多样化，外加采用其他成功指标“开启新游戏”，是解决这一问题的一条出路。如果经济体的成功，指的是在平衡中兴旺蓬勃，那么，这样的成功就不会通过金钱指标反映出来，而是要通过反映人类在繁荣生命网络里的兴旺指标来加以测量。一些广为人知的举措已经采用了这一路线。为了抵消单独使用GDP来衡量国家发展的局面，联合国在

1990 年建立了人类发展指数（Human Development Index），除了比较人均收入，还对人类健康和教育程度进行排名。

如今，“幸福星球指数”（Happy Planet Index）、“包容性财富指数”（Inclusive Wealth Index）和“社会进步指数”（Social Progress Index）等项目也在努力创造另一幅国际家族大合照，GDP 最大的国家并不自动出现在相框中央。还有一些战略举措力图绕过国家竞争，支持城市之间的合作。例如，C40 网络如今连接了全球 80 多个共同承诺应对气候变化的特大城市。这些城市拥有超过 5.5 亿人口，GDP 占全球的 25%，它们及其经济愿景的影响力，必然会超出其城市范围。

新游戏有所助益，但旧式 GDP 游戏的强迫性控制力仍然持续着，因为 GDP 带来了全球市场力量和全球军事力量。这种地缘政治锁定需要更多的战略关注。“角逐全球权力的经济竞争当然是聚焦于长期增长的可理解缘由，”肯内特·罗戈夫（Kenneth Rogoff）认为，“但如果这种竞争真的变成了这种聚焦的核心理由，我们恐怕就需要重新检验标准宏观经济模型了，它完全忽视了这个问题。”然而，除去重新书写宏观经济模型，这种锁定还表明，国际关系领域的创新思想家需要把注意力转向有助于开辟全球治理的崭新未来、对增长持不可知态度的政策上。

社会上瘾：值得向往的东西

最后，我们的社会又是怎样锁定、沉迷并执着于 GDP 增长的呢？靠的是消费主义文化和不平等造成的紧张局面，反过来，这两者又根植于对物质的渴望。

尽管我们已经比古代的帝王还富裕得多，还是很容易被困在消费主义的跑步机上，我们通过购物来不断寻找身份、联系和自我改变。邻里攀比令我们永远在追逐新一轮购物许诺的美梦。我们在第三章中看到，弗洛伊德的侄子意识到，叔叔的心理治疗开辟了一个非常有利可图的零售疗法世界。他的劝说方法（美其名曰“公共关系”）改变了全球的营销方式，在整个 20 世纪的进程里，让消费文化变成了生活方式，深深地在社会里扎了根。媒体理论家约翰·伯格在《观看的方式》中指出：“宣传并不仅仅是各式各样信息的集合，它本身就是一种语言，总是用来提出相同的总体主张……它告诉我们每个人，要通过不停地买买买来改变自己、改变生活。”

我们还有机会摆脱这笔来自 20 世纪的遗产吗？为此，瑞典、挪威和魁北克等地的政府禁止向 12 岁以下的儿童做广告（只剩下成人的潜意识作为广告的“猎物”），而格勒诺布尔（法国东南部的伊泽尔省省会）和圣保罗（巴西的最大城市）等则禁止了街头广告牌的“视觉污染”。但凭借高科技消费者研究的支持，针对性在线广告业务蓬勃发展，将个性化营销引入了一个更为复杂、侵入性更强的境界。与此同时，（街头、学校、社交媒体和新闻媒体的）广告成为地方政府、免费网站服务和新闻渠道的主要收入来源，让自己站稳了脚跟，这令国家和数字公共品对市场无尽的引诱产生了令人不安的经济依赖性。扭转公共和私人生活中消费主义金融和文化所占的主导地位，将成为 21 世纪一场最扣人心弦的心理大戏。

有人说，社会对 GDP 增长上瘾，是因为它缓解了社会不平等带来的紧张感。不断增长的 GDP 往往被说成是必不可少的，因为它创造出人人都过得更好的“正和经济”（positive sum economy）。这种观点认为，如果经济馅饼得到增长，富人更可能接受可投资于公共服务的再分配税，因为税收并未减少富人拿到手里的收入。然而，另一些观点则出于完全相反的原因支持持续的 GDP 增长：只要 GDP 不断增长，就能永久性地推迟进行重新分配的需求。用 20 世纪 70 年代美国联邦储备委员会主席亨利·华利奇（Henry Wallich）的话来说，“增长是收入平等的替代品。只要有增长，就有希望，并使人得以容忍巨大的收入差距”。

无论增长是再分配的关键，还是永远避免再分配的关键，其社会重要性都源于一个基本的信念。我参加过一场研讨会，跟复杂经济学领域的一位领军人物探讨新经济思想。他说起高收入国家促进 GDP 增长就像是说起一件显而易见的必需品。我问他为什么如此，他的回答很简单。他说：“我们对增长有着深层次的动力，人们总得有些值得向往的东西。”

我同意。没错，人们总得有些值得向往的东西。但不断增长的收入，真的就是最值得向往的东西吗？无止境的贪婪和欲望，这是本书第三章提到的阿尔弗雷德·马歇尔赋予理性经济人的。多亏了营销大师爱德华·伯内斯，这似乎尤其符合“怪异”社会，也即教育程度高、工业化、富裕的西方民主社会的情况。然而，人类学家可以举出来自历史和当代传统社会的例子，它们都是奔着充足原则生活的。比方说，19 世纪，加拿大马尼托巴以北的印第安克里族人，对欧洲商人的回应就违背了经济学家的预期。欧洲人想要获得更多的皮毛，就向克里族人报出更高的价格，而克里族人的回应是，减少了给这个贸易点带来的皮毛，因为，他们现在只需要更少的皮毛就能换回自己想要的商品了。

如果伯内斯还活着，愿意帮忙在“怪异”社会里创造或恢复类似的物质充足感，那么，他会尝试触发哪些深层的人类价值观呢？如果不是财产，我们还会向往些什么？“每当我们在生活里做得过了头，它都象征着一种未知的匮乏。”心理分析师亚当·菲利普斯（Adam Phillips）指出，“我们的过度行为是我们自身贫困的最佳线索，也是我们自我掩饰的最佳方式。”说到消费主义，或许，我们想要掩饰的贫乏，来自我们忽视了彼此之间的关系，忽视了人与生命世界之间的关系。心理治疗师萨·杰哈特

（Sue Gerhardt）对此肯定表示认同。她在《自私社会》（*The Selfish Society*）一书中写道："虽然我们在物质上相对丰富了，但实际上，我们的情绪并不丰富。许多人在真正重要的东西上都是匮乏的。"

什么是生活中对我们真正重要的东西呢？相关的看法很多，从运用我们的才干去帮助别人，到挺身捍卫自己信奉的东西，不一而足。新经济基金会利用大范围的心理学研究，将研究结果总结成 5 种简单却又证明可促进福祉的行为：与我们周围的人保持联系，身体保持活跃，关注世界，学习新技能，对他人施与。或许，这就是迈向穆勒想象中的道德和社会进步的第一步，迎来人不再为生计所困、向往生活艺术的时代。

以上让经济飞机做好着陆准备的简短勾勒，涉及许多国家制度、政策和文化中金融、政治及社会根深蒂固的增长上瘾问题。就像每一名新手飞行员第一次学习怎样使用飞机着陆设备，一次性地思考所有这些议题，毫无疑问会让人不知所措。但这一设备是可以掌握的，上面概述的增长上瘾也天然地无法克服。如果说有一项任务需要 21 世纪经济学家的关注，那就是构思新的经济设计方式，让国家结束对 GDP 增长的迷恋，学会不靠它也能蓬勃发展。

欢迎来到目的地休息室

如果我们能掌握飞机降落的艺术，创造出能让我们蓬勃发展的经济（不管它是否增长），那么，我们抵达时会发生些什么呢？我毫不怀疑，最够资格补完飞行手册空白页面的，将是下一代的经济创新家。在这里，我只想补充两点想法。

首先，如果罗斯托的确是这趟航班的同行乘客，我想他会在着陆时意识到，飞机其实并非描述 GDP 未来之旅的最佳比喻：飞机不够敏捷，无法及时地上升、触底、上升、再触底，回应外界随时变化的条件。在罗斯托的时代，飞行还是一种新颖的出行方式：他的书，出版于第一架喷气式客机问世后不到 5 年，他用飞机来比喻经济，也不足为奇。但要是他见识过 21 世纪的水上运动，我想，他会觉得，用风筝冲浪来比喻 GDP 的未来一定更为合适。技艺高超的风筝冲浪手，会靠风筝兜着风，让冲浪板穿过翻滚的浪涛，他会不断调整，弯腰、下潜、拧身，维持风与浪的动态相互作用。而在 21 世纪，GDP 就会出现这样的变化，每年出售的产品和服务价值，将随着经济的不断变化而上下波动。

其次，不管抵达时还会发生些什么其他的事情，有一点我敢打赌：约翰·梅纳德·凯恩斯和约翰·斯图亚特·穆勒正在那里等着迎接我们，准备开始在分配性、再生性、对增长持不可知态度的甜甜圈经济中，研究生活艺术的经济学（当然还有哲学和政治）。目的地肯定并不如他们所预期，但他们也将认识到我们的困境。还有哪两位原创思想家，比他们更适合加入我们的团队呢？

这下，我们全都是经济学家了

甜甜圈经济学对人类的共同未来设定了乐观昂扬的愿景：全球经济通过分配性和再生性设计实现了平衡，蓬勃兴旺。考虑到我们面临的气候变化、暴力冲突、被迫迁徙、不平等加大、排外心理高涨、地方财务不稳定等重重危机，这样的向往看似愚蠢，甚至天真。每天看新闻节目或阅读报纸，社会、生态、经济和政治上的崩溃似乎都迫在眉睫。人类的玻璃杯很容易看起来像是空了足足一半。跟着这些恐惧走，你很快就会转向崩溃和生存经济学，和所有强大的框架一样，它们能把上述结果映衬得越发自我应验。

但还有足够多的人看到了另一种选择，那就是玻璃杯半满的未来，还有意将其付诸实现。我认为自己就属于这群人里的一员。我们是第一代能够恰当理解人类对地球大家庭造成了多大损害的人，大概还是最后一代有机会为此做出变革的人。我们非常清楚，作为一个国际社群，我们拥有技术、专门的知识和经济手段来消除一切形式的极端形式，我们应该集体选择促成这一天的到来。

再想想每年前往世界各地大学修读经济学的学生。他们中的许多人之所以选择这一主题，是因为同样看到了半满的玻璃杯，热情地希望为了所有人的利益，投身到更好地管理人类共同家园这一事业当中。和我一样，他们相信，掌握公共政策的母语，是获得所需技能的最佳途径。这些学生理应获得在语言、方程和图画上都最具启发意义的经济学教育，我相信，这样的教育，始于我在本书中提出的 7 种思考方式。

21 世纪的任务一清二楚：在蓬勃兴旺的生命之网里，创造出能促进人类繁荣的经济，让我们能在“甜甜圈”的安全和公平空间里平衡发展。它始于认识到每一种经济，从地方到全球，都嵌入社会与生命世界。这也意味着认识到家庭、公共用品、市场和国家都可以成为有效的手段，来满足我们的诸多需求，而且，它们大多在协同运作时效果最佳。通过深化我们对人类本性的理解，我们可以创造出制度和激励举措，巩固社会的互惠和其他价值观念，而不是釜底抽薪。一旦接受经济的内在复杂性，我们就可以通过明智的照料来塑造它不断变化的动态。这就为将今天分裂性和退化性经济转变为分配性和再生性经济开辟了可行的路径。它要求我们不再执着于增长，创造出不管增不增长都能让人蓬勃发展的经济。

这本书只列出了 7 种像 21 世纪经济学家那样思考（和绘图）的方式；毫无疑问，这样的方式还有很多。但我相信，要消除长久以来占据我们思想的陈旧经济涂鸦，这 7 种方式是着手的最佳途径。不过，哪怕是这 7 种方式，也会继续演进发展，因为我们才刚刚开始为它们绘制相关的图例，感知它们的模式，理解它们的相互作用。再说，政治上的角逐不会消失。考虑到有多种不同的技术、文化、经济和政治路线可以带领我们进入“甜甜圈”，在国家和社群内部及它们之间分配成本与收益、权力和风险，也有许多种可能出现的方式。所以，在不同政策之间进行裁断的政治过程，还跟从前一样重要。

攻克堡垒

推动新经济思维的许多令人兴奋的见解，似乎从每个角落里冒出来，可经济院系本身却没什么动静。当然，有一些重要的例外，可它们太少见了。大量的变革性观念都源于其他思想领域，比如心理学、生态学、物理学、历史学、地球系统科学、地理学、建筑学、社会学和复杂性科学。经济理论最好是敞开胸怀，接受它们带来的其他视角。在这场知识分子的舞蹈中，经济学是时候从聚光灯下的独舞里退出来，参加剧团了。少一点舞蹈之王，多一点广场舞，更积极地把经济学理论跟来自其他学科的洞见交织在一起。

最聪明的经济学家从来都理解这种知识广场舞的重要性。约翰·斯图亚特·穆勒认为，他 1848 年出版的《政治经济学原理》在那个时代受到赞誉，是因为它在对待政治经济学时，“不把它本身看成一件事，而是视为更宏大整体的一部分，是社会哲学的一个分支，因此，跟其他分支相互联系，它所得出的结论，哪怕仅限于其特殊的领域，也是有条件的，会受到不属于其范畴的原因干扰和制衡”。约翰·梅纳德·凯恩斯显然会（并且也在）跳这种广场舞。他写道：“大师级的经济学家必须拥有一种罕见的天赋组合。他必须是数学家、历史学家、政治家、哲学家……他为了未来的发展，以史为鉴研究现状。他绝不会忽视人的本性或是人类制度的任何一部分。”一些知名当代经济学家也赞同这种观点，约瑟夫·斯蒂格利茨（Joseph Stiglitz）就曾建议学生“学习经济学，但要带着怀疑态度去学习它，还要把它放到更广阔的背景下去学习”。

那么，知识广场舞在堡垒（也就是大学经济系本身）内部也同样受欢迎吗？这个问题让我灵机一动去联系了杨媛，也就是本书前言中提到的那位幻想破灭、参与发起抗议活动的经济系学生。快 10 年过去了，她如今是英国最知名财经报纸《金融时报》的驻北京记者，同时还是国际学生组织“重新思考经济学”受托人共同主席。这家组织是她帮忙发起的，其宗旨是对经济学教育做一番重大改革（虽说这两重身份听起来有点不太协调）。她是怎样横跨两个不同世界的呢？完成硕士学位后，杨媛拒绝了一个博士学位项目的邀约，因为她相信，较之继续在经济系深造，以经济记者的身份能让她学到更多现实经济的知识。她报道过中国快速变化的经济的前沿问题，包括煤炭和钢铁行业的变化，以及北京跻身为全球亿万富豪之都。

与此同时，杨媛还帮助“重新思考经济学”组织一次次地走向成功。自 2013 年成立以来，这个以学生为主导的运动已经建立起广泛的联盟，并跟一些企业展开合作，这些企业曾为新聘应届毕业生对现实经济的认识和经济实际运转之间的巨大差距头痛不已。这一运动还赢得了广大公众的支持。“我们周游英国各地，在火车上有人问我们是做什么的，我们就会告诉他们。”杨媛对我说，“每当我们说起，我们认为经济学家弄错了，他们立刻就知道这是在说什么了。金融危机已经把经济学这个奇怪又尴尬的职业变成公众讨论和争论的议题了。”

学生们说，迄今为止最无动于衷的，是那些声誉最卓著的大学，比如哈佛、伦敦经济学院等。“排名最高的系不愿做任何有可能在大学排行榜里掉名次的事情，”杨媛告诉我，“它们的高分来自在所谓的‘顶级’期刊上发表研究，但这些期刊只是为了维持现状。”此外，顶级大学设定了其他大学仿效的标准，中国、印度、巴西和其他地区的大学也都培养着想在精英研究生课程中占据一席之地的学生。象牙塔最高层的这种智力惰性，让杨媛深感不满。“我们必须摧毁城堡，”她告诉我，“我们不能只在外面修建营地。只要你喜欢，你可以创建许多课外阅读小组和开放课程，但除非大学认为你所做的是经济学，否则，这些事情就不会被视为经济学。说到底，我们并不只想空谈当前教学的狭隘性，我们想要改变它。”

她的话让我想起，保罗·萨缪尔森曾因为得以定义经济学的好坏而大感欣慰。还记得他欣欣然地说过，身为教科书的作者，他知道，“在初学者的白板上写下第一笔是最宝贵的，能给他们留下最深的印象”。他认为，新学生的思想，就是白板。因此，对今天的经济学学生，我只想简单地这么说：要当心别人尝试在你脑海里勾画的概念。要注意措辞，留心方程式，并特别关注图示，尤其是最基本的图示，因为它们会不知不觉地进入你思维的最深处。最后，不要让任何人做出上述假设：无论是 18 岁还是 81 岁，你的白板是空的，你的经济白板上没写一个字。事实上，从你一生下来，它上面就刻下了经验，这些经验始于多年来在核心经济中的培育，并根据我们所有人对生命世界的依赖获得支撑。无论是身为公民、工人、消费者、企业家、储蓄者，还是公共品的创作者，我们每个人一生中都会在经济中扮演多重角色。所以，不要让任何人试图把你的白板擦干净：你要把它上面丰富的经验视为自己的个人参考点，以理性核对摆在你面前的经济理论——当然，这包括本书中的经济理论。

经济演变：一步步地做实验

对于旧经济理论仍享受着特权地位，杨媛的挫败感是显而易见的。“许多大学院系，比如社会学或政治学，都教导学生以不同的方式思考经济问题，”她告诉我，“但只有在经济系研究新古典经济学理论的人，才能跻身挂着‘经济学家’标签的世界，并得到这个标签赋予他们的所有权力。我们必须打破集中在这个头衔下的专家权力，而实现这一步，意味着要做许多不同的事情。”

重新定义“经济学家”含义的一种潜在方式是，考察那些跳出新经济思维，观察新经济行为的人，也就是观察那些一次次地用实验发展经济的创新家。新商业模式的腾飞、协作公共品公认的活力、数字货币的巨大潜力，以及再生性设计鼓舞人心的可能性，均反映了他们的影响。正如唐纳拉·麦道斯所言，自组织的力量（也就是系统增加、改变和发展自身结构的能力），是系统整体变革的高杠杆点。这引发了一种革命性的想法：它能让我们所有人都成为经济学家。

如果经济在演进中发生变化，那么，每一场的实验（不管是新的企业模式、补充性货币，还是开源协作）都有助于多样化、选择、扩展全新的经济未来。我们所有人都参与塑造了这种演变，因为我们的选择和行动（不仅限于对产品的购买）不断重塑着经济。我们把自己的储蓄转入道德银行；我们使用点对点的补充性货币；我们在自己创办的企业里彰显生命宗旨；我们行使育儿假的工作权利；我们为知识公共品做贡献；我们参加跟自己有着相同经济愿景的政治活动。这些都是对经济的重塑。

当然，在仍受20世纪经济思想和行为严重主导的经济中发展壮大，是这些创新面临的挑战。致力于慷慨工业设计的企业，如果跟20世纪只想着实现最大化股东回报的企业并肩作战，或许会时不时地感到纠结。如果要推出补充性货币，政府的第一反应就是逮捕你，那么，启动这样的项目不会太容易。对习惯于关注短期回报的客户而言，再生性融资就像有些华而不实的游说。如果你希望设计一座能回馈城市的建筑，客户的第一反应是：“但为什么我要这么做呢？”那么，你的说服工作肯定很难做。不过，从来自肯尼亚“孟加币”的社区交易商、多哥Woelab的再生开源3D打印机、加利福尼亚新光科技公司的甲烷塑料，以及点对点数字货币的全球潜力等案例来看，经济创新家们显然成功地重塑了经济的演变，让它在设计上实现了分配性和再生性。

甘地说过一句名言："要想改变世界，就先改变自己。"从重塑经济的角度来看，今天的经济创新家们正骄傲地实践着这句话。不过，虽然我对甘地满怀敬意，但是我还是想把这句话引申出去。说到新的经济思想，请把你想要在这世界上看到的变化画出来。把语言众所周知的力量和视觉框架无形的力量结合起来，我们能获得更大的机会写出一个全新的经济故事：为了安全和公平的21世纪，为了我们最迫切需要的故事。

迈出第一步很容易。拿起铅笔，画起来吧。

附录 “甜甜圈”及其数据

社会和地球界限构成的“甜甜圈”，是对社会和生态双重条件的简单形象化概括，这两项条件，是支撑集体人类福祉的基础。社会基础是“甜甜圈”的内圈，它确定了任何人都不应短缺的基本生活要素。生态天花板标志着“甜甜圈”的外部界限，一旦超出这个界限，人类对地球生命系统施加的压力，就进入危险的过火状态。在两条界限之间，是人类能够蓬勃延续的生态安全和社会公正空间。

社会基础包括 12 个社会维度，它们源于联合国在 2015 年可持续发展目标中规定的社会优先事项。表 1 列出了用于衡量与说明人类在这 12 个方面短缺程度的变量和数据。

生态天花板包括了 9 条地球界限，由约翰·罗克斯特伦和威尔·斯特芬所领导的国际地球系统科学家小组提出。

气候变化。当二氧化碳、甲烷和一氧化二氮等温室气体释放到空气中，它们会进入大气，放大地球的天然温室效应，从而在大气层中吸纳更多的热量。这导致全球变暖，其影响包括气温上升、极端天气出现频率增加，以及海平面上升。

表 1 社会基础及短缺指标

维度	说明性指标 (若无其他说明，均为全球人口百分比)	%	年份
食物	营养不足的人口	11	2014—2016
健康	居住在 5 岁以下儿童死亡率超过 25‰的国家的人口(这里的千指的是每千人出生)	46	2015
	居住在出生时人均预期寿命低于 70 岁国家的人口	39	2013
教育	成年人(15 岁以上)识字率	15	2013
	12—15 岁儿童辍学率	17	2013
收入和工作	居住在国际贫困线(每天收入 310 美元)以下的人口	29	2012
	寻找工作却无法找到工作的年轻人(15—24 岁)比例	13	2014
水和环卫设施	无法使用清洁饮用水的人口	9	2015
	无法获得清洁环卫设施的人口	32	2015
能源	缺乏电力的人口	17	2013
	缺乏清洁烹饪设施的人口	38	2013
网络	认为自己碰到困难时无人可求助的人口	24	2015
	无法接入互联网的人口	57	2015
住房	全球居住在发展中国家贫民窟的城市人口	24	2012
性别平等	国家级议会中男女性别代表差距	56	2014
	全球男女收入差距	23	2009
社会平等	住在帕尔马率(Palma Ratio，指的是 10%收入最高者相较于 40%收入最低者所占的收入份额比例)超过 2%国家的人口	39	1995—2012
政治发言权	居住在公民呼声与政府责任指数在 0.5—1.0 的国家的人口	52	2013
和平与公正	居住在腐败印象指数在 50—100 的国家的人口	85	2014
	居住在自杀率为每 10 万人口 10 人次或以上的国家的人口	13	2008—2013

资料来源：美国援外事务管理署、世界银行、世界卫生组织、联合国教科文组织、联合国儿童基金会、经济合作与发展组织、国际教育协会、盖洛普、国际电信联盟、联合国、国际劳工组织、联合国毒品和犯罪问题办公室、透明国际组织。所有比例均已四舍五入。

海洋酸化。人类活动排放的二氧化碳，约有 1/4 最终溶解在海洋当中，形成碳酸，并降低表面海水的 pH。这种酸性降低了碳酸根离子的可用性，碳酸根离子是许多海洋物种形成壳与骨架的基本构建元素。缺少了它，珊瑚、贝类和浮游生物等难以生长和生存，从而危及海洋生态系统及其食物链。

化学污染。当合成有机污染物和重金属等有毒化合物释放到生物圈时，它们可以延续很长时间，恐怕会造成不可逆转的效应。如果它们积聚在生物（包括鸟类和哺乳动物）的组织中，会降低其生育能力并导致遗传损害，危及陆地和海洋生态系统。

氮和磷负荷。农业肥料中广泛的活性氮和磷，其中仅有一小部分被农作物吸收。大部分多余的氮和磷流入河流、湖泊和海洋，令藻类繁茂，把水变绿，进而导致其他水生生物因缺氧死亡。

淡水抽取。水对生命至关重要，农业、工业和家庭都需要大量用水。然而，过量抽取水会给湖泊、河流和含水层造成损害甚至使其干涸，破坏生态系统，改变水文循环和气候。

土地转换。将土地转换为人类所用——比如将森林和湿地转变为城市、农田和高速公路——消耗了地球的碳汇，破坏了丰富的野生动物栖息地，也破坏了土地在维持循环水、氮和磷循环中所发挥的作用。

生物多样性丧失。生物物种的数量和种类减少，破坏了生态系统的完整性，加速了物种灭绝。在此过程中，生态系统突发不可逆转变化的风险提高，降低它们的适应能力，破坏了生态系统提供食物、燃料、纤维，以及维持生命的能力。

空气污染。排放到空气中的微粒（也叫悬浮微粒，如烟雾、灰尘和污染气体）可能会损害生物体。此外，它们与空气中的水蒸气相互作用，影响云的形成。一旦大量排放，这些悬浮微粒可以显著改变区域降雨模式，包括改变热带地区季风性降雨的时间和地点。

臭氧层耗尽。地球的平流臭氧层过滤掉太阳的紫外线辐射。一些人造化学物质（如氯氟烃）一旦释放，会进入平流层，消耗臭氧层，使地球及其居民受到太阳有害的紫外线照射。

表2列出了用于衡量目前这些地球界限超量程度的指标和数据。

表2　生态天花板及其超量指标

地球系统压力	控制变量	地球界限	当前数值和趋势
气候变化	大气二氧化碳浓度，ppm	最多 350ppm	400ppm 且在上涨（恶化）
海洋酸化	海洋表面文石（碳酸钙）平均饱和度，工业化前水平的百分比	至少80% 工业化前饱和水平	84%左右，且在下降（加剧）
化学污染	尚未定义全球控制变量	—	—
氮和磷负荷	磷以肥料形式施用于土地，每年百万吨	最多每年620万吨	每年1400万吨，且在上涨（恶化）
	活性氮以肥料形式施用于土地，每年百万吨	最多每年6200万吨	每年大约1.5亿吨，且在上涨（恶化）
淡水抽取	淡水消耗，每年立方公里	最多每年 $4000km^3$	约为每年 $2600km^3$，且在上涨（加剧）
土地转换	林地面积与人类转换之前的森林覆盖面积之比	至少75%	62%，且在下降（恶化）
生物多样性丧失	每年每百万物种的灭绝率	最多10	约在100—1000，且在上涨（恶化）
空气污染	尚未定义全球控制变量	—	—
臭氧层耗尽	平流层臭氧浓度，多布森单位（DU）	至少275DU	283DU，且在上涨（改善）

资料来源：Steffen 等（2015）。